Diplom-Volkswirt Peter Collier
Dipl.-Betriebswirt (BA) Volker Wedde

Geprüfter

Handelsfachwirt werden!

Anleitung für eine erfolgreiche Prüfung

10., überarbeitete Auflage

weConsult - Verlag

Die Verfasser verfügen als Geschäftsführer im Handelsverband Deutschland, als Dozenten in Handelsfachwirte - Studiengängen und Mitglieder von Prüfungsausschüssen für Handelsfachwirte über eine langjährige Erfahrung mit diesem Studiengang.
Umschlaggestaltung: Anita Schreiner, Würzburg
weConsult - Verlag, Würzburg
10., überarbeitete Auflage 2010
Im Vertrieb des F. Schöningh-Verlages, Würzburg
info@schoeningh-buch.de
Druck und Bindung: CPI – Clausen & Bosse, Leck
Printed in Germany 2010
ISBN 978-3-87717-713-6

Statt eines Vorworts...

Sie wollen Handelsfachwirt werden? Herzlichen Glückwunsch! Ja, wir möchten Ihnen viel Glück wünschen, denn ich glaube, dass Sie einen guten und richtigen Entschluss gefasst haben.

Aber Glück, das hat auch in diesem Falle nur der Tüchtige. Derjenige also, der - um einen Abstecher zu Goethe zu machen - immer strebend sich bemüht. Und dabei möchten wir Ihnen helfen.

Das Buch entstand aus der praktischen Arbeit im Studiengang Handelsfachwirt, die erste Auflage erschien bereits 1992. Die große Nachfrage hat jetzt die 10., die Jubiläumsauflage erforderlich gemacht. Mit jeder Neuauflage sind die Erfahrungen von Teilnehmern und Dozenten aus der Praxis eingearbeitet worden.

Wir hoffen, das Buch hilft Ihnen, erfolgreicher zu werden. Nehmen Sie es als Anregung, nehmen Sie es aber bitte nicht als Ersatz für das Lernen mit Manuskripten oder Lehrbüchern. Und wenn Sie uns gelegentlich sagen, ob es Ihnen genutzt hat, oder wenn Sie Verbesserungsvorschläge haben, freuen wir uns.

Inhaltsverzeichnis

1 ÜBER STUDIENGANG UND PRÜFUNG

1.1 Ziel des Studiengangs Handelsfachwirt

„Der Handel braucht Mitarbeiter, die in der Lage sind, Betriebsabläufe in ihrem Gesamtzusammenhang zu erkennen und zu beurteilen. Er verfügt über praktische Berufserfahrung und eine systematische Weiterbildung, die ihn zur Erfüllung qualifizierter Fachaufgaben und zur Übernahme von Leitungs- und Führungsaufgaben der mittleren Ebene befähigen."
Dieses Ziel aus früheren Prüfungsordnungen des bisherigen IHK-Handelsfachwirt-Modells ist auch heute noch gültig. Es macht deutlich: Reines Aneignen von Lernwissen reicht nicht. Vielmehr sollten Sie sich das Ziel setzen, die Zusammenhänge zwischen den einzelnen Bereichen zu erkennen. Nehmen Sie deshalb nicht nur diejenigen Fächer ernst, deren Fragen Sie in der Prüfung erwarten.

Ihre Bewährung als Handelsfachwirt kommt eigentlich erst nach der Prüfung: Dann nämlich, wenn Sie in Ihrem Unternehmen zeigen sollen, dass Sie mehr als nur abrufbares Wissen gespeichert haben. Wichtiger als das Einzelwissen ist die Fähigkeit, systematisch Probleme analysieren zu können und Lösungen zu finden.

1.2 Die Prüfungsordnung – und was dahinter steckt

Seit 2006 gibt es mit der Rechtsverordnung des Bundes eine einheitliche Regelung des Handelsfachwirts, der seitdem „Geprüfter Handelsfachwirt" heißt. Zuvor hatten die Industrie- und Handelskammern diesen Studiengang geregelt, wobei es durchaus Abweichungen von Kammer zu Kammer geben konnte.

Zuzulassen zur Prüfung ist, wer bis zur Prüfung eine dreijährige kaufmännische Ausbildung im Handel bestanden und danach ein Jahr Handelstätigkeit absolviert hat. Bei einer zweijährigen Ausbildung im Handel oder bei jeder anderen anerkannten Ausbildung verlangt die Verordnung zwei Jahre Praxis. Und wer keine Abschlussprüfung abgelegt hat, der muss eine Handelstätigkeit von fünf Jahren nachweisen. Damit ist der Abschluss Handelsfachwirt auch für denjenigen möglich, der ohne einschlägige Ausbildung in kaufmännische Berufe hineinwächst. Mit dem Handelsfachwirt besitzt er dann auch die fachliche Eignung, die er braucht, um selbst Handelskaufleute ausbilden zu können.

1.3 Wie bereitet man sich am besten auf die Prüfung vor?

Das Thema allein gibt Stoff für ein ganzes Lehrbuch. Wer hier tiefer einsteigen möchte, dem sei die einschlägige Literatur empfohlen. An dieser Stelle möchten wir uns deshalb auf einige wenige Bemerkungen beschränken.

Verstehen Sie die Lehrfächer als Teil des Ganzen! In der Praxis hängen die verschiedenen Fächer, die in Lehrgängen getrennt behandelt werden, eng zusammen. Ein Beispiel: Der junge Kaufmann, der sich selbständig machen will, muss zugleich Umsatz, Kosten, Ertrag, Personal, Beschaffung, Absatz, Finanzierung und viele weitere Größen beachten. Überlagert werden alle Entscheidungen von rechtlichen Normen, die einzuhalten sind.

So wäre es das Verkehrteste, wenn Sie ausgerechnet in einem Studiengang, der Sie auf die Tätigkeit als Führungskraft vorbereiten soll, nach dem Muster von Führerscheinprüfungen Frage für Frage büffeln. Stellen Sie sich auch darauf ein, dass eine Frage ganz anders formuliert sein kann, als Sie sie im Seminar gelernt haben. Suchen Sie nach dem Schlüsselwort, worauf es bei einer Frage ankommt. Eine gute Methode ist es auch, einfach um ein Thema herum neue Fragen selbst zu formulieren. So schärfen Sie Ihren Geist auch für die Praxis. Gute Hilfsmittel hierfür sind auch Fallstudien und Gruppenarbeiten.

Lernen Sie auch das Wissen, das Ihnen nicht prüfungsrelevant scheint! Rhetorik zum Beispiel wird als Fach nicht geprüft. Aber eine Führungskraft, die nicht einmal die Grundregeln der Rhetorik beherrscht, fällt sehr schnell bei ihren eigenen Mitarbeitern durch. Im Mittelpunkt des Managementkreises steht die Kommunikation. Kommunikation hat mit reden zu tun. Wer die Sprache nicht beherrscht, beherrscht auch nicht das Denken. Die Präsentation eines Themas aus der betrieblichen Praxis ist ein Teil der Prüfung, in dem diese beiden Fähigkeiten von Ihnen verlangt werden: Ein betriebliches Problem von mehreren Seiten zu beleuchten und dies kommunikativ an Ihre Zuhörer hinüberzubringen.

Lesen Sie in Ihrer Freizeit auch einmal ein gutes Buch - nicht nur Fachliteratur! Große Erzähler wie Thomas Mann, Siegfried Lenz, Heinrich Böll oder Günther Grass helfen Ihnen, Ihren Wortschatz zu erweitern und die Sprache treffender zu gebrauchen.

Beginnen Sie früh mit dem Lernen! Sie werden dann merken, dass Sie dem Studium geradezu spielerisch folgen können. Wer erst zwei Monate vor der Prüfung beginnt, der wird es nur noch zum sturen Büffeln bringen. Vielleicht besteht er damit sogar die Prüfung. Nur - eine Führungskraft, die das Prädikat „Handelsfachwirt“ auch verdient, ist er dann mit Sicherheit nicht.

Nutzen Sie Testaufgaben! Manche Seminaranbieter verfügen über eigene Manuskripte mit Testfragen. Sie bieten auch eine Hilfestellung für die Selbstüberprüfung, ob man den Inhalt verstanden hat. Beantworten Sie die Fragen schriftlich und prüfen Sie danach Ihre Lösung nach dem Manuskript.

Bilden Sie Arbeitsgruppen mit Ihren Freunden und Studienkollegen! Keiner weiß alles, aber jeder weiß irgendetwas. Solche Arbeitsgruppen sind ungefähr das Beste, was man zur Vorbereitung für eine Prüfung tun kann. Sprechen Sie den Prüfungsstoff dabei frei durch, formulieren Sie Inhalte mit eigenen Worten.

Fragen Sie, fragen Sie, fragen Sie! Wie oft habe ich selbst schon vor Gruppen gestanden, die mich stundenlang treuherzig anschauten und zustimmend nickten. Besser gesagt: Wie oft hätte ich schon stundenlang vor solchen Gruppen gestanden, wenn ich nicht von mir aus immer wieder Fragen in die Gruppen hineingetragen hätte. Doch: auch ein engagierter Dozent kann mit seinen Fragen immer nur einen kleinen Teil der Gruppe packen. Die Mehrzahl bleibt außen vor, geniert sich und hofft, den Stoff vielleicht hinterher irgendwann zu verstehen!
Sie müssen für ein solches Studium eine Menge Geld zahlen. Sie haben ein Recht, jede Frage zu stellen. Haben Sie Mut. Sie werden feststellen, dass Ihre Frage ein Echo in der Gruppe findet, dass Ihre Kollegen hinterher zu erkennen geben, dass sie die gleiche Frage auf der Zunge gehabt haben - aber sich nicht trauten. Fragen zu beantworten ist eine der wichtigsten Aufgaben eines jeden Dozenten. Hierfür muss auch Zeit zur Verfügung stehen.

Sorgen Sie dafür, dass Sie vor einer Prüfung fit sind! Damit meinen wir auch: Körperlich fit. Es genügt nicht, sich mit Wissen vollzustopfen. Es ist grundverkehrt, sich in der letzten Minute vor einer Prüfung noch Formeln einzupauken. Treiben Sie am Tag vor der Prüfung Sport, joggen, schwimmen oder faulenzen Sie einfach. Sorgen Sie für ausreichend Schlaf, denn in guter körperlicher Verfassung die Prüfung zu beginnen, ist wichtiger, als am Tag zuvor 8 Stunden zu pauken!

Nehmen Sie Nervosität und Aufregung als normal hin! Jeder gute Künstler hat Lampenfieber. Nicht einmal ein Profi geht ohne Aufregung an den Start.

Ein bisschen Aufregung tut auch ganz gut. Machen Sie sich nicht zusätzlich dadurch nervös, dass Sie meinen, Sie müssten nun ganz ruhig sein. Das kann kein Mensch, der eine Höchstleistung vollbringen soll. Und eine solche wollen Sie ja vollbringen. Darauf haben Sie viele Monate hingearbeitet.

1.4 Der Ablauf der schriftlichen Prüfung

Die schriftliche Prüfung ist Kernbereich der Abschlussprüfung. Die Prüfung gliedert sich in fünf Pflichtfächer und vier Wahlfächer.
Die Pflichtfächer (Handlungsbereiche 1 bis 5)

1. Unternehmensführung und -steuerung (120 Min.)
2. Handelsmarketing (90 Min.)
3. Führung und Personalmanagement (90 Min.)
4. Volkswirtschaft für die Handelspraxis (60 Min.)
5. Beschaffung und Logistik (90 Min.)

müssen Sie bearbeiten.

Aus den Wahlfächern („Differenzierungsbereich") müssen Sie sich eines heraussuchen; dies geben Sie in Ihrer Prüfungsanmeldung mit an. Die Wahlfächer (Handlungsbereiche 6 bis 9) sind:

1. Handelsmarketing und Vertrieb (90 Min.)
2. Handelslogistik (90 Min.)
3. Außenhandel (90 Min.)
4. Mitarbeiterführung und Qualifizierung (90 Min.)

Die Rechtsverordnung über die Prüfung finden Sie in Kapitel 6 dieses Buches. Dort finden Sie auch die genaue Aufgliederung der Lerninhalte.

Der DIHK hat inzwischen die Bearbeitungszeiten für die Prüfung so konkretisiert, wie Sie dies oben finden.
Wenn Sie als Wahlfach das Fach *Mitarbeiterführung und Qualifizierung* gewählt haben, wird Ihnen dies übrigens gleich als der schriftliche Teil der Ausbildereignungsprüfung angerechnet! Wir möchten an dieser Stelle nicht auf alle Details der Prüfungsordnung eingehen, die inzwischen wie alle Gesetze auch ganz schön kompliziert geworden ist. Deshalb nur noch ein Hinweis: Falls Sie in den letzten fünf Jahren eine anerkannte Prüfung mit ähnlichen Inhalten abgelegt haben, dann kann Ihnen unter Umständen diese Prüfung angerechnet werden.
Vor der Prüfung nicht vergessen: Die Anmeldung bei der IHK! Eigentlich ist diese Aufforderung total überflüssig. Denn natürlich denken Sie ja daran, Ihre Anmeldung rechtzeitig und vollständig bei der IHK abzugeben. Oder? Nun soll es aber tatsächlich vorgekommen sein, dass selbst gestandene Männer und erfahrene junge Frauen darauf gebaut haben, der liebe Gott (oder der Studienträger) werde das schon richten. - Er tut es nicht!
Fügen Sie auch sämtliche Unterlagen bei, die Ihre Berechtigung für die Prüfungszulassung nachweisen, also das kaufmännische Abschlusszeugnis und Tätigkeitsbescheinigungen.
Für die schriftliche Prüfung stellt der *Deutsche Industrie- und Handelskammertag* (DIHK) bundeseinheitliche Prüfungsaufgaben zusammen. Erwarten Sie bitte nicht, dass die Abschlussprüfung lediglich Definitionen und enges Faktenwissen von Ihnen fordert. Das wäre wohl auch ein bisschen zu billig. Die Prüfungsfragen sind durchweg handlungsorientiert gestellt. Die sogenannten Multiple-Choice-Fragen haben die Kammern aus gutem Grund bereits vor Jahren aus der Handelsfachwirte-Prüfung gestrichen: Von Ihnen als angehender Führungskraft wird verlangt, dass Sie mit eigenen Worten Zusammenhänge erläutern und Antworten auch begründen können. **Bitte vergessen Sie das Begründen nicht.** Mir sind schon manche Fälle untergekommen, wo ein Prüfling zwar zu einer ganz anderen als der verlangten Lösung kam. Er

hatte diese Lösung dann aber so gut und konsequent begründet, dass es zumindest einen Teil der für die Aufgabe ausgesetzten Punkte gab.

Ein Tipp: Lesen Sie sich eine Frage lieber zweimal durch! Sie glauben gar nicht, wie oft z. B. das Wörtchen „nicht" überlesen wird! Einige Fragen verlangen die Nennung bestimmter Begriffe.
Da heißt es z.B. „***Nennen*** *Sie 5 Standortfaktoren, die den Ertrag beeinflussen.*" Hier reicht es, wenn Sie schreiben: „*Bedarf - Kaufkraft - Konkurrenz - Agglomeration – Verkehr*".
Hierzu noch ein Tipp: Es soll Prüflinge geben, die, weil sie die richtige Lösung nicht wissen, einfach einmal alles Mögliche hinschreiben – in der Hoffnung, dass das Richtige schon dabei sein wird! Es werden jedoch nur die ersten fünf Begriffe gewertet.
Wird dagegen gefragt: „**Erklären Sie** ..." oder „Erläutern Sie...", dann werfen Sie bitte dem Prüfer nicht nur einzelne Brocken hin!
Und dann gibt es noch die schönen Fragen aus dem Recht, die etwa so lauten: „Ist der Kaufvertrag nichtig?" Muss noch gesagt werden, dass hier von Ihnen mehr als ein „Ja" oder „Nein" erwartet wird?

Ein Tipp zur richtigen Zeiteinteilung: Wenn in einer Prüfung 90 Minuten zur Verfügung stehen und insgesamt 100 Punkte zu verteilen sind, dann sollten Sie für eine mit 10 Punkten bewertete Frage nicht mehr als ca. 7 Minuten ansetzen. So haben Sie denn am Schluss noch etwas Zeit für den einen oder anderen schweren Brocken und vor allem zum nochmaligen Durchsehen Ihrer Aufgabe! Und wenn insgesamt nur 60 Minuten zur Verfügung stehen, dann verdient die 10 Punkte Frage eben nur ca. 5 Minuten!

Was tun, wenn Ihnen eine Antwort partout nicht einfällt? Es gibt ein ebenso einfaches wie uraltes Rezept: Erst einmal weitermachen! Erledigen Sie erst die Fragen, die Ihnen leicht fallen. Damit haben Sie nicht nur Punkte gesammelt, Sie haben gleichzeitig Erfolgserlebnisse, und die helfen Ihnen dann auch, die schweren Brocken zu bewältigen. Sie wissen ja, wie das ist: Wenn man sich um eine Aufgabe müht und müht, wenn man sich daran festbeißt und das Gehirn zermartert, ist man nachher kaum noch imstande, leichte Aufgaben zu lösen. Ist man aber erst so richtig in Schwung, dann fallen auch die schwierigen Aufgaben ein ganzes Stück leichter! Warum wollen Sie das nicht nutzen?

Und wenn Ihnen dann immer noch nichts einfällt? Dann lassen Sie halt die Frage liegen. Lieber 5 Punkte bei einer Frage verschenken als 20 bei den anderen Fragen, zu denen Sie vielleicht wegen falscher Zeiteinteilung nicht mehr kommen!

Was tun, wenn Ihnen die Fragestellung nicht klar ist? Der Ausschuss, der die Fragen entwickelt hat, hat sich zwar alle Mühe gegeben - und doch kann es immer wieder einmal vorkommen, dass Missverständnisse entstehen. Da fragen Sie am besten zunächst die Aufsicht. Bekommen Sie dort keine zufriedenstellende Antwort, dann scheuen Sie sich nicht, eine Fragestellung selbst zu interpretieren: Nehmen wir einmal an, es sei in einer Frage aus dem Fach Statistik nach dem arithmetischen Mittel gefragt. Nichts weiter. Dann werden Sie sinnvollerweise als Antwort schreiben:
„*Das gewogene arithmetische Mittel wird wie folgt berechnet: ...*"
oder: „*Das einfache arithmetische Mittel wird wie folgt berechnet: ...*".
Übrigens noch ein Hinweis eines geplagten Prüfers: Versuchen Sie, die Schrift als Verständigungsmittel zu nutzen! Der Prüfer ist zwar verpflichtet, Ihre Schrift zu lesen. Aber wenn Sie allzu unleserlich ist, geht vielleicht der eine oder andere wichtige Gedanke unter.

Zugelassen als Hilfsmittel sind inzwischen nicht nur ein nicht programmierbarer Taschenrechner sondern auch die einschlägigen Gesetzestexte. Dazu hat das entsprechende Gremium der IHK auch eine Formelsammlung zugelassen. Wenn Ihnen also unter dem Druck der Prüfung nicht einfällt, wie der Lagerumschlag oder die Liquidität 2. Grades zu berechnen sind, dürfen Sie's in der Prüfung nachlesen. Von den Verfassern dieses Buches gibt es eine solche Sammlung. (weConsult-Verlag, ISBN 978-3-00- 022883-4). Inzwischen ist die 3., überarbeitete Auflage erschienen.

1.5 Die mündliche Prüfung

Wenn Sie in der schriftlichen Prüfung in nicht mehr als zwei Fächern eine mangelhafte Leistung haben, können Sie in einer mündlichen Ergänzungsprüfung die Scharte auswetzen. Bei der Gesamtnote aus schriftlicher und mündlicher Prüfung zählt die schriftliche Leistung doppelt. Ein „ungenügend" freilich dürfen Sie in der schriftlichen Prüfung nicht haben – dann gilt die Prüfung als nicht bestanden.

Und dann gibt es etwas total Neues, was Ihre Kollegen aus früheren Handelsfachwirte-Studiengängen nicht kannten: Die mündliche Prüfung enthält nämlich eine Präsentation und ein situationsbezogenes Fachgespräch. In der Präsentation haben Sie einen praktischen Fall aus Ihrer Handelspraxis darzustellen, der sich auf mindestens zwei Handlungsbereiche der Prüfung beziehen muss. Das hört sich schlimmer an als es in Wirklichkeit ist; denn meistens betreffen die betrieblichen Probleme mehrere Bereiche. Wenn Sie z. B. Ihre Absatzplanung machen, dann berührt dies natürlich auch die Beschaffung und es berührt genauso die Finanzierung und das Personalwesen. Wir haben Ihnen einmal an einem Beispiel im Kapitel 4 dargestellt, wie solch eine Präsentation aussehen kann. 10 Minuten haben Sie übrigens dafür Zeit. Das Thema können Sie selbst wählen, Sie müssen es am ersten schriftlichen Prüfungstag bei der IHK einreichen.

Der zweite Teil der mündlichen Prüfung ist dann ein Fachgespräch, in dem Sie anhand praktischer Fälle nachweisen sollen, dass Sie mit Ihrem Wissen sachgerechte Lösungen erarbeiten können. Die Präsentation geht mit einem Drittel, das Gespräch mit zwei Dritteln in das Ergebnis der

mündlichen Prüfung ein. Die Dauer des Prüfungsgesprächs soll 20 Minuten nicht überschreiten.
Wenn Sie in der schriftlichen Prüfung das Wahlfach „*Mitarbeiterführung und Qualifizierung*" gewählt haben, können Sie auch beantragen, eine praktische Demonstration „*Vorbereiten und Durchführen einer Ausbildungseinheit*" oder „*Vorbereiten und Durchführen einer Mitarbeiterqualifizierung*" abzulegen, mitsamt einem Fachgespräch zu diesem Thema. Dann haben Sie zusätzlich mit der Prüfung den berühmten „AdA"-Schein (AdA = Ausbildung der Ausbilder) erworben, der Sie zur Ausbildung berechtigt.

1.6 Das Ergebnis der Gesamtprüfung

Die Gesamtprüfung ist dann bestanden, wenn in allen Prüfungsfächern eine mindestens ausreichende Leistung erzielt wurde. Die harte Konsequenz: Haben Sie auch nur in einem Prüfungsfach keine ausreichende Note erzielt, so gilt zunächst einmal die gesamte Prüfung als nicht bestanden.
Mehr als ein Trostpflaster ist dann allerdings die Regelung, wonach eine Prüfung nicht nur zweimal wiederholt werden kann. Sie können auch beantragen, dass Ihnen bestimmte Prüfungsleistungen bei der Wiederholungsprüfung anerkannt werden. Haben Sie also in zwei Prüfungsfächern ein „gut", in einem Prüfungsfach ein „befriedigend", in zwei Fächern ein „ausreichend" und in einem Fach ein „mangelhaft", so könnten Sie sich bei der Wiederholungsprüfung entweder alle mindestens ausreichenden Fächer anrechnen lassen oder aber nur diejenigen, in denen Sie mindestens „befriedigend" erreicht haben. Und so kann dann das Zeugnis des Wiederholers, der sich ja nur noch auf wenige Fächer vorzubereiten hat, im Endzustand besser aussehen als das eines anderen Teilnehmers, der zwar im ersten Anlauf bestanden hat, aber in mehreren Fächern nur mit der Note „ausreichend".

1.7 Und was kommt danach?

Eine der erfreulichsten Fragen, die am Ende eines solchen Studiengangs auftauchen, ist die nach Möglichkeiten einer darauf aufbauenden Fortbildung! Wir möchten diese Begeisterung deshalb keinesfalls mindern. Und doch: Das Wichtigste, was Sie zunächst anstreben sollten, ist die Umsetzung Ihres neu erworbenen Wissens in die Praxis. Der Handelsfachwirt ist keine Durchgangsstation zum Hochschulabschluss. Er ist ein Abschluss eigener Art. Mit ihm sind Sie in der Lage, die auf Sie in der mittleren Führungsebene zukommenden Probleme zu meistern. Also richten Sie Ihr Augenmerk vor allem darauf, in der Praxis des Alltags zu zeigen, dass Sie mehr gelernt haben als das Gros Ihrer Altersstufe.
Eine Möglichkeit, sich zusätzlich fortzubilden, könnte zielgerichtet aus Ihrem Aufgabengebiet angezeigt sein. Wir meinen damit die Richtung des Fachkaufmanns. Im Gegensatz zum Fachwirt, der branchenbezogen ein breites Fachwissen besitzt, befasst sich der Fachkaufmann branchenübergreifend mit einer bestimmten Fachrichtung. Wer im Vertrieb tätig ist, für den ist vielleicht der Fachkaufmann Marketing das Richtige; wer im Personalwesen seinen Schwerpunkt hat oder haben will, für den kann die Fortbildung zum Personalfachkaufmann der richtige Weg sein.
Schließlich soll auch die Fortbildung zum Betriebswirt nicht unerwähnt bleiben. Hier aber gilt Vorsicht! Denn der Begriff Betriebswirt ist nicht geschützt, und unter dem offenbar lukrativen Titel tummelt sich mancherlei, was wenig empfehlenswert ist. Neben dem FH-Studium oder dem Betriebswirt VWA (Verwaltungs- und Wirtschaftsakademie) ist der Betriebswirt IHK zu empfehlen. Diese Auflistung „anerkannter Betriebswirte" erhebt keinen Anspruch auf Vollständigkeit. Prüfen Sie aber in jedem Falle, ob Sie eine zusätzliche Fortbildung noch weiterbringt. Eine Pause ist hier im Allgemeinen angezeigt. Die sollten Sie sich auch gönnen - nach dem Prüfungserfolg, den wir Ihnen von Herzen wünschen!

Peter Collier, Volker Wedde

PS: Dieses Buch soll sich möglichst leicht lesen lassen – bei aller Schwere des Stoffes! Deshalb haben wir bewusst oftmals die alte Rechtschreibung beibehalten und auf geschlechtsspezifische Bezeichnungen verzichtet. Wenn wir also vom „Leser" sprechen, möge sich bitte auch die Leserin angesprochen fühlen und beim „Geschäftsführer" sind wir uns ebenso bewusst, dass dies eine Dame sein kann wie auch beim „Bundeskanzler" (der aber in diesem Buch nicht vorkommt)!

2 AUFGABEN AUS DEN STOFFGEBIETEN

Pflichtfächer:

2.1 Unternehmensführung und -steuerung
2.2 Handelsmarketing
2.3 Führung und Personalmanagement
2.4 Volkswirtschaft für die Handelspraxis
2.5 Beschaffung und Logistik

Wahlfächer:

2.6 Marketing und Vertrieb
2.7 Handelslogistik
2.8 Außenhandel
2.9 Mitarbeiterführung und Qualifizierung

Vorab eine Bemerkung:

Die folgenden Musterfragen **sollen und können nicht das systematische Auf- und Nacharbeiten des Stoffs ersetzen**. Nehmen Sie also, bevor Sie die Fragen erarbeiten, Ihre Manuskripte zur Hand. Und erwarten Sie - bitte schön - nicht, dass nun tatsächlich eine Prüfungskommission diese Fragen wörtlich übernimmt! Wenn Sie aber nicht nur die Fragen und Antworten wörtlich büffeln, sondern sich auch mit dem „Wie“ und „Warum“ befassen, werden Sie von diesem Buch profitieren können.

Für jedes der ersten fünf Stoffgebiete finden Sie vier verschiedene Aufgabensätze, die aufgebaut sind wie ein Prüfungssatz. Sie sollen Ihnen dabei helfen, die Methodik zur Lösung zu finden.

Wir haben auch aus **allen** Wahlfächern entsprechende Aufgabensätze erstellt – Sie brauchen sich natürlich nur mit dem einen, von Ihnen gewählten Wahlfach befassen.

Die Antworten zu den Fragen finden Sie im hinteren Teil des Buches. Dies soll Sie anregen, **zunächst die Antworten selbst zu suchen** und erst später zum Vergleich nachzuschlagen!

2.1 Unternehmensführung und -steuerung

Aufgabensatz I

Aufgabe 1
Sie wollen ein Geschäft eröffnen und erstellen einen Business-Plan. Dazu ist der Kapitalbedarf zu ermitteln und ein Finanzplan zu erstellen.
a: Welche Aufgaben hat der Finanzplan?
b: Erläutern Sie den Begriff „Investition" und nennen Sie je zwei Beispiele aus den beiden Investitionsbereichen.
c: Was bedeutet Liquidität? Wie können Sie die Liquidität Ihres Unternehmens stärken? Nennen Sie drei Möglichkeiten. (17 P)

Aufgabe 2
Ihr Geschäft hat das Image, teuer zu sein. Dies wollen Sie durch *Trading down* ablegen. Welche Zielsetzung verfolgt ein Unternehmen mit Trading down? Erläutern Sie drei Maßnahmen, die diesem Ziel dienen! (9 P)

Aufgabe 3
Der Letztverbraucher K schließt am 15. Oktober einen Kaufvertrag mit dem Juwelier J über eine Goldkette im Wert von 10.000 €, Lieferzeitpunkt: 10. Dezember. Am 10. Dezember verlangt J wegen zwischenzeitlicher Kostensteigerungen einen Aufschlag von 10 Prozent und beruft sich dabei auf seine Allgemeinen Geschäftsbedingungen, in denen solche Preisanpassungen vorgesehen sind. Muss K den Zuschlag bezahlen? Begründen Sie Ihre Antwort! (6 P)

Aufgabe 4
Nach welchen Merkmalen können Stellen gebildet werden? Erläutern Sie kurz diese Merkmale! (14 P)

Aufgabe 5
Bei der Finanzierung empfiehlt Ihnen ein Bekannter, kurzfristige Kredite zu nutzen. Beschreiben Sie zwei wichtige Formen kurzfristiger Kredite. (6 P)

Aufgabe 6
Warum lohnt es sich für ein Unternehmen, Sonderkredite der öffentlichen Hand zu beantragen? Nennen Sie 3 Gründe! (6 P)

Aufgabe 7
Sie schließen einen Mietvertrag über ein Geschäft und vereinbaren darin eine Option. Was versteht man unter diesem Begriff? (8 P)

Aufgabe 8
Ein Wäschegeschäft hat zwei Abteilungen, die in etwa den gleichen Wareneinsatz zu verzeichnen haben. Die Abteilung „Dessous" verursacht laufende Kosten in Höhe von 10.000 €, die Abteilung „Bettwäsche" solche in Höhe von 2.000 €. Sollte ein einheitlicher Handlungskostenzuschlag oder ein differenzierter Handlungskostenzuschlag zur Kalkulation der Artikel verwendet werden? Begründen Sie Ihre Antwort! (8 P)

Aufgabe 9
Wann spricht man von sprungfixen Kosten? Erstellen Sie eine Skizze! (8 P)

Aufgabe 10
In einem Handelsbetrieb fallen fixe Gemeinkosten in Höhe von 30.000 € an. Der Einstandspreis der Ware beträgt 200 €; variable Handlungskosten sind nicht anzusetzen. Der Verkaufspreis (ohne Ust.) beträgt 300 €.

a: Ermitteln Sie rechnerisch den Mindestumsatz (BEP).

b: Wie hoch ist das Betriebsergebnis beim Umsatz von 99.000 €?

c: Wie hoch ist die Preisuntergrenze im Sinne einer Vollkostenrechnung bei einem Absatz von 200 Stück?

d: Ist es sinnvoll, diesen Artikel im Sortiment zu belassen, wenn nur 200 Stück verkauft werden können? (20 P)

Antworten ab S. 117

Aufgabensatz II

Aufgabe 1

Ihnen wird die folgende Bilanz vorgelegt:

Aktiva			Passiva
Grundstücke	300.000	Eigenkapital	
		Gezeichn. Kapital	400.000
Geschäftsausstattung	300.000	Kapitalrücklage	80.000
Waren	270.000	Jahresüberschuss	20.000
Forderungen	150.000	Kurzfr. Rückstellungen	60.000
Bank	50.000	Langfr. Verbindlichkeiten	400.000
Kasse	10.000	Kurzfr. Verbindlichkeiten	120.000
	1.080.000		1.080.000

Berechnen Sie aus dieser Unterlage

a: die Liquidität des ersten, zweiten und dritten Grades

b: die Eigenkapitalrentabilität

Nennen Sie vier Vergleichsmöglichkeiten, die zur Beurteilung der Eigenkapitalrentabilität herangezogen werden können!

c: Beurteilen Sie ferner die vertikale Kapitalgliederung und prüfen Sie, inwieweit Vermögen und Kapital in einem gesunden Verhältnis zueinander stehen. (20 P)

Aufgabe 2

Eine wichtige Kennzahl im Unternehmen ist der Cash Flow.

a: Was sagt er aus?

b: Welchen Zwecken dient eine Cash-Flow-Analyse?

c: Wozu steht der Cash-Flow zur Verfügung? (9 P)

Aufgabe 3

„*Leasing vergrößert den Finanzierungsspielraum beim Leasingnehmer.*“ Wie beurteilen Sie diese Aussage? Nennen Sie drei verschiedene Unterteilungsmöglichkeiten. (8 P)

Aufgabe 4

Der Würzburger Kaufmann A macht dem B aus Aschaffenburg ein schriftliches Angebot, das B acht Werktage nach Absendedatum brieflich annimmt. Ist ein Kaufvertrag zustande gekommen, wenn es sich um einfache Artikel des kaufmännischen Bedarfs handelt? Begründen Sie Ihre Antwort! (8 P)

Aufgabe 5

Manche Unternehmen schwören auf den Vorteil einer straffen Unternehmensführung mit zentralen Entscheidungen. Andere sehen Vorteile darin, Entscheidungen dezentral zuzulassen.

a: Welche Merkmale kennzeichnen das Prinzip der Dezentralisation? Welche speziellen Anforderungen sind damit verbunden?

b: Welche möglichen Vor- und Nachteile hat die Dezentralisation?

c: Im Zusammenhang mit Dezentralisation wird auch das Prinzip des *Lean Managements* genannt. Erläutern Sie dieses Prinzip!

Aufgabe 6

Ein Handelsunternehmen weist folgende Daten auf:

Bilanzwert des Anlagevermögens	400.000 €
Wiederbeschaffungswert des Anlagevermögens	600.000 €
Forderungen (Durchschnitt)	50.000 €
Warenbestand (Durchschnitt)	300.000 €
Aktien	80.000 €
Lieferantenschulden (Durchschnitt)	250.000 €

a: Wie hoch ist das betriebsnotwendige Kapital?

b: Wie hoch sind die kalkulatorischen Zinsen bei einem Zinssatz von 7 Prozent? (8 P)

Aufgabe 7

Viele Unternehmen lagern heute bestimmte Funktionen aus (Outsourcing). Nennen Sie jeweils zwei positive und negative Folgen für das outsourcende Unternehmen! (8 P)

Aufgabe 8

Was versteht man unter einem Engpassplan? Welche Folgen hat er für die Gesamtplanung? (7 P)

Aufgabe 9

Organisation soll dauerhaft sein. Andererseits darf sie aber auch veränderten Bedingungen nicht im Wege stehen. Wie lässt sich dies vereinbaren? (12 P)

Antworten ab S. 121

Aufgabensatz III

Aufgabe 1
Ihr Chef hat von den Nachteilen eines reinen Einliniensystems gehört und will deshalb eine Stabsstelle „Assistent der Geschäftsleitung" schaffen. Welche Aufgabe hat eine solche Stabsstelle? Welche Konflikte können zwischen der Stabsstelle und den Linieninstanzen entstehen? (9 P)

Aufgabe 2
Beurteilen Sie mit Blick auf Schnelligkeit, Durchschlagsfähigkeit und Immissionen die Einsatzmöglichkeiten der drei Druckerarten in der EDV. (6 P)

Aufgabe 3
Welche finanzwirtschaftlichen Kriterien muss das Unternehmen beachten? Erläutern Sie sie kurz! (8 P)

Aufgabe 4
Warum ist für ein Handelsunternehmen die jährliche Gewinn- und Verlustrechnung nicht ausreichend? Welches Instrument zur Kontrolle und Steuerung sollte deshalb ein Handelsunternehmen besitzen? (9 P)

Aufgabe 5
Sie haben den Auftrag, die Ertragssituation von drei Produkten zu prüfen. Hierfür liegen folgende Angaben vor:

	Produkt A	Produkt B	Produkt C
Einstandspreis/Stück	36	46,50	26
Variable Handlungskosten/Stück	21	26	12
Nettoverkaufspreis/Stück	63	75	42
Artikelgruppenfixkosten	4.200	2.400	1840

Unternehmensfixkosten: 4.100 €

a: Wie hoch sind die jeweiligen Deckungsbeiträge je Stück?
b: Wie viele Stück müssen von jedem Produkt verkauft werden, um die Artikelgruppen-Fixkosten zu decken?
c: Bewerten Sie die einzelnen Produkte unter dem Gesichtspunkt der Sortimentsbereinigung.
d: Von A werden in einer Periode 1.250 Stück, von C 1.480 Stück abgesetzt. Wie viel Stück müssen von B verkauft werden, um die Unternehmensfixkosten zu decken und einen Betriebsgewinn von 10.000 € zu erzielen? (18 P)

Aufgabe 6
Beschreiben Sie „Franchising“ und erläutern Sie je zwei Vor- und Nachteile, die das Franchising dem Einzelhandelsunternehmer bietet. (8 P)

Aufgabe 7
Im Betriebsabrechnungsbogen werden die Kostenstellengemeinkosten über bestimmte Schlüssel verteilt. Für die Verteilung der Mietkosten zieht man im Handel gern die Fläche der jeweiligen Abteilung heran. Wie beurteilen Sie den Schlüssel? (4 P)

Aufgabe 8
In der Finanzierung Ihres Unternehmens stoßen Sie auch auf den Grundsatz der „Goldenen Finanzierungsregel“? Was besagt sie? Welche Konsequenz hat es, wenn ein Unternehmer sie missachtet? (4 P)

Aufgabe 9
Ein Bekannter empfiehlt Ihnen als Finanzierungsinstrument das *Factoring*. Was versteht man darunter? Nennen Sie je zwei Vor- und Nachteile, die Ihnen die Zusammenarbeit mit einer Factoring-Gesellschaft bringt. (6 P)

Aufgabe 10

Verkäufer V verkauft und übereignet dem Kunden K einen Schrank. Einige Tage später stellt K fest, dass das Holz teilweise wurmstichig ist. V trifft kein Verschulden. Er hat das Holz für einwandfrei gehalten und hatte auch nicht den Holzwurm erkennen können. Kann K irgendwelche Ansprüche gegen V geltend machen? (8 P)

Aufgabe 11

Kaufmann K möchte seinem Filialleiter F rechtswirksam Prokura erteilen.
a: Wer kann Prokura erteilen? Welche Form ist dabei zu beachten?
b: Zu welchen Rechtsgeschäften ermächtigt sie den F?
c: Welche Rechtsgeschäfte darf der Prokurist nicht vornehmen?
d: Kann F dem Abteilungsleiter A Prokura erteilen? (14 P)

Aufgabe 12

Was versteht man unter einem allgemeinen Unternehmerrisiko, was unter einem speziellen Einzelwagnis? (6 P)

Antworten ab S. 125

Aufgabensatz IV

Aufgabe 1

Die Bedeutung von Electronic Commerce hat im Handel in den letzten Jahren gewaltig zugenommen. Erläutern Sie den Begriff sowie zwei Gründe für die Entwicklung. Bewerten Sie die Zukunftschancen. Erläutern Sie dabei auch kurz die beiden Formen des „*B2B*" und „*B2C*". (8 P)

Aufgabe 2

Einkaufszentren sind eine Betriebsform, die gerade auf dem deutschen Markt starkes Wachstum verzeichnen kann. Erläutern Sie vier wesentliche Stärken dieser Betriebsform! (8 P)

Aufgabe 3

a: Sind folgende Allgemeine Geschäftsbedingungen (AGB) eines Händlers gegenüber einem Nichtkaufmann gültig: „*Mängel an der Ware können nur innerhalb von 14 Tagen geltend gemacht werden. Eine Mängelhaftung beschränkt sich auf Nachbesserung. Die Kosten trägt der Käufer*"?

b: Wer soll vornehmlich durch das AGB-Gesetz geschützt werden?

c: Wie können AGB Vertragsinhalte werden? (8 P)

Aufgabe 4

Ein Handelsunternehmer muss die Rahmenbedingungen in seinem Umfeld beachten, wenn er nicht scheitern will. Erläutern Sie stichwortartig die fünf Wirkungskreise, in denen sich diese Rahmenbedingungen zusammenfassen lassen. (10 P)

Aufgabe 5

Eine Organisation soll übersichtlich sein. Erläutern Sie kurz

- drei Maßnahmen, die dies gewährleisten, sowie
- was passiert, wenn diese Forderung nicht eingehalten wird (anhand von zwei Beispielen). (14 P)

Aufgabe 6

In den letzten Jahren hat die Außenfinanzierung erheblich an Bedeutung gewonnen. Erläutern Sie kurz drei Gründe hierfür! (9 P)

Aufgabe 7

Unter welchen Bedingungen ist eine Willenserklärung anfechtbar? Erläutern Sie anhand je eines Beispiels drei davon! (12 P)

Aufgabe 8

Erläutern Sie die Rechtsform einer GmbH & Co KG. (5 P)

Aufgabe 9

Der Einzelhändler Trendy beschließt, das Hightech-Fahrrad „Rennmaschine Flash“ ins Sortiment aufzunehmen. Er überwacht in den folgenden Monaten den Abverkauf und stellt fest, dass er monatlich die folgende Anzahl dieses Typs verkauft hat:

4, 5, 3, 5, 6, 8, 10, 11, 17, 21, 23, 22, 24, 26, 25

- Ermitteln Sie das arithmetische Mittel $\overline{x}$ und den Variationskoeffizienten V. Beurteilen Sie anhand des Variationskoeffizienten, ob der Durchschnitt repräsentativ für die einzelnen Werte ist.
- Berechnen Sie die letzten vier dreigliedrigen Durchschnitte und prognostizieren Sie mit Hilfe einer groben grafischen Darstellung den Absatz des nächsten Monats. (20 P)

Aufgabe 10

Wodurch unterscheiden sich bilanzielle und kalkulatorische Abschreibungen nach Verfahren, Bemessungsgrundlage und Abschreibungsdauer? (6 P)

Antworten ab S. 130

2.2 Handelsmarketing

Aufgabensatz I

Aufgabe 1
Welchen Einfluss haben Impulskauf und Gewohnheitskauf auf die Sortimentsplatzierung in SB-Läden? (4 P)

Aufgabe 2
Mit welchen Methoden können Sie Informationen über das Unternehmensimage gewinnen? Erläutern Sie drei! (6 P)

Aufgabe 3
Wenn Sie einen Artikel ins Sortiment aufnehmen, stellen Sie die Frage, welchen Grund- und welchen Zusatznutzen der Artikel dem Kunden bietet. Erläutern Sie die Begriffe mit je einem Beispiel! (6 P)

Aufgabe 4
Was ist ein Testmarkt und welche Gründe könnten für die Durchführung von Markttests sprechen? Erläutern Sie fünf! (12 P)

Aufgabe 5
Ein Grundsatz für die Konzeption eines Werbemittels lässt sich in der AIDA-Regel ausdrücken. Was bedeutet diese Regel? (2 P)

Aufgabe 6
Was ist eine Werbekonstante? Aus welchen Bestandteilen kann sie bestehen? Erläutern Sie drei! (6 P)

Aufgabe 7
Ein Kaufmann wirbt mit: „*Das führende Einrichtungshaus in Unterfranken.*“ Unter welchen Voraussetzungen ist eine solche Werbung zulässig? (4 P)

Aufgabe 8
Geben Sie ein Fallbeispiel für die Gruppe der belästigenden Werbung nach § 7 UWG. Erläutern Sie, warum diese Werbung wettbewerbswidrig ist. (5 P)

Aufgabe 9
a: Erläutern Sie den Begriff der Diversifikation im Handel. (2 P)
b: Grenzen Sie die Formen der Diversifikation gegeneinander ab und liefern Sie jeweils ein entsprechendes Beispiel. (6 P)

Aufgabe 10
Oft arbeiten Anbieter mit dem Instrument der Preisdifferenzierung.
a: Was verstehen Sie unter Preisdifferenzierung? (2 P)
b: Erläutern Sie drei Arten der Preisdifferenzierung und nennen Sie je ein Beispiel. (6 P)

Aufgabe 11
Sie sind mit der Entwicklung Ihres Unternehmens in den letzten Jahren nicht so recht zufrieden und würden gern expandieren. Dabei fällt Ihnen ein, dass die Wachstumsstrategie von Ansoff hier eine gute Hilfe sein kann, die eigene Strategie zu entwickeln. Stellen Sie sie graphisch dar und beschreiben Sie ausführlich die einzelnen Felder. (20 P)

Aufgabe 12
a: Sie sollen eine Werbekampagne für einen neuen, kalorienarmen Schokoriegel planen. Werbeziel ist die erfolgreiche Einführung des Produkts. Nennen Sie außer dem Werbeziel weitere Kriterien, die Sie bei der Werbeplanung berücksichtigen müssen und setzen Sie dies auf den Fall um! (9 P)

b: Für den Schokoriegel möchten Sie potentielle Zielgruppen definieren. Nennen Sie drei Segmentierungskriterien anhand je eines Beispiels. Welche würden Sie für den kalorienarmen Premiumriegel einsetzen? Begründen Sie Ihre Antwort. (10 P)

Antworten ab S. 136

Aufgabensatz II

Aufgabe 1

Das moderne Marketing ist mit dem Wandel vom Verkäufer- zum Käufermarkt verbunden. Erläutern Sie die Begriffe und stellen Sie dar, was dieser Wandel bedeutet. (8 P)

Aufgabe 2

Was versteht man unter dem „*Wheel of Retailing*“ und welche Phasen sind hier zu unterteilen? Beschreiben Sie sie. (8 P)

Aufgabe 3

a: Kennzeichnen Sie die Betriebsformen im Einzelhandel nach Serviceorientierung, Preis und Sortiment mit je einem Beispiel! (8 P)

b: Erläutern Sie die Kooperationsformen der Einkaufsgemeinschaft und der Freiwilligen Kette im Handel. (8 P)

Aufgabe 4

Wie die Fachpresse berichtet, nehmen Handelsmarken im Sortiment des Einzelhandels an Bedeutung zu. Erläutern Sie den Unterschied zu Herstellermarken. Welche Vorteile bieten Handelsmarken einem Handelsunternehmen? Erläutern Sie zwei! (9 P)

Aufgabe 5

Erläutern Sie kurz die drei Auswahlverfahren, mit denen Sie eine Stichprobe ziehen können. (9 P)

Aufgabe 6

Definieren Sie den Begriff „Panel“ und nennen Sie drei Probleme, die beim Panel auftreten können. (9 P)

Aufgabe 7

Sie leiten ein Einzelhandelsunternehmen für Mode für Damen zwischen 30 und 60 Jahren. Jetzt suchen Sie einen geeigneten Werbeträger. Die folgenden Mediadaten liegen Ihnen vor:

Zeitschrift	Leser (ges.)	Davon weiblich	Kosten/ Seite
Erna	4.450.000	3.920.000	45.008
Feindin	3.490.000	3.080.000	29.804
Wife's Health	3.400.000	3.010.000	25.494

a: Berechnen Sie für jede Zeitschrift den Tausend-Leser-Preis. Geben Sie an, in welcher Reihenfolge Sie die Zeitschriften belegen.
b: Erläutern Sie zwei Nachteile des Tausend-Leser-Preises (12 P)

Aufgabe 8

Sie wollen in Ihrem Handelsbetrieb eine Stammkundenkartei aufbauen. Welche Informationen werden Sie aufzeichnen? Beschreiben Sie drei! (6 P)

Aufgabe 9

Erläutern Sie den Zusammenhang zwischen Marktpotential, Marktvolumen und Marktanteil. Stellen Sie ihn graphisch dar. (9 P)

Aufgabe 10

Ein Privatmann erhielt ein Fax von einer ihm unbekannten Anlagegesellschaft mit folgendem Text: *„Der Aktienmarkt wird zusammenbrechen! Bringen Sie Ihr Geld vorher in Sicherheit! Kaufen Sie ein Grundstück in Kanada!“* Beurteilen Sie die Werbung wettbewerbsrechtlich. (6 P)

Aufgabe 11

Der Hersteller eines Waschmittels möchte eine repräsentative Studie über das Waschverhalten in Deutschland anfertigen lassen. Kann die Umfrage auf schriftlichem Wege erfolgen? Begründen Sie Ihre Antwort! (8 P)

Antworten ab S. 141

Aufgabensatz III

Aufgabe 1

Für ein Deodorant werden Verkaufsförderungsmaßnahmen (Verteilung von Gratisproben, Displays, Preisausschreiben) in sechs SB-Warenhäusern durchgeführt und mit einer Kontrollgruppe von sechs vergleichbaren SB-Warenhäusern verglichen, in denen die Verkaufsförderungsmaßnahmen nicht durchgeführt werden. Das Ergebnis:

	Versuchsgruppe	**Kontrollgruppe**
Umsatz vor Experiment	600.000 €	600.000 €
Umsatz nach Experiment	900.000 €	700.000 €

Beurteilen Sie den Erfolg, wenn der Bruttogewinn bei 10 % vom Umsatz liegt und die Verkaufsförderungsmaßnahmen 24.000 € kosten. (8 P)

Aufgabe 2

Sie wollen eine Marktforschungsstudie in Auftrag geben. Auf welche Auswahlkriterien für ein Institut legen Sie Wert? Erläutern Sie drei dieser Kriterien. (6 P)

Aufgabe 3

Im Rahmen von Befragungen werden häufig geschlossene Fragen verwendet. Wo liegen die Vor- und Nachteile dieser Frageform? Erläutern Sie jeweils zwei. (8 P)

Aufgabe 4

Bei der Aufbereitung von Marktforschungsdaten werden verschiedene Auswertungsverfahren eingesetzt. Erläutern Sie hiervon die multiple Regressionsanalyse mit einem Beispiel. (8 P)

Aufgabe 5

Marketingprognosen beruhen auf Daten und Analysen; in der Praxis gibt es kein ideales Prognoseverfahren für alle Zwecke.

a: Was ist der Zweck einer Prognose? (6 P)

b: Wovon hängt ein zu wählendes Prognoseverfahren ab? Erläutern Sie drei Gesichtspunkte! (6 P)

Aufgabe 6

Für noch nicht am Markt eingeführte Produkte ist es für den Hersteller sinnvoll, einen Produkttest durchzuführen. Welche drei Fragen sollten hierbei im Vordergrund stehen? (6 P)

Aufgabe 7

Erläutern Sie je zwei typische absatzpolitische Instrumente

a: eines Fachgeschäftes in der City

b: eines SB-Warenhauses

Begründen Sie dabei, warum gerade diese Instrumente vorrangig bei den genannten Betriebsformen eingesetzt werden sollen. (8 P)

Aufgabe 8

Beurteilen Sie die Anzeige in wettbewerbsrechtlicher Hinsicht: (12 P)

ALU-TÜREN VERSCHENKT!

Bis zu 50 % Sondernachlass auf Alu-Haustüren.

Nur heute von 18 bis 18.30 Uhr: zusätzlich 25 % Winter-Rabatt

auf alle Alu-Haustüren für Alt- und Neubauten

Sonntag „offene Tür“ von 14 bis 17 Uhr.

Andere sind teuer, wir sind billig. Viele sind gut, wir sind besser.

Überzeugen Sie sich und urteilen Sie selbst!

Aufgabe 9

Was versteht man unter der „*Corporate Identity*“ (CI) eines Unternehmens? Wie wirkt die CI innerhalb des Unternehmens und wie nach außen? (6 P)

Aufgabe 10

Was bedeutet „*Multi Channel-Marketing*“? Welche Strategie könnte ein mittelständischer Einzelhändler dabei einschlagen? (6 P)

Aufgabe 11

Oft werden die Begriffe *Sales Promotion*, *Werbung* und *Public Relations* synonym verwendet. Im Marketing haben sie jedoch unterschiedliche Bedeutungen und Ziele. Bitte grenzen Sie die Begriffe und deren Ziele voneinander ab! (12 P)

Aufgabe 12

Beschreiben Sie das Sponsoring und nennen Sie drei Beispiele! (8 P)

Antworten ab S. 146

Aufgabensatz IV

Aufgabe 1
Die Firma Kahl ist sich der zunehmenden Bedeutung der Verkaufsförderung bewusst und beschließt, mit bestimmten Maßnahmen die Leistungsfähigkeit ihrer Mitarbeiter und Reisenden zu verbessern. Welche Maßnahmen kämen Ihrer Meinung nach in Frage. Erläutern Sie drei grundsätzliche Ansatzpunkte. (15 P)

Aufgabe 2
Welche Formen des Kundendienstes lassen sich unterscheiden? Erläutern Sie je ein Beispiel! (6 P)

Aufgabe 3
Warum hat das Verhalten des Verkaufspersonals für Handelsunternehmen besondere Bedeutung? (6 P)

Aufgabe 4
Was versteht man unter Sekundärforschung? Beschreiben Sie fünf außerbetriebliche Informationsquellen für sekundärstatistische Daten, die allgemein zugänglich sind. (7 P)

Aufgabe 5
Erläutern Sie fünf Größen, die die Preispolitik eines Unternehmens beeinflussen. (10 P)

Aufgabe 6
Wann sollte die Direktwerbung im Gegensatz zur Anzeige stets eingesetzt werden? Erläutern Sie drei Beispiele (6 P)

Aufgabe 7

Sie wollen von der „Psychologischen Preisfestsetzung“ Gebrauch machen. Erläutern Sie drei Möglichkeiten. (9 P)

Aufgabe 8

Ein Kaufmann versendet an die privaten Haushalte eine Broschüre mit dem Titel: „*Heimwerken leicht gemacht*“ zum Preis von 6 €. Im Begleitschreiben ist erwähnt, dass nach 10 Tagen ein Angestellter zum Adressaten kommen werde, um den Kaufpreis zu kassieren oder die Broschüre wieder abzuholen. Ist die Werbung zulässig? Begründen Sie Ihre Antwort! (5 P)

Aufgabe 9

„*Wer kann es besser? Farbfernseher XY beim M-Markt 1.399 €. Unser Preis: 1.299 €*“: Ist die Werbung zulässig? Begründen Sie die Antwort! (9 P)

Aufgabe 10

Die Generalklausel des UWG beherrscht das Wettbewerbsrecht. Erläutern Sie, was unter „unlauterem Wettbewerb“ zu verstehen ist. Diskutieren Sie fünf Fälle, in denen der Gesetzgeber oder die Rechtsprechung einen Verstoß gegen das Verbot der unlauteren Werbung annimmt. (18 P)

Aufgabe 11

Stellen Sie graphisch Aufbau und Inhalt des Marktanteils-Marktwachstums-Portfolios dar! (9 P)

Antworten ab S. 152

2.3 Führung und Personalmanagement

Aufgabensatz I

Aufgabe 1
Durch welche Faktoren wird das Arbeitsergebnis der Mitarbeiter beeinflusst? Geben Sie zu jedem Faktor ein Beispiel! (9 P)

Aufgabe 2
Sie wollen einen neuen Mitarbeiter einstellen und haben jetzt die schriftlichen Bewerbungen vorliegen. Welche Kriterien werden Sie besonders prüfen? Nennen Sie fünf. (10 P)

Aufgabe 3
Sie kennen die beiden Grundformen Zeitlohn und Leistungslohn (Akkordlohn). Erläutern Sie die beiden Formen und stellen Sie die Vor- und Nachteile einander gegenüber. (10 P)

Aufgabe 4
Welche Ziele verfolgt die betriebliche Personalpolitik? (8 P)

Aufgabe 5
Der Wandel in Arbeitswelt und Gesellschaft verlangt nach modernen Führungsstilen. Erläutern Sie drei Gründe dafür! (9 P)

Aufgabe 6
Ein Vorstellungsgespräch besteht aus sieben Phasen. Erläutern Sie diese mit einem kurzen praktischen Beispiel! (14 P)

Aufgabe 7

Einzelhändler Fleißig will erstmals ausbilden. Welche Voraussetzungen muss er erfüllen? Erläutern Sie vier Bereiche, mit denen sich Herr Fleißig als Ausbildender befassen muss. (12 P)

Aufgabe 8

Was versteht man unter einer Änderungskündigung? (6 P)

Aufgabe 9

Im Unternehmen gibt es naturgemäß Spannungen zwischen den Zielen der Mitarbeiter und den Zielen des Unternehmens. Sie zu bewältigen, ist eine Führungsaufgabe des Vorgesetzten.

a: Erläutern Sie drei dieser Spannungsfelder. (6 P)

b: Schildern Sie drei Möglichkeiten, solche Spannungen zu bewältigen. (6 P)

Aufgabe 10

In manchen größeren Betrieben gibt es Betriebsvereinbarungen. Wer schließt solche Betriebsvereinbarungen ab, was wird üblicherweise in einer Betriebsvereinbarung geregelt? (10 P)

Antworten ab S. 156

Aufgabensatz II

Aufgabe 1

Ein Arbeitnehmer möchte wegen einer gegen ihn ausgesprochenen Kündigung Klage beim Arbeitsgericht einreichen. Informieren Sie ihn darüber, ob er einen Anwalt nehmen muss und was unter Ausschlussfrist, Güteverhandlung und Streitverhandlung zu verstehen ist! (8 P)

Aufgabe 2

Die gleitende Arbeitszeit hat sich in vielen Betrieben durchgesetzt, da sie eine Reihe von Vorteilen gegenüber starren Arbeitszeitmodellen besitzt. Erläutern Sie das System, schildern Sie seine Vor- und Nachteile und wägen Sie die Einsatzmöglichkeit ab. (19 P)

Aufgabe 3

Wie kann ein Arbeitsverhältnis beendet werden? Erläutern Sie kurz die verschiedenen Möglichkeiten. Verwenden Sie hierzu mindestens je ein praktisches Beispiel. (21 P)

Aufgabe 4

Was bedeutet Mobilität, welche Arten unterscheidet man? Erläutern Sie kurz die Arten. (9 P)

Aufgabe 5

Sie werden beauftragt, die Weiterbildung für die Mitarbeiter zu organisieren. Dabei müssen Sie eine Reihe von Überlegungen anstellen. Erläutern Sie fünf! (10 P)

Aufgabe 6

Mitarbeiter sollen ein Entgeltsystem als gerecht empfinden. Welchen Anforderungen muss ein solches System deshalb genügen? Erläutern Sie kurz diese Anforderungen! (6 P)

Aufgabe 7

Sie haben den Auftrag, den Personaleinsatz Ihrer Abteilung zu planen. Dazu benötigen Sie auch den Soll-Stundenumsatz. Erläutern Sie, wie Sie ihn berechnen können. (9 P)

Aufgabe 8

Als Führungskraft merken Sie, dass in Ihrem Betrieb mehrere informelle Gruppen bestehen.

a: Erläutern Sie 3 Merkmale, die typisch für informelle Gruppen sind! (9 P)

b: Welche positiven und negativen Wirkungen haben informelle Gruppen im Betrieb? (9 P)

Antworten ab S. 159

Aufgabensatz III

Aufgabe 1

Welche Konsequenzen kann es haben, wenn ein neuer Mitarbeiter nicht richtig in seine Aufgaben und den Betrieb eingeführt wird? Erläutern Sie drei davon! (9 P)

Aufgabe 2

Welche Formen der Kritik sollte man vermeiden? Erläutern Sie kurz fünf solcher Fälle! (10 P)

Aufgabe 3

Die Verkäuferin V brach sich beim Skilaufen ein Bein. Der Arbeitgeber weigert sich, Lohnfortzahlung zu leisten, weil er Skilaufen für einen gefährlichen Sport hält. Wie ist die Rechtslage? (8 P)

Aufgabe 4

Die 48-jährige Verkäuferin H, die seit 18 Jahren ununterbrochen beschäftigt ist, kündigt am 15.02. zum 31.03. des Jahres. Der Arbeitgeber will dies nicht akzeptieren, da die Kündigungsfrist für ältere Angestellte nicht gewahrt ist. Wie beurteilen Sie den Fall? (8 P)

Aufgabe 5

Die Arbeitnehmer Schlau und Pfiffig waren im ganzen Jahr 2007 arbeitsunfähig krank.

a: Schlau kehrt am 15. Januar 2008 zurück und verlangt Urlaub für das ganze Jahr 2007. Hat er einen Anspruch? Wenn ja, tatsächlich im vollen Umfang?

b: Pfiffig kehrt erst wieder am 15. April in den Betrieb zurück. Er verlangt das Gleiche wie Schlau. Wie bewerten Sie seinen Urlaubsanspruch aus dem Jahr 2007? Begründen Sie Ihre Antwort! (12 P)

Aufgabe 6

Worin bestehen die Leistungen der Arbeitslosenversicherung? Wer ist dort versichert? (8 P)

Aufgabe 7

Soll eine Kündigung wegen verhaltensbedingter Gründe ausgesprochen werden, so setzt dies in der Regel eine vorhergehende Abmahnung voraus. Was versteht man darunter? Welche Form ist bei der Abmahnung dringend anzuraten? (6 P)

Aufgabe 8

Welche Ziele strebt das betriebliche Vorschlagswesen an? Erläutern Sie vier! (8 P)

Aufgabe 9

Welche Vor- und Nachteile hat die Gruppenprämie als Instrument der Leistungsentlohnung? (6 P)

Aufgabe 10

Wie werden die Mitarbeiter bei autoritärer und bei kooperativer Führung an den Entscheidungen im Unternehmen beteiligt? Welche Auswirkungen hat dies? Erläutern Sie je zwei! (8 P)

Aufgabe 11

Eine gute Information und Kommunikation ist für den Unternehmenserfolg wichtig. Welche Anforderungen muss eine gute Information erfüllen? Beschreiben Sie kurz fünf davon! (10 P)

Antworten ab S. 163

Aufgabensatz IV

Aufgabe 1

Informelle Gruppen stellen für den Vorgesetzten oft eine besondere Herausforderung dar. Entwickeln Sie drei Ansatzpunkte, um mit ihnen umzugehen? (6 P)

Aufgabe 2

a: Ein Arbeitnehmer hat wegen eines Diebstahls eine fristlose schriftliche Kündigung erhalten. Noch am gleichen Tag unterrichtet der Inhaber des Geschäftes den Betriebsrat hierüber. Dieser stimmt nach vier Tagen der Kündigung zu. Ist die Kündigung wirksam? Begründen Sie Ihre Antwort.
b: Welches Mitspracherecht hat der Betriebsrat bei einer außerordentlichen Kündigung? (6 P)

Aufgabe 3

Erläutern Sie je 2 Vor- und Nachteile interner Personalbeschaffung. (6 P)

Aufgabe 4

Die Psychologie unterscheidet extrinsische und intrinsische Motivgruppen. Beschreiben Sie diese beiden Motivgruppen und erläutern Sie sie mit je einem Beispiel! (8 P)

Aufgabe 5

Sie werden von Ihrer Unternehmensleitung beauftragt, personalpolitische Grundsätze für das Unternehmen zu entwickeln. Folgende Zielsetzungen sollen Sie in Ihre Überlegungen mit einbeziehen:

- Mitarbeiter an das Unternehmen binden
- Das Unternehmen für neue Mitarbeiter attraktiv machen
- Den Führungskräften Entscheidungshilfen geben

Erarbeiten Sie 5 personalpolitische Grundsätze und begründen Sie sie!
(15 P)

Aufgabe 6
Die aktuellen Ladenschlussregelungen und die Erwartungen der Mitarbeiter haben zu neuen Arbeitszeitmodellen geführt. Erläutern Sie die folgenden Modelle mit je einem Vorteil aus der Sicht von Mitarbeiter und Betrieb:
a: Jahresarbeitszeit im rollierenden System (JAZ)
b: Job Sharing (20 P)

Aufgabe 7
Beschreiben Sie drei Fälle, in denen ein Arbeitsverhältnis endet, ohne dass es einer Kündigung bedarf! (6 P)

Aufgabe 8
Welche Rechte hat ein Arbeitnehmer, wenn der Arbeitgeber seine Fürsorgepflicht verletzt? Beschreiben Sie zwei! (6 P)

Aufgabe 9
Information und Kommunikation innerhalb des Unternehmens sind wesentliche Voraussetzungen des Unternehmenserfolges. Beschreiben Sie kurz drei Anforderungen, die an die Information gestellt werden müssen. (6 P)

Aufgabe 10
Der Verkäufer V brach sich im Januar ein Bein und war vier Wochen arbeitsunfähig. Im Mai erkältete er sich und war nochmals für drei Wochen arbeitsunfähig. Für welche Dauer erhält er Gehaltsfortzahlung? Unter welchem Gesichtspunkt müssen Sie diese Frage prüfen? (7 P)

Aufgabe 11
a: Erfolgreiche Unternehmen zeichnen sich dadurch aus, dass sie mit Zielsetzungen arbeiten. Wie wirken Zielsetzungen? Nennen Sie 2 Wirkungen!
b: Welche Anforderungen müssen Ziele erfüllen? Nennen Sie fünf! (14 P)

Antworten ab S. 166

2.4 Volkswirtschaftslehre

Aufgabensatz I

Aufgabe 1

Gesellschaften können sich Wirtschaftsordnungen geben.

a: Welche idealtypischen Wirtschaftsmodelle kennen Sie? Erläutern Sie sie! (8 P)

b: Welche realtypische Wirtschaftsordnung haben wir in der Bundesrepublik Deutschland? Stellen Sie die Besonderheit der Wirtschaftsordnung dar! (4 P)

c: Wer setzte die bei uns herrschende Wirtschaftsordnung politisch durch? (2 P)

Aufgabe 2

Eines der Ziele staatlicher Wirtschaftspolitik ist die Vollbeschäftigung.

a: Ist der Begriff „Vollbeschäftigung" gleichzusetzen mit dem Sachverhalt, dass jeder Erwerbsfähige auch erwerbstätig ist? Begründen Sie! (4 P)

b: Welche Gründe der Arbeitslosigkeit kennen Sie? Erläutern Sie kurz vier von ihnen! (8 P)

c: Welche Vorteile bietet die Arbeitsteilung? Erläutern Sie drei. (9 P)

Aufgabe 3

Der Staat versucht gelegentlich, mit Subventionen eine strukturelle Arbeitslosigkeit zu bekämpfen.

a: Was versteht man unter dem Begriff Subventionen?

b: Beurteilen Sie den Einsatz von Subventionen zur Beseitigung struktureller Arbeitslosigkeit anhand eines Beispiels. Nehmen Sie dabei Bezug auf die subventionierte Branche wie auch auf andere, nicht subventionierte Branchen. (10 P)

Aufgabe 4
Sparen ist für das Wachstum einer Volkswirtschaft unverzichtbar. Wovon ist das Ausmaß des Sparens abhängig? Erläutern Sie die Bestimmungsfaktoren des Sparens! (6 P)

Aufgabe 5
Aus der Europäischen Gemeinschaft für Kohle und Stahl entwickelte sich im Laufe der Jahre die Europäische Union. Sie hören immer wieder, dass Sie als Handelsunternehmer auch aus dieser Öffnung des Binnenmarktes profitieren. Erläutern Sie drei positive Konsequenzen für Ihr Unternehmen und zwei mögliche negative Konsequenzen! (15 P)

Aufgabe 6
Im Aufschwung spielt der Investitionsmultiplikator eine besondere Rolle. Schildern Sie seine Wirkung! (10 P)

Aufgabe 7
Definieren Sie den Begriff des Bruttoinlandsproduktes. Wie wird es ermittelt? Wie hoch war es im Jahre 2009? Diskutieren Sie kritisch, inwieweit das Bruttoinlandsprodukt tatsächlich geeignet ist, als Maßstab für den Wohlstand eines Landes zu gelten. (12 P)

Aufgabe 8
Was bedeutet Tarifautonomie? Was spricht für sie? (12 P)

Antworten ab S. 170

Aufgabensatz II

Aufgabe 1

In welchen Sektoren der Wirtschaft wird das Bruttoinlandsprodukt erarbeitet? Wie hat sich die Bedeutung der einzelnen Sektoren im Laufe der letzten Jahrzehnte geändert? (12 P)

Aufgabe 2

Zeichnen und beschreiben Sie eine Angebotskurve und eine Nachfragekurve und beschreiben Sie den Gleichgewichtspreis! Unterstellen Sie dabei einen unelastischen Verlauf der Nachfragekurve. Erläutern Sie diesen Begriff. Nennen Sie ein Beispiel für ein Produkt mit einer unelastischen Nachfragekurve. 18 P)

Aufgabe 3

Inflationen werden oft als ein Übel in einer Volkswirtschaft empfunden.

a: Was versteht man unter Inflation? (2 P)

b: Welche Ursachen kann eine Inflation haben? (6 P)

c: Welche Auswirkungen hat eine Inflation auf Schuldner, Sparer und Bezieher fester Einkommen? (12 P)

d: Warum gehört die Bekämpfung der Inflation zu den allgemein anerkannten Zielen der staatlichen Wirtschaftspolitik?

e: Nennen Sie zwei Instrumente, mit denen der Staat die Inflation bekämpfen kann! (8 P)

Aufgabe 4

Moderne Volkswirtschaften sind stets Geldwirtschaften.

a: Welche Funktionen hat das Geld? Nennen Sie drei! (6 P)

b: Die wichtigste Art des Geldes ist das Buchgeld. Schildern Sie den Prozess der Buchgeldschöpfung (6 P)

Aufgabe 5

Schildern Sie die Beziehungen der verschiedenen am Wirtschaftskreislauf teilnehmenden Wirtschaftssubjekte (einer geschlossenen Volkswirtschaft, ohne das Ausland). (16 P)

Aufgabe 6

Die Globalisierung ist eine Herausforderung für die deutschen Unternehmen.

a: Was versteht man eigentlich unter globalisierten Märkten?

b: Wie kann sich ein Unternehmen in einem solchen internationalen Wettbewerb behaupten? Erläutern Sie zwei Maßnahmen (14 P)

Antworten ab S. 174

Aufgabensatz III

Aufgabe 1

Schildern Sie die vier Phasen der Konjunktur! (24 P)

Aufgabe 2

Unter welcher Voraussetzung verändert sich der Gleichgewichtspreis für ein Gut? (6 P)

Aufgabe 3

Welche Marktformen unterscheidet man? Erläutern Sie diese! (12 P)

Aufgabe 4

Die Europäische Zentralbank hat eine besondere Bedeutung.

a: Welche Position hat die Europäische Zentralbank? (2 P)

b: Welche Instrumente kann die Europäische Zentralbank (EZB) zur Sicherung des Geldwertes einsetzen? Erläutern Sie sie kurz! (12 P)

Aufgabe 5

Das Stabilitätsgesetz von 1967 hat mehrere Ziele der staatlichen Wirtschaftspolitik festgelegt.

a: Welche vier Hauptziele hat die staatliche Wirtschaftspolitik?

b: Erläutern Sie mögliche Zielkonflikte innerhalb dieser vier Ziele

c: Zuweilen wird von einer Erweiterung auf ein „Magisches Achteck" gesprochen. Nennen Sie die vier weiteren Ziele und nehmen Sie zu einer solchen Zielsetzung Stellung. (20 P)

Aufgabe 6

Der Staat kann in die konjunkturelle Entwicklung eingreifen.

a: Welches Ziel hat die antizyklische Fiskalpolitik? (4 P)

b: Worin unterscheiden sich eine nachfrageorientierte und eine angebotsorientierte Wirtschaftspolitik des Staates? (12 P)

Aufgabe 7

Welche Konsequenz hat es für unsere Exporte, wenn sich der Wechselkurs des € gegenüber anderen Währungen erhöht? (8 P)

Antworten ab S. 177

Aufgabensatz IV

Aufgabe 1
Wo liegt der Unterschied zwischen Bruttoinlandsprodukt und Volkseinkommen? (6 P)

Aufgabe 2
Unter welchen Voraussetzungen spricht man von einem vollkommenen Markt? Welche Konsequenz ergibt sich daraus, dass ein Markt vollkommen ist? Wie groß ist die Wahrscheinlichkeit, dass man einem vollkommenen Markt begegnet? (12 P)

Aufgabe 3
Sie kennen die Nachfragekurve für ein Produkt. Nehmen wir einmal an, das Einkommen der Nachfrager ist gestiegen: Welche Auswirkungen hat dies auf die Nachfragekurve Ihres Produkts? (6 P)

Aufgabe 4
Wie verändert sich in einer konjunkturellen Abschwungphase das Sparverhalten? Begründen Sie Ihre Antwort! (8 P)

Aufgabe 5
Die Zahlungsbilanz besteht aus mehreren Teilbilanzen. Erläutern Sie sie mit ihren jeweiligen weiteren Untergliederungen! (12 P)

Aufgabe 6
a: Zeichnen und definieren Sie die Angebotskurve!
b: Zeichnen und definieren Sie das Verhalten der Nachfrager in der Nachfragekurve!
c: Wie nennt man den Preis, der sich im Schnittpunkt der Angebots- und der Nachfragekurve bildet? Welche Eigenschaften hat er?

d: Welche Folgen hat es, wenn z. B. eine Regierung einen Höchstpreis für ein Gut festlegt, der unter dem Gleichgewichtspreis liegt? Zeichnen Sie solch einen Preis ein und erläutern Sie die Folgen ausführlich! (20 P)

Aufgabe 7

Schildern Sie die Buchgeldschöpfung! Mit welchem Instrument kann die Notenbank auf die Buchgeldschöpfung Einfluss nehmen? (18 P)

Aufgabe 8

Die Wirtschaftsforscher verkünden, dass der Aufschwung da ist. Welches sind die Konjunkturindikatoren für diese Behauptung? Schildern Sie sechs dieser Indikatoren mit ihrer speziellen Bedeutung und schildern Sie, inwieweit sie als Frühindikatoren oder Spätindikatoren gelten. (18 P)

Antworten ab S. 180

2.5 Beschaffung und Logistik

Aufgabensatz I

Aufgabe 1
Bestimmte Kosten sinken mit wachsender Bestellmenge, andere steigen. Erläutern Sie, welche Kosten sich mit wachsender Bestellmenge verändern. Wann spricht man von einer optimalen Bestellmenge, wie kann man sie berechnen? (10 P)

Aufgabe 2
Es gibt mehrere Gründe, die für eine indirekte Beschaffung des Einzelhandels sprechen. Erläutern Sie fünf davon! (5 P)

Aufgabe 3
Der Handel muss sein Warenlager kontrollieren, und zwar

- laufend,
- periodisch und
- in außerordentlichen Fällen.

Erläutern Sie, wie die Kontrolle jeweils erfolgt. (6 P)

Aufgabe 4
a: Welche Ziele haben die Bedarfsermittlung und die Mengenplanung im Bereich der Beschaffung? (4 P)
b: Wodurch unterscheiden sich das Bestellpunktverfahren und das Bestellrhythmusverfahren? (4 P)

Aufgabe 5

Viele moderne Handelsunternehmen arbeiten mit einem geschlossenen Warenwirtschaftssystem. Erläutern Sie die vier Module, die zu einem solchen System gehören. (8 P)

Aufgabe 6

Wie wird ein Kommissionslagervertrag abgewickelt? (5 P)

Aufgabe 7

Welche Faktoren beeinflussen die Planung der Lagerdimension? Nennen Sie mindestens fünf Faktoren. (5 P)

Aufgabe 8

a: Wann verjährt ein am 23. August 2006 entstandener Kaufpreisanspruch gegenüber dem Kunden? Bitte begründen Sie Ihre Antwort! (5 P)

b: Oft vereinbaren Vertragspartner einen Eigentumsvorbehalt. Warum ist dies für den Verkäufer vorteilhaft? In welchen Fällen verliert der Verkäufer trotz der Vereinbarung eines einfachen Eigentumsvorbehalts das Eigentum an der Sache? (8 P)

Aufgabe 9

Der Hersteller hat dem Schuheinzelhändler T aufgrund eines Kaufvertrages am 1. März 200 Paar Damenschuhe geliefert. Bis zum 1. Mai ist Valuta vereinbart. Da T am 15. 5. noch nicht gezahlt hat, schickt ihm H nochmals eine Rechnung, begleitet von ein paar freundlichen Zeilen. Am 1. Juli schickt er ihm eine weitere Mahnung mit der Ankündigung, die Sache seinem Anwalt zu übergeben, falls T nicht umgehend zahle. Nach weiteren zwei Wochen übergibt er die Sache seinem Anwalt. Kann H die Kosten für seine Schreiben und die Anwaltskosten verlangen? Begründen Sie Ihre Antwort! (5 P)

Aufgabe 10

a: Aus den folgenden Daten haben Sie für das nächste Jahr Ihr freies Limit zu errechnen: (10 P)

	Vorjahr	Planung
Umsatz	4.000.000	+ 4 %
Handelsspanne	36 %	36 %
Lagerumschlag	3,8 x	4 x
Endbestand	700.000	
Limitreserve	20 %	20 %

b: Erläutern Sie, welchen Zweck Limitkontrollen haben. (4 P)

c: Der Lagerendbestand fiel um 50.000 € niedriger als geplant aus. Der Planumsatz wurde jedoch um 120.000 € verfehlt. Welche Planungsgröße wurde damit auch nicht erreicht? (6 P)

Aufgabe 11

a: Kaufmann Friedrich Metzger (M) betreibt ein Handelsgeschäft mit Textilien. Er hat dem Angestellten Emsig (E) Prokura erteilt und die Vertretungsmacht für Geschäfte auf 6.000 € beschränkt. Als M sich in Urlaub befindet, wird dem E günstig eine Partie Kaffee angeboten. Er hält dies für einen sinnvollen „Gag" und bestellt beim Großhändler G 2.000 Packungen für 6.000 €. Als M aus dem Urlaub kommt, findet er 2.000 Packungen Kaffee und eine Rechnung über 6.000 €. Muss das Unternehmen die Rechnung bezahlen? (5 P)

b: Ein weiterer Prokurist der Firma ist der Auffassung, Herr Metzger müsse endlich etwas gegen seinen Haarausfall tun. Er bestellt bei G daher namens der Firma eine Flasche Haarwasser für 12,95 €. Auch diese Ware wird geliefert, die Rechnung liegt auf dem Tisch des M, der über die

Anspielung erbost ist. Muss das Unternehmen bezahlen? M meint: Nein. Liegt er da richtig? (5 P)

c: Lieferant G will M daher verklagen. Welches Gericht ist zuständig? Kann sich G vor diesem Gericht selbst vertreten? (5 P)

Antworten ab S. 184

Aufgabensatz II

Aufgabe 1

Ein Handelsunternehmen hat einen Wareneinsatz von 3.600.000 € und einen Lagerumschlag von 4. Vergleichsbetriebe haben einen Lagerumschlag von 6. Wie hoch ist jeweils die Lagerdauer und wie hoch ist - bei gleichem Wareneinsatz - jeweils der Kapitalbedarf für das Warenlager? Geben Sie bitte auch den Rechenweg an! (6 P)

Aufgabe 2

Handelsfachwirt Klug stellt fest, dass sein Betrieb mit Warengruppe A, die 20 % des Lagerwertes ausmacht, 400.000 € Umsatz erzielt. Mit Warengruppe B - sie macht 30 % des Lagerwertes aus - erzielt er 75.000 € Umsatz. Mit Warengruppe C, dem Rest des Lagerwertes, erzielt er 25.000 € Umsatz. Stellen Sie den Zusammenhang in einer Tabelle und graphisch dar. (10 P)

Aufgabe 3

Wie wird der Kauf auf Abruf abgewickelt? Welche Vorteile bringt der Kauf auf Abruf dem Käufer? (8 P)

Aufgabe 4

Manche Gründe sprechen für eine zentrale, manche für eine dezentrale Lagerhaltung eines Filialbetriebes. Geben Sie jeweils zwei Gründe an, die für diese Lagerhaltung sprechen! (4 P)

Aufgabe 5

Warum werden Limitreserven einbehalten? Wovon ist ihre Höhe abhängig? (5 P)

Aufgabe 6

Warum strebt jedes Unternehmen eine möglichst hohe Lagerumschlagsgeschwindigkeit an? Nennen Sie fünf Gründe! (6 P)

Aufgabe 7

Welche Quellen der primären Beschaffungsmarktforschung kennen Sie? Nennen und erläutern Sie mindestens drei! (6 P)

Aufgabe 8

Ein Lieferant, mit dem Sie in laufenden Geschäftsbeziehungen stehen, übersendet Ihnen eine neue Preisliste. Dummerweise hat er sich bei der Kalkulation verrechnet; einige Preise sind um bis zu 30 Prozent zu niedrig. Sie greifen natürlich zu. Ist ein Vertrag über die Bestellung der Waren zustande gekommen? (5 P)

Aufgabe 9

B bestellt am 5. Mai 2008 beim Vertreter der Schuhfabrik X 50 Paar Schuhe. Als Liefertermin vereinbaren beide im Kaufvertrag „baldigst". 8 Wochen später sind die Schuhe immer noch nicht geliefert. B hat jetzt kein Interesse mehr an den Schuhen. Kann er vom Kaufvertrag zurücktreten, ist er überhaupt noch an den Vertrag gebunden? Begründen Sie Ihre Antwort! (6 P)

Aufgabe 10

Der 15-jährige Fritz kauft mit Zustimmung seiner Eltern die 20-bändige „Große Weltgeschichte". Die Bände erscheinen monatlich und kosten jeweils 50 €. Als ihm sein Freund erzählt, dass man die Informationen billiger im Internet herunterladen könne, zahlt er nicht mehr. Kann der Verkäufer das Geld von ihm oder seinen Eltern einfordern? Begründen Sie Ihre Antwort! (6 P)

Aufgabe 11

Großhändler Emsig verkauft Einzelhändler Huber eine Lampe für brutto 89 €. Welche Angaben muss die Rechnung enthalten? (5 P)

Aufgabe 12

Bitte beschreiben Sie kurz, was sich hinter dem *Dualen System Deutschland* verbirgt. (6 P)

Aufgabe 13

Erklären Sie alle Kostenfaktoren, die bei der Festlegung der Bestellmenge zu berücksichtigen sind. Erläutern Sie auch, inwiefern die Höhe der einzelnen Kosten einen wesentlichen Einfluss auf die Bestellmenge hat! (10 P)

Aufgabe 14

a: Kaufmann K aus Würzburg kauft für seinen Betrieb bei der ABC-Computerhandel GmbH aus Frankfurt eine EDV-Anlage mit Rechner und Terminals einschließlich deren Installation. Da er bereits eine Anlage besitzt, legt er Wert darauf, dass die neue mit der alten kompatibel ist. Dies sichert ihm Verkäufer V schriftlich zu. Bald zeigt sich, dass sich das alte System nur mit einem Aufwand von 12.000 € an das neue System anschließen lässt. Welche Rechte hat K? (5 P)

b: Nach 3 Monaten fallen zwei Bildschirme aus. K verlangt sofortige Ersatzlieferung. ABC bietet Nachbesserung an, die K ablehnt. Vertraglich war die Nachbesserung nicht vereinbart. Hat K ein Recht auf Ersatzlieferung? (4 P)

c: Durch einen Konstruktionsfehler an der Schaltung der Bildschirme erhitzt sich ein Terminal so stark, dass ein Brand ausbricht, der die Einrichtung eines Büroraumes zerstört. Muss ABC diesen Schaden tragen? (5 P)

d: Die Parteien können sich nicht einigen. Es kommt zu einem Prozess. Wo ist der Gerichtsstand? Welches Gericht ist zuständig? (3 P)

Antworten ab S. 190

Aufgabensatz III

Aufgabe 1
Erläutern Sie Vorgehensweise und Anwendungsmöglichkeiten der permanenten Inventur. (4 P)

Aufgabe 2
Welche Gründe sprechen für, welche gegen eine kooperative Beschaffung? Nennen Sie insgesamt mindestens fünf Gründe. (5 P)

Aufgabe 3
a: Erläutern Sie, welche Bedeutung der Lieferzeit bei einer Entscheidung über Auftragsvergabe zukommt. (4 P)
b: Welche Vorteile und welche Nachteile haben große Bestellmengen? Nennen Sie jeweils drei. (6 P)

Aufgabe 4
Unterscheiden Sie die manuell kontrollierte Lagerordnung von einer EDV-gesteuerten Lagerordnung und stellen Sie die maßgeblichen Vor- und Nachteile gegenüber. (6 P)

Aufgabe 5
Bestimmen Sie den durchschnittlichen Lagerbestand, die durchschnittliche Lagerdauer und den Kapitaleinsatz. (6 P)

Umsatz-VK	480.000 €
Handelsspanne incl. MwSt.	40 %
Lagerumschlag	4 x

Aufgabe 6
Die Lieferbereitschaft spielt eine ganz wesentliche Rolle in der Beschaffungspolitik.

a: Begründen Sie diese Aussage anhand von zwei Beispielen.
b: Nennen Sie zwei Maßnahmen, durch die sich dieses Ziel erreichen läßt.
c: Eine ständige Lieferbereitschaft hat verschiedene betriebswirtschaftliche Konsequenzen. Erläutern Sie drei. (7 P)

Aufgabe 7

Lohnt sich ein Lieferantenkredit bei den folgenden Zahlungsbedingungen: Skontosatz = 3 %, Zahlungsziel = 30 Tage, Skontofrist = 10 Tage? Bitte geben Sie auch den Rechenweg an. (4 P)

Aufgabe 8

Was verstehen Sie unter einer Ausfallbürgschaft, was unter einer selbstschuldnerischen Bürgschaft? (4 P)

Aufgabe 9

Bei der Bewertung der Warenvorräte zu Einstandspreisen zum Bilanzstichtag gibt es drei Ermittlungsverfahren mit unterstellter Verbrauchsfolge. Stellen Sie diese unter Berücksichtigung der Wirkungen auf den ausgewiesenen Gewinn gegenüber einer Durchschnittsbewertung dar. Unterstellen Sie eine steigende Tendenz der Einstandspreise. (9 P)

Aufgabe 10

Ein Großhändler hat bei der Inventur seine Zementvorräte zu bewerten. Der Anfangsbestand betrug 10.000 Zentner und war mit 30.000 € angesetzt. Zugänge erfolgten in der Rechnungsperiode (je 10.000 Zentner) zu 35.000 €, 29.000 € und 40.000 €. Wie ist der Endbestand (Schlussbestand lt. Inventur = 10.000 Zentner) und der Verbrauch anzusetzen, wenn alternativ die Bewertung nach *Fifo*, *Lifo* und *Hifo* erfolgt? (9 P)

Aufgabe 11

Ihr Chef berichtet Ihnen, dass er einen Kaufvertrag geschlossen hat, von dem er gern „loskommen" möchte. Sie erzählen ihm etwas von

a: Anfechtung eines Vertrages
b: Nichtigkeit eines Vertrages und
c: der Möglichkeit, in bestimmten Fällen auch eine Erklärung im Zusammenhang mit einem Kaufvertrag widerrufen zu können.
Jetzt will er mehr darüber wissen. Erläutern Sie es ausführlich! Gehen Sie auch auf die mit Privaten geschlossenen Verträge ein! (9 P)

Aufgabe 12
Welche Geschäftsvorgänge unterliegen der Umsatzsteuer? (3 P)

Aufgabe 13
Grenzen Sie Marktanalyse, Marktbeobachtung und Marktprognose voneinander ab. (6 P)

Aufgabe 14
Erläutern Sie, wie die folgenden Arten der Bewertung von Warenbeständen laut Inventur durchzuführen sind: (8 P)

- Einzelbewertung
- Durchschnittsbewertung
- Verbrauchsfolgebewertung

Aufgabe 15
Was besagt das Niederstwertprinzip? (5 P)

Aufgabe 16
Nennen Sie fünf Kriterien zur Angebotsprüfung. (5 P)

Antworten ab S. 196

Aufgabensatz IV

Aufgabe 1
Die Verpackungsverordnung regelt u. a. die Rücknahmepflicht von Verpackungen. Dabei unterscheidet sie drei Arten von Verpackungen. Nennen Sie sie und erläutern Sie deren Rücknahme. (6 P)

Aufgabe 2
Was sind Fehlmengenkosten? Nennen Sie zwei Beispiele! (5 P)

Aufgabe 3
Erläutern Sie die Begriffe „qualitative“ und „quantitative Wertminderung“ und geben Sie jeweils ein Beispiel! (4 P)

Aufgabe 4
Wie lange kann ein Vertragsangebot angenommen werden? (4 P)

Aufgabe 5
Was verstehen Sie unter „geringwertigen Wirtschaftsgütern“? Welches Bewertungswahlrecht besteht bei ihnen? (4 P)

Aufgabe 6
Zur Berechnung des Einkaufslimits und des freien Limits liegen folgende Daten vor: Der Umsatz in der Warengruppe X betrug im Vorjahr 250.000 €. Der Planumsatz soll 8 % höher sein. Die Handelsspanne - im Vorjahr 30 % - soll im Planjahr auf 33 ⅓ % angehoben werden. Der durchschnittliche Kapitaleinsatz für gelagerte Waren soll 36.000 € nicht übersteigen. Die Limitreserve wird auf 12 % festgelegt. Der Lagerbestand betrug zum 31. 12. des Vorjahres 38.234 € (Beachten Sie die Angabe des Rechenweges und richtige Benennungen).
a: Ermitteln Sie das Einkaufslimit und das freie Limit! (5 P)
b: Ermitteln Sie den notwendigen Lagerumschlag! (3 P)

c: Begründen Sie die Notwendigkeit von Limitreserven! (3 P)

Aufgabe 7

a: Was ist der elementare Grundsatz des Kreislaufwirtschafts- und Abfallgesetzes? (3 P)

b: Nennen Sie jeweils zwei qualitative und quantitative Möglichkeiten zur Abfallvermeidung. (4 P)

c: Was bedeutet das Umweltmanagement und wie können Sie es im Handel umsetzen. Nennen Sie drei Beispiele. (6 P)

Aufgabe 8

Sie sind in einem Handelsunternehmen für den Bereich Beschaffung und Logistik verantwortlich. Natürlich kennen Sie sich daher im Ablauf eines Beschaffungsprozesses bestens aus.

a: Stellen Sie den Ablauf eines Beschaffungsprozesses dar und erläutern Sie die einzelnen Phasen. (9 P)

b: Stellen auch Sie die Konzepte des „*Modular Sourcing*", des „*Global Sourcing*" und des „*Single Sourcing*" dar und nennen Sie jeweils zwei Vor- und Nachteile der Konzepte. (9 P)

Aufgabe 9

Sie stellen bei einer Lieferung in der Wareneingangskontrolle fest, dass bestellte Teile fehlen. Was haben Sie zu tun? (3 P)

Aufgabe 10

a: Was verstehen Sie unter einer ABC-Analyse? Welche Verteilung gilt als idealtypisch? (6 P)

b: Sie beziehen sechs Laptops von sechs unterschiedlichen Lieferanten. Absatz und Preis teilen sich folgendermaßen auf:

Artikel	Absatz / Stk.	Preis / €
Laptop A	900	650
Laptop B	140	800
Laptop C	190	699
Laptop D	300	1099
Laptop E	500	1010
Laptop F	250	1600

Erstellen Sie eine ABC-Analyse anhand der Umsatzanteile, wenn die A-Artikel max. 60 Prozent vom Umsatz, die B-Artikel max. 40 Prozent und die C-Artikel max. 15 Prozent des Umsatzes ausmachen sollen. Was bedeutet das für Ihre Beschaffung und Lagerhaltung? Geben Sie bitte je zwei Konsequenzen. (10 P)

Aufgabe 11

Was bedeutet der Begriff *Efficient Consumer Response*? Erläutern Sie ihn genauer! (7 P)

Aufgabe 12

Ihr Vorgesetzter gibt Ihnen auf, den Bestand von stark nachgefragten Trenduhren im Unternehmen zu kontrollieren. Der Einstandspreis einer Uhr beträgt 70 €. In jedem Monat erhalten Sie eine Lieferung von 110 Stück. Der Lagerkostensatz liegt jährlich bei 20 %. Mindestbestand sind 10 Uhren.

a: Skizzieren Sie ein Bestandsdiagramm für zwei Monate. (3 P)

b: Ermitteln Sie folgende Kennzahlen: (6 P)

- Den durchschnittlichen Lagerbestand,
- die Kapitalbindung im Lager,
- die Lagerumschlagshäufigkeit
- die Lagerkosten.

Antworten ab S. 204

2.6 Marketing und Vertrieb

Aufgabensatz I

Aufgabe 1

Der Absatzplan ist wesentlicher Teil der Marketingplanung.
a: Erläutern Sie den Begriff des Absatzplans. (2 P)
b: Oft wird er auch als Engpassplan bezeichnet. Warum? (2 P)
c: Erläutern Sie vier Inhalte des Absatzplans. (4 P)
d: Der Absatzplan lässt sich nach verschiedenen Kriterien gliedern. Erläutern Sie kurz drei dieser Kriterien. (3 P)

Aufgabe 2

a: Sie denken über Maßnahmen nach, wie Sie den rückläufigen Umsatz wieder auf Wachstumskurs bringen können und suchen nach strategischen Ansätzen. Als Anhänger einer klaren Struktur stellen Sie die Ansätze in Matrixform (Produkt-Markt-Matrix) dar. Machen Sie auch je zwei kurz- mittel- und langfristig wirksame Vorschläge für geeignete Maßnahmen! (10 P)
b: Zur Verdeutlichung der Situation des Unternehmens stellen Sie die Situation in Form einer GAP-Analyse dar. Skizzieren und beschreiben Sie diese Analyse-Methode! (6 P)

Aufgabe 3

Was steht im Mittelpunkt der SWOT-Analyse? Erläutern Sie die Inhalte und skizzieren Sie die SWOT-Matrix! (10 P)

Aufgabe 4

Die Wettbewerbsmatrix von Michael E. Porter ist im Marketing ein allgemein anerkanntes Konzept. Welche Wettbewerbsstrategien kann ein Unternehmen danach einschlagen? Bitte skizzieren Sie die Matrix und beschreiben Sie Inhalt und Ansatzpunkte der einzelnen Strategien. (8 P)

Aufgabe 5

Sie haben durch Ihren Mitarbeiter das folgende Portfolio für die von Ihnen vertriebenen Produkte erstellen lassen:

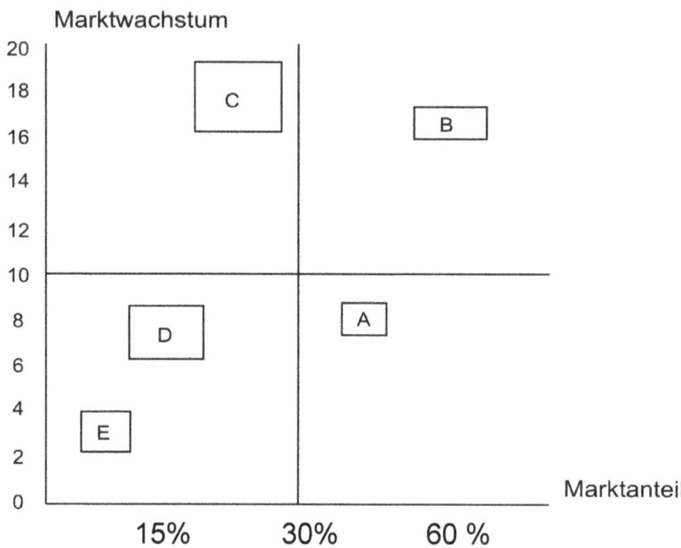

a: Legen Sie für die einzelnen SGE die Normstrategie fest! (6 P)

b: Welche Maßnahmen würden Sie bei den SGEs E und D sowie B einsetzen? Begründen Sie Ihre Entscheidung! (4 P)

c: Beurteilen Sie Ihr gesamtes Portfolio. Welche Stärken, welche Schwächen hat es? (5 P)

d: Erläutern und bewerten Sie die Portfoliogrößen Marktanteil und Marktwachstum! (4 P)

Aufgabe 6

Innerhalb der Sortimentserwartung kann es zu Zielkonflikten zwischen Händler und Verbraucher kommen. Beschreiben Sie kurz je drei sortimentsbezogene Wünsche von Handel und Verbrauchern, die im Widerspruch stehen. (6 P)

Aufgabe 7

Charakterisieren Sie folgende Begriffe: (10 P)

- Produktinnovation
- Produktvariation
- Produktdifferenzierung
- Produktelimination
- Produktdiversifikation

Aufgabe 8

Ihr Unternehmen möchte ein Me-Too-Produkt in den Markt einführen. Was bedeutet das? Zeigen Sie einen wesentlichen Vorteil und die Gefahr einer solchen Strategie auf. (5 P)

Aufgabe 9

Bevor ein Produkt in den Markt eingeführt wird, ist über die Preisstrategie zu entscheiden. Man unterscheidet zwischen der Festpreis-, der Preiswettbewerbs- und der Preisabfolgestrategie. Welche jeweiligen Ausprägungen können sie haben? (9 P)

Aufgabe 10

Sie haben vor einigen Wochen einen Party-Service eröffnet. Nun möchten Sie Ihr Angebot in der Region der Öffentlichkeit vorstellen. Aufgrund des knappen Werbebudgets entscheiden Sie sich für PR-Maßnahmen. Nennen Sie drei mögliche Initiativen, die Sie dabei ergreifen können. (6 P)

Antworten ab S. 214

Aufgabensatz II

Aufgabe 1

Bei der Preisbildung kann man zwar auf kostenrechnerische Überlegungen nicht verzichten, jedoch hat sich die Preisbildung vor allem am Markt zu orientieren. Welche Kriterien sind zu berücksichtigen? Erläutern Sie 4! (8 P)

Aufgabe 2

Beschreiben Sie das Konzept der Preisführerschaft und erläutern Sie zwei Formen! (5 P)

Aufgabe 3

Nennen Sie fünf Rabattarten und erläutern Sie, wofür diese Rabatte gewährt werden! (7 P)

Aufgabe 4

Die Beau-GmbH ist erfolgreich auf dem Kosmetik-Markt mit der hochwertigen Pflegeserie „Beau Madame" tätig. Ihr Image ist vor allem durch Natürlichkeit und biologisch hochwertige Produktbestandteile geprägt. Jetzt beschließt die Geschäftsführung, auch in den interessanten Markt für Männerkosmetik einzusteigen. Welche Strategien stehen dem Unternehmen nach der Ansoff-Matrix grundsätzlich zur Verfügung, um die Umsätze zu steigern? Erläutern Sie die möglichen Strategieansätze. (12 P)

Aufgabe 5

Welche Bedeutung ordnen Sie dem Werbeträger für die Werbebotschaft zu? (3 P)

Aufgabe 6

a: Werbung wird von Unternehmen eingesetzt, um eigene Ziele zu erreichen. Sie bringt auch dem Empfänger Vorteile. Welche? (3 P) b: Bitte beurteilen Sie, ob Werbung für Produkte, die schon jetzt einen hohen Marktanteil haben, sinnvoll ist. (3 P)

Aufgabe 7

Ein Getränkemarkt führt ein Sortiment verschiedener Biersorten. Die folgenden Daten sind Ihnen bekannt:

- Durchschnittspreis pro Kiste 10,00 €
- Durchschnittlicher Einstandspreis 7,00 €
- Fixkosten des Betriebes p.a. 120.000 €
- Erwarteter Absatz im nächsten Jahr 55.000 Kisten

a: Ermitteln Sie die Gewinnschwelle nach Absatzmenge und Umsatz. Stellen Sie das Ergebnis graphisch dar und interpretieren Sie es. (10 P)

b: Zur Ertragssteigerung hat der Betreiber des Marktes zwei Marketingmaßnahmen ins Auge gefasst. Die erfolgversprechendere der beiden möchte er realisieren:

Maßnahme A: Plakatwerbung im Einzugsbereich, Kosten (einmalig) 15.000 €, erwarteter Mehrumsatz: 4.500 Kisten.

Maßnahme B: Erhöhung des durchschnittlichen Verkaufspreises um 0,50 €, erwarteter Absatzrückgang: 5.500 Kisten.

Ermitteln Sie die Gewinnschwelle nach Absatzmenge und Umsatz für die beiden Alternativen A und B. Stellen Sie die Ergebnisse graphisch dar. Welche Änderungen ergeben sich in der graphischen Lösung gegenüber der Ausgangssituation? Welche Maßnahme würden Sie empfehlen? (16 P)

Aufgabe 8

Sie wollen eine Filiale eröffnen und haben zwei Läden ins Auge gefasst. Um sich zu entscheiden, möchten Sie folgende Standortfaktoren systematisch bewerten: Kundennähe, Konkurrenznähe, Mietpreise, Ausbaumöglichkeiten, Verkehrslage, Atmosphäre. Eine Geschäftsfläche liegt in der Fußgängerzone mit nahe gelegenen Parkplätzen. In der Nähe befindet sich ein Mitbewerber. Der andere Laden ist in einer Seitenstraße ohne Mitbewerber und mit Parkplätzen direkt vor dem Haus. Großen Wert legen Sie auf Kundennähe, Atmosphäre und Verkehrslage. Erarbeiten Sie eine Standortbewertung und entscheiden Sie sich für einen Standort! (15 P)

Aufgabe 9

Sie haben den Auftrag, in einem Lebensmittelmarkt eine Kundenlaufstudie vorzubereiten, durchzuführen und die Ergebnisse dann auszuwerten.
a: Erläutern Sie zwei Gesichtspunkte, die zuvor geklärt werden müssen.
b: Welches Ziel verfolgt das Unternehmen mit einer solchen Studie?
c: Welche Erkenntnisse kann Ihnen eine solche Studie liefern? Nennen Sie vier. (12 P)

Aufgabe 10

Beschreiben Sie kurz drei Fragen, die mit einer Analyse des Kassenbons beantwortet werden können. (6 P)

Antworten ab S. 222

Aufgabensatz III

Aufgabe 1

a: Nennen Sie 5 Instrumente des strategischen Marketing-Controlling! (5 P)

b: Controlling ist ein umfassendes Konzept zur Unternehmenssteuerung. Beschreiben Sie drei Hauptfunktionen! (9 P)

Aufgabe 2

Erläutern Sie den Begriff des „Marketing Audit". Stellen Sie die vier Analyseschwerpunkte dar. Erläutern Sie jeden mit je 2 Beispielen. (10 P)

Aufgabe 3

Mit Kennzahlen will die Unternehmensleitung verdichtete Informationen erhalten. Außerdem stellen sie ein wichtiges Controllinginstrument dar.

a: Nennen Sie vier Anwendungsgebiete von Kennzahlen! (6 P)

b: Ermitteln Sie aus den Daten folgende Kennzahlen: (9 P)

- Return on Investment
- Umsatzrentabilität
- Eigenkapitalquote
- Cash Flow

Hier die Daten (in €) :

Umsatz:	6.000.000
Gesamtkapital:	5.000.000
Eigenkapital:	2.000.000
Jahresüberschuss:	480.000
Fremdkapitalzinsen:	200.000
Langfristiges Fremdkapital:	1.000.000
Anlagevermögen:	3.000.000
Abschreibungen auf Sachanlagen:	300.000

Aufgabe 4

a: Die Geschäftsleitung hat festgestellt, dass in Filiale 234 die Flächenrentabilität dramatisch gesunken ist. Sie haben die Aufgabe, dies zu untersuchen und die Rentabilität zu steigern. Sie haben sich vorgenommen, sich dabei auf die Erhöhung der Kundenzahl und die Steigerung der Einkaufssumme pro Kunde zu konzentrieren. Zeigen Sie an jeweils drei Beispielen, wie Sie dies erreichen können. (6 P)

b: Dabei sollen Sie der Geschäftsleitung auch konkrete Maßnahmen für die Warenpräsentation vorschlagen, die die Zielerreichung positiv beeinflussen. Entwickeln Sie 5 geeignete Aktionen. (5 P)

Aufgabe 5

a: Ihr Vorgesetzter hat von einem Kollegen erfahren, dass man das Geschäft mit *Visual Merchandising* optimieren kann. Sie sollen sich dazu jetzt Gedanken machen. Was bedeutet *Visual Merchandising*? (3 P)

b: Nennen Sie fünf Ansatzpunkte für eine Beeinflussung der Ladengestaltung über Visual Merchandising? (5 P)

Aufgabe 6

Einrichtungskonzepte im Einzelhandel berücksichtigen in erster Linie Verkaufsraumgestaltung, Wegeführung und Warenaufbau im Regal. Sie sollen nach den Kriterien einen Laden planen. Worauf müssen Sie dabei besonders achten? Nennen Sie je zwei Beispiele zu den Bereichen. (6 P)

Aufgabe 7

a: Wie sieht der typische Category Management-Prozess aus? Kennzeichnen Sie die einzelnen Schritte. (8 P)

b: Geben Sie fünf Beispiele für absatzseitige Category-Strategien und zeigen Sie auf, wie sie erreicht werden können. (10 P)

Aufgabe 8

Über eine Preisdifferenzierung wollen Sie den Gewinn Ihres Unternehmens vergrößern.

a: Was ist eine Preisdifferenzierung und welche Arten gibt es? (7 P)

b: Ist die Preisdifferenzierung wettbewerbsrechtlich erlaubt? (2 P)

Aufgabe 9

Nennen Sie die in der Praxis möglichen Verfahren der Preisbestimmung und geben Sie bekannte Methoden dafür an. (6 P)

Aufgabe 10

Nennen Sie drei Kennzeichen eines Markenartikels! (3 P)

Antworten ab S. 229

Aufgabensatz IV

Aufgabe 1

Die gesetzlichen Rahmenbedingungen des Wettbewerbsrechts beschränken das Marktgeschehen. Welchen grundlegenden Zweck verfolgt der Gesetzgeber mit den Vorschriften des UWG und des GWB? (4 P)

Aufgabe 2

Was ist unter einem Fernabsatzvertrag zu verstehen und welchen Informationspflichten müssen Sie als gewerblicher Anbieter von Waren in diesem Bereich unbedingt nachkommen? (6 P)

Aufgabe 3

Sie wollen ein Oster-Gewinnspiel veranstalten und einen Fernseher verlosen. Deshalb sollen die Kunden Kopien ihrer (laufend nummerierten) Kassenbelege einschicken. Eine Woche später wird die Nummer eines Kassenbons gezogen, die den Fernseher gewinnt. Dürfen Sie die Aktion wie geplant durchführen? (4 P)

Aufgabe 4

Nennen Sie je zwei mögliche Ursachen im Bereich der Produktpolitik und im Bereich der Werbepolitik für den Misserfolg eines neu in den Markt eingeführten Produkts (Flopsituation). (4 P)

Aufgabe 5

Sie erhalten von einem bekannten Markendesigner eine Abmahnung, da Sie versehentlich Plagiate einer markenrechtlich geschützten Tasche angeboten haben. Die Taschen haben Sie von einem Lieferanten bezogen, mit dem Sie seit längerer Zeit zusammenarbeiten. In der Abmahnung werden Sie aufgefordert, eine Unterlassungserklärung abzugeben.

a: Müssen Sie eine Unterlassungserklärung unterzeichnen, obwohl der Fehler nur versehentlich passiert ist? (4 P)

b: Welche Ansprüche hat der Markeninhaber gegen Sie? (4 P)
c: Können Sie den Lieferanten schadensersatzpflichtig machen? (4 P)

Aufgabe 6

Sie verkaufen Sportausrüstung. In der Tennisabteilung stellen Tennisschläger das Kernsortiment dar. Randsortimente sind Tennisbälle und -taschen. Mit dem Abverkauf der Schläger erzielen Sie gute Ergebnisse. Beim Verkauf der Tennisbälle erreichen Sie einen negativen Deckungsbeitrag. Ihr Chef möchte den Artikel aus dem Sortiment streichen. Was geben Sie ihm zu bedenken? (6 P)

Aufgabe 7

Für die Planung von Marketing-Aktivitäten ist die Festlegung eines finanziellen Budgets unerlässlich.
a: Welche Budgetierungsverfahren spielen in der Handelspraxis eine Rolle? Bitte beschreiben Sie kurz drei Verfahren. (6 P)
b: Worin liegen die Schwachpunkte dieser Verfahren? (4 P)
c: Warum könnte die Ziel-und-Aufgaben-Methode (*Objective-and-Task-Method*) bevorzugt eingesetzt werden? (4 P)

Aufgabe 8

Erläutern Sie den Unterschied zwischen Eigenhändlern, Kommissionären und Handelsvertretern. (3 P)

Aufgabe 9

Ihr Betrieb verkauft vor allem beratungsintensive Investitionsgüter. Eine Ihrer Aufgaben ist es, die Verhandlungen mit Kunden und Kaufinteressenten zu führen. Daher sollen Sie sich mit den Grundzügen der Verhandlungstechnik vertraut machen.
a: Was ist das Wesen einer Verhandlung? (3 P)
b: Welche Grundelemente spielen bei allen Verhandlungsprozessen eine große Rolle? (4 P)

c: In welche Phasen lassen sich Verhandlungen unterteilen? (6 P)

d: Sie kennen das unbehagliche Gefühl, wenn Ihnen (wörtlich gesehen) „jemand zu nahe tritt". Daher sollten Sie bei Verhandlungen die vier Distanzzonen grundsätzlich beachten und einhalten. Welche Distanzzonen zum Gegenüber kennen Sie? (4 P)

e: Gute Verhandlungen werden oft als „Gewinnen, ohne zu siegen" beschrieben. Was meinen Sie dazu? (6 P)

Aufgabe 10

Sie arbeiten in einer Buchhandlung und möchten Ihre Kunden sinnvoll segmentieren, um sie gezielter ansprechen zu können. Denken Sie sich drei mögliche Segmente von Kunden aus, die Sie jeweils durch drei Kriterien charakterisieren! (9 P)

Aufgabe 11

Viele Online-Shops eröffnen auch stationäre Läden. Erläutern Sie vier Gründe, die für einen direkten Kundenkontakt sprechen. (12 P)

Aufgabe 12

Sie planen die Errichtung eines Fachmarktes mit 10.000 m² Verkaufsfläche am Rande der Stadt X. Nun sagt man Ihnen, dass hierzu ein Raumordnungsverfahren erforderlich ist. Außerdem müsse die Gemeinde erst einen Bebauungsplan aufstellen.

a: Was ist ein Raumordnungsverfahren und welches Ziel hat es?

b: Welche Angaben enthält der Bebauungsplan? Erläutern Sie zwei davon, die für Ihr Bauvorhaben wichtig sind. (10 P)

Antworten ab S. 235

2.7 Handelslogistik

Aufgabensatz I

Aufgabe 1

a: Erläutern Sie in einem Satz, was Handelslogistik bedeutet. (4 P)

b: Güterflüsse stellen in der Logistik eine Transformation von Gütern dar. Wo fallen diese Transformationen in der Logistikkette an? (6 P)

Aufgabe 2

Die Bündelung von Warenströmen führt oftmals zu einer Steigerung der Effizienz. Welche Möglichkeiten bestehen in diesem Bereich? Beschreiben Sie eines der Konzepte näher. (8 P)

Aufgabe 3

Sie sollen der Geschäftsleitung geeignete Lieferanten für den Vertriebsbereich der Handelsware vorschlagen. Ihnen liegen bereits ausreichende Informationen über mögliche Lieferanten vor.

a: Welche Aufgaben hat dabei die Beschaffungslogistik? Beschreiben Sie fünf Aspekte. Welches Ziel hat die Lieferantenbewertung? (8 P)

b: Zeigen Sie, wie eine sinnvolle Lieferantenauswahl aussehen könnte. Erläutern Sie vier Methoden und ein konkretes Beispiel. (8 P).

Aufgabe 4

Stellen Sie den Aufbau einer Logistikkette nach den Phasen der Güterflüsse skizzenhaft dar. (10 P)

Aufgabe 5

In Ihrem Unternehmen, das Büromaterial vertreibt, benötigen Sie für das kommende Jahr 2.400 Einheiten Druckerpapier. Eine Einheit Druckerpapier entspricht 500 Blatt. Der Einstandspreis liegt bei 4 € pro Mengeneinheit. Die

Bestellkosten für eine Bestellung betragen 40 €, der Lagerhaltungskostensatz wird mit 12 Prozent des durchschnittlichen Lagerbestandes angesetzt.
a: Was spricht für mehrere Bestellungen mit geringer Bestellmenge, was für wenige Bestellungen mit größerer Bestellmenge? (4 P)
b: Wie wird die optimale Bestellmenge realisiert? Stellen Sie dies auch zeichnerisch dar. (8 P)
c: Berechnen Sie die optimale Bestellmenge. (6 P)
d: Welche Gefahren sind mit der Beschaffung einer zu grossen oder einer zu kleinen Menge verbunden? Erläutern Sie jeweils drei. (6 P)

Aufgabe 6
Innerhalb der Beschaffungslogistik stehen Ihnen verschiedene Beschaffungsformen zur Verfügung. Stellen Sie tabellarisch jeweils zwei Vor- und Nachteile der „Fallweisen Beschaffung“, der „Vorratsbeschaffung“ und der „JiT-Beschaffung“ gegenüber. (12 P)

Aufgabe 7
Ihr Unternehmen möchte die Transportlogistik neu organisieren. Sie haben die Aufgabe, zunächst wichtige Fachbegriffe, die manchem Entscheidungsträger noch unklar sind, zu erläutern:
a: Unterscheiden Sie „ungebrochenen Verkehr“ und „gebrochenen Verkehr“. (4 P)
b: Nennen Sie die fünf Arten der möglichen Verkehrsträger und beschreiben Sie die passenden Transportmittel. (12 P)
c: Welche Kriterien können bei der Auswahl des Verkehrsträgers angesetzt werden? (4 P)

Antworten ab S. 241

Aufgabensatz II

Aufgabe 1
Meist werden für den Transport von Waren Verträge geschlossen. Wie unterscheiden sich Fracht- und Speditionsvertrag? (8 P)

Aufgabe 2
Was sind Incoterms und in welche Gruppen können sie eingeteilt werden? Was können Incoterms regeln, was nicht? (10 P)

Aufgabe 3
Ihr Unternehmen verkauft in verschiedenen regionalen Filialen ein umfangreiches Sortiment an Fahrrädern (Mountainbikes, Rennräder, Stadträder etc.). Sie diskutieren über eine sinnvolle Lagerhaltung.
a: Welche Funktionen kann ein Lager übernehmen? (10 P)
b: Welche der Funktionen wären in unserem Beispiel wichtig? (3 P)
c: Sie sollen sich für eine dezentrale oder zentrale Lagerhaltung entscheiden. Als maßgebliche Kriterien haben Sie festgelegt: Lieferzeit, Lagerhaltungskosten, Lagerpflege, Anzahl der Filialen, Sortimentsbreite, Flexibilität, Wert der Produkte. Welche Kriterien sprechen für eine zentrale, welche für eine dezentrale Lagerhaltung? Wofür entscheiden Sie sich? (8 P)
d: Sie loten auch Formen der Lagerhaltung aus. Zur Auswahl stehen die Blocklagerung, ein Hochraumlager, ein Hochregallager und ein Durchlaufregallager. Wofür eignen sich die Lagerformen, welche Vor- und Nachteile haben sie (jeweils zwei). Stellen Sie dies in einer Tabelle dar. (12 P)

Aufgabe 4
Geben Sie fünf Beispiele, die bei der Wahl des Lagerstandortes eine Rolle spielen können. (5 P)

Aufgabe 5

Die Verpackung wird nicht nur durch die Logistik beeinflusst, sondern steht im Spannungsfeld zu anderen unternehmerischen Interessen.

a: Welche Aufgaben übernimmt die Verpackung für die Logistik? Sagen Sie uns fünf Beispiele. (5 P)

b: Wie lässt sich das Spannungsfeld beschreiben? (6 P)

Aufgabe 6

Was verstehen Sie unter Embargomaßnahmen, in welche Bereiche können sie untergliedert werden? Nennen Sie auch drei Beispiele, was mit einem Embargo beschränkt werden kann. (11 P)

Aufgabe 7

Beschreiben Sie die Begriffe des Zollkodex, des Harmonisierten Systems und der Kombinierten Nomenklatur? (9 P)

Aufgabe 8

Was kennzeichnet eine Gemeinschaftsware? (6 P)

Aufgabe 9

a: Was bedeutet im Kern die Vereinfachte Zollanmeldung? (3 P)

b: Welche Einfuhrabgaben können anfallen? (7 P)

Antworten ab S. 247

Aufgabensatz III

Aufgabe 1

Innerhalb der Steuerungsverfahren der Logistik existiert die Engpass-Steuerung. Bitte beschreiben Sie das Wesen der Engpass-Steuerung. Nennen Sie drei weitere Steuerungsverfahren. (6 P)

Aufgabe 2

Was verstehen Sie in der Logistik unter Förderhilfsmitteln? Welche Aufgaben können sie übernehmen? Erläutern Sie vier Aspekte. (8 P)

Aufgabe 3

a: Welche Konsequenzen kann eine fehlerhafte Kommissionierung haben? Geben Sie vier Beispiele. (4 P)

b: Wie unterscheiden sich

- einzonige und mehrzonige Kommissioniersysteme,
- serielle und parallele Kommissioniersysteme,
- einstufige und mehrstufige Kommissioniersysteme? (6 P)

Aufgabe 4

a: Wesentliches Ziel von Informationssystemen in der Logistik ist die Identifikation von Materialien, Artikeln etc. Eine große Bedeutung haben dabei die Barcodes. Erläutern Sie, warum dies so ist! (4 P)

b: Welche Daten erkennen Sie in einem EAN-Code? (6 P)

c: Die Zukunft wird der Radiofrequenztechnik für Identifikationszwecke (RFID) zugeschrieben. Nennen Sie ein Beispiel, wie RFID im Handel eingesetzt werden kann. Welche Vor- und Nachteile hat RIFD (je zwei). (7 P)

Aufgabe 5

Sie arbeiten in einem Filialunternehmen mit Warenwirtschaftssystem. Sie sollen nun für die Auswertung der Daten aus dem WWS zuständig sein. Die Informationsbereiche sollen untergliedert werden in das Dispositions- und Bestellwesen, den Wareneingang, die Lagerverwaltung, Marketing- und

Management-Informationen, Warenausgang und Transportverwaltung. Welche Informationen aus dem WWS können innerhalb der genannten Bereiche für die Entscheidungsträger wichtig sein? Überlegen Sie sich zu den sechs Gruppen je zwei Beispiele. (12 P)

Aufgabe 6

a: Was versteht man unter dem Begriff „EDI"? (6 P)

b: Worin besteht der Unterschied zwischen EDI und E-Business? (4 P)

Aufgabe 7

Ihr Unternehmen überlegt Möglichkeiten der Logistikoptimierung.

a: Nennen Sie fünf Möglichkeiten der Logistikoptimierung. (5 P)

b: Zeigen Sie drei mögliche Konsequenzen auf, wenn ein Unternehmen seine Logistikprozesse nicht sicher beherrscht? (6 P)

Aufgabe 8

Sie stehen vor der Entscheidung, tragbare Festplatten herzustellen oder zu beziehen (Make-or-Buy). Bei der Eigenfertigung liegen die fixen Kosten bei 40.000 € und die variablen Stückkosten bei 40 €. Auch liegt Ihnen das Angebot eines möglichen Lieferanten mit einem Stückpreis von 90 € vor. Welche Entscheidung treffen Sie bei einem

- kurzfristigen Planungshorizont,
- langfristigen Planungshorizont (rechnerisch und mit Diagramm)? (10 P)

Aufgabe 9

a: Nennen Sie fünf Beispiele des Logistik-Controlling. (5 P)

b: Wo liegen die Schwachpunkte des traditionellen Controlling? (5 P)

c: Ein Instrument des Logistik-Controlling ist die Prozesskostenrechnung. Zeigen Sie die Unterschiede zur herkömmlichen Kostenrechnung auf. Warum wurde noch eine Logistikkostenrechnung entwickelt? (6 P)

Antworten ab S. 253

Aufgabensatz IV

Aufgabe 1

Ihr Unternehmen vertreibt Tennis-Sets, die aus Tennisschläger und Schutzhülle bestehen. 300 Sets sind noch auf Lager. Das Marktvolumen schätzen Sie auf 150.000 Stück. Sie rechnen mit einem Marktanteil von 3 Prozent. Der Lagebestand der Schutzhüllen, die sie von einem Hersteller zukaufen, beträgt am Jahresanfang 250 Stück. Am Jahresende soll der Bestand aus Kostengründen auf 100 Stück gesenkt werden.

a: Wie viele Tennis-Sets wollen Sie im Folgejahr absetzen? (3 P)

b: Wie viele Hüllen müssen in dem Jahr beschafft werden? (3 P)

c: Welche Folgen haben generell eine zu geringe bzw. eine zu hohe Beschaffungsmenge? (3 P)

Aufgabe 2

Welche Arten und Ziele des Benchmarking kennen Sie? Wie sollten Sie ein fundiertes Benchmarking durchführen. (10 P)

Aufgabe 3

Beschreiben Sie kurz Konzept und Ziele des *Target-Costing*. (6 P)

Aufgabe 4

a: Welche vier Perspektiven beinhaltet die *Balanced Scorecard* (BSC) im Allgemeinen? Wie werden dabei die Perspektiven überprüft, nennen Sie je zwei Beispiele? (8 P)

b: Erläutern Sie je drei Vor- und Nachteile der BSC. (6 P)

Aufgabe 5

a: Erläutern Sie den Begriff „ Gefahrgüter" im Bereich des Transports? (3 P)

b: Nennen Sie drei Gründe, warum die Gefahrgutlogistik einen eigenen Logistikbereich abdeckt? (3 P)

c: Wer muss einen Gefahrgutbeauftragten bestellen? (4 P)

Aufgabe 6
a: Warum ist bei der Warenanlieferung an den Lagerbereich eine Wareneingangskontrolle notwendig? (2 P)
b: Nennen Sie vier Inhalte, die bei der Wareneingangskontrolle geprüft werden müssen. (4 P)
c: Erläutern Sie vier primäre Aufgaben eines Lagerverwaltungsprogramms. (4 P)

Aufgabe 7
Was bedeutet der Begriff *Efficient Unit Loads*? (6 P)

Aufgabe 8
In der Logistik haben Sie oft mit allgemein anerkannten Abkürzungen zu tun: Was bedeuten die Begriffe EDI, EDIFACT und EANCOM? (8 P)

Aufgabe 9
a: Was wird unter einer Transportversicherung, was unter einem Transportschaden subsumiert? (5 P)
b: Welche Deckungsformen beinhalten in diesen Zusammenhang die *Institute Cargo Clauses* (ICC)? (6 P)

Aufgabe 10
Ihr Unternehmen soll einem privaten Endkunden Büromöbel liefern. Ihr Vorgesetzter beauftragt Sie damit, ihm die Rechtsverhältnisse entlang des Warenflusses zwischen Ihnen als Verkäufer, den Transportbeauftragten und dem Kunden aufzuzeigen. Skizzieren Sie die Transportabläufe und die Rechtsverhältnisse für einen Transport mit Spediteur. (5 P)

Aufgabe 11

Sie haben einen Frachtvertrag über die Beförderung von 100 Säcken sehr hochwertigen Kaffees geschlossen (insgesamt 5.000 Kilogramm, Warenwert 65.000 €). Nach der Lieferung stellen Sie fest, dass 10 Säcke abhanden gekommen sind. In welcher Höhe muss der Frachtführer für den Schaden aufkommen (1 Sonderziehungsrecht = 1,13473 €)? (5 P)

Aufgabe 12

Welche Unternehmen sind zu Intrastat-Meldungen (statistische Meldepflichten im innergemeinschaftlichen Warenverkehr) verpflichtet? Welchen Sinn hat diese Meldepflicht? (6 P)

Antworten ab S. 261

2.8 Außenhandel

Aufgabensatz I

Aufgabe 1
Es gibt mehrere Arten von Instrumenten, mit denen auf den internationalen Handel Einfluss genommen wird, nationale, bilaterale und internationale. Erläutern Sie je zwei dieser Instrumente und ihre Ziele. (18 P)

Aufgabe 2
a: Sie planen, zu einem Geschäftspartner in einem ausländischen Staat wirtschaftliche Beziehungen aufzunehmen. Dies birgt für Sie Chancen und Risiken. Erläutern Sie drei verschiedene Länderrisiken.
b: Erläutern Sie drei risikopolitische Maßnahmen, mit denen Sie Ihr Risiko vermindern können. (18 P)

Aufgabe 3
Bevor Sie außenwirtschaftliche Beziehungen aufnehmen, werden Sie versuchen, die Struktur bestehender Institutionen für den Außenhandel zu nutzen. Nennen Sie fünf solcher Institutionen! (10 P)

Aufgabe 4
Im Außenhandel ist es besonders wichtig, gleiche Bedingungen für die Abwicklung des Geschäfts zugrunde zu legen. Dies sind die „Internationalen Regeln für die Auslegung der handelsüblichen Vertragsformeln" (*Incoterms*).
a: Unter welcher Voraussetzung werden *Incoterms* für das einzelne Handelsgeschäft rechtsgültig?
b: Für welche Bereiche werden hier Regelungen getroffen?
c: Was regeln *Incoterms* nicht? (26 P)

Aufgabe 5

Der Großhändler G importiert Teppiche in das Zollgebiet, die er in einem Freilager bzw. in einem Freihafen lagert. Wie ist die zollrechtliche Situation zu bewerten? (10 P)

Aufgabe 6

Sie wollen ein von Ihnen entwickeltes Produkt auf einem ausländischen Markt absetzen und bedienen sich hierzu eines Verkaufskommissionärs.

a: Welche Leistungen bietet Ihnen dieser?

b: Welche Vorteile sind für Sie damit verbunden?

c: Am Ort des Verkaufskommissionärs wird ein Konsignationslager unterhalten. Erläutern Sie den Begriff! (18 P)

Antworten ab S. 269

Aufgabensatz II

Aufgabe 1
Wann gilt ein Land als Ursprungsland? Mit welchen Ursprungsnachweisen wird dies bestätigt, wer stellt sie aus? (18 P)

Aufgabe 2
Der Kaufmann K erwägt, zur Erschließung des Marktes auf ausländischen Messen und Ausstellungen auszustellen.
a: Welche Vorteile erwartet er sich davon? Erläutern Sie vier!
b: Was sind die Unterschiede zwischen Messen und Ausstellungen?
c: Wann spricht man von einer internationalen Messe?
d: Worauf sollte er seine dort tätigen Mitarbeiter hinweisen? (20 P)

Aufgabe 3
a: Ihr Unternehmen beteiligt sich an einer internationalen Ausschreibung. Was versteht man darunter?
b: Erläutern Sie fünf Aspekte, die Sie im Zusammenhang mit eine Angebotsabgabe beachten sollten! (18 P)

Aufgabe 4
Auslandsgeschäfte enthalten eine Reihe von ökonomischen Risiken. Erläutern Sie drei Arten ökonomischer Risiken und jeweils zwei dazu geeignete Absicherungsmöglichkeiten! (24 P)

Aufgabe 5
Ein Hersteller von Möbeln liefert Schränke im Wert von 50.000 € an einen Kunden in Tunesien. Er möchte dies mit einem Dokumentenakkreditiv absichern.
a: Erläutern Sie die Wirkungsweise eines Dokumentenakkreditivs!

b: In welcher Weise hängt das Akkreditiv mit dem Kaufvertrag zusammen?
c: Welche Funktionen erfüllt das Dokumentenakkreditiv? (20 P)

Antworten ab S. 273

Aufgabensatz III

Aufgabe 1
Der Fahrradhersteller F hat ein ganz neuartiges Rennrad entwickelt, das er auch im Ausland verkaufen möchte. Da er selbst keine Auslandserfahrung hat, sucht er nach einem geeigneten Handelsmittler.
a: Welche Arten von Handelsmittler kommen für ihn in Frage? Erläutern Sie drei von ihnen mit ihrem Leistungsumfang!
b: Welche Probleme muss der Kaufmann dabei überdenken? Erläutern Sie drei! (24 P)

Aufgabe 2
Die Zahlungsbedingungen (*Terms of Payment*) sind wesentlicher Inhalt eines Kaufvertrages im Außenhandel.
a: Erläutern Sie vier Bestimmungsfaktoren für die Wahl der Zahlungsbedingungen!
b: Stellen Sie Vor- und Nachteile für den Exporteur bei den folgenden Zahlungsbedingungen gegenüber:

- Zahlung gegen einfache Rechnung
- Vorauszahlung
- Zahlung durch Nachnahme
- Dokumenteninkasso

Erläutern Sie dabei die Bedingungen kurz. (26 P)

Aufgabe 3
Die WTO (*World Trade Organization*) ist eine internationale Handelsorganisation.
a: Erläutern Sie die Hauptaufgaben!

b: Ein Staat beschließt, auf ein Produkt einen bestimmten Einfuhrzoll zu erheben. Welche Ziele kann er damit verfolgen; inwieweit entspricht dies der Zielsetzung der WTO?
c: Erläutern Sie anhand von zwei Beispielen den Begriff der nicht-tarifären Handelshemmnisse. (22 P)

Aufgabe 4
Ein deutsches Maschinenbauunternehmen erhält einen Großauftrag aus dem Ausland.
a: Wie kann es sich dabei vor dem Zahlungsrisiko absichern? Erläutern Sie die Möglichkeiten ausführlich.
b: In welcher Form sind Ausfuhrgarantien möglich? (19 P)

Aufgabe 5
Ein deutsches Einzelhandelsunternehmen importiert Rum aus Ostasien. Mit welchen Einfuhrabgaben muss es rechnen? Erläutern Sie sie. (9 P)

Antworten ab S. 277

Aufgabensatz IV

Aufgabe 1
Ein Einzelhändler importiert Kakao im Wert von 500.000 US $. Die Transportkosten belaufen sich auf 6.000 US $. Zollsatz beträgt 8 %.
a: Aus welchen Gründen erheben Staaten einen Einfuhrzoll? Erläutern Sie zwei Gründe.
b: Wie hoch liegt der Zollwert, wie hoch liegt die Einfuhrabgabe (jeweils in € gerechnet, 1 € entspricht 1,30 US $)? (12 P)

Aufgabe 2
Ein Unternehmer will mit Lieferanten aus dem Ausland in Geschäftsbeziehungen treten. Da die Risiken in den verschiedenen Ländern unterschiedlich sind, gibt es Kriterien, mit denen man ein sog. Country-Rating vornehmen kann. Erläutern Sie vier dieser Kriterien. (12 P)

Aufgabe 3
Ein deutscher Hersteller von Druckmaschinen soll eine Maschine ins Ausland liefern.
a: Welche Art von Papieren muss der Hersteller für die Ausfuhr vorbereiten? Nennen Sie drei! (6 P)
b: Ein nicht unerhebliches Risiko kann im Transport der Ware liegen. Wie können Sie dies absichern? (6 P)

Aufgabe 4
Ein international tätiges deutsches Handelsunternehmen muss eine Reihe von rechtlichen Rahmenbedingungen kennen und beachten. Nennen Sie fünf dieser rechtlichen Rahmenbedingung! (10 P)

Aufgabe 5
In der Europäischen Union sind mit Einführung der gemeinsamen Wirtschafts- und Währungsunion fünf sog. Konvergenzkriterien aufgestellt

worden. Erläutern Sie diese fünf Konvergenzkriterien. Welches Ziel verfolgt die Europäische Union mit der Einführung dieser Kriterien? (12 P)

Aufgabe 6

Viele deutsche Unternehmen investieren heute im Ausland. Die Motive hierfür lassen sich in vier Gruppen zusammenfassen. Erläutern Sie diese vier Gruppen anhand je eines Beispiels! (16 P)

Aufgabe 7

Im Außenhandel spielen Kompensationsgeschäfte eine nicht unwichtige Rolle. Erläutern Sie vier Formen solcher Kompensationsgeschäfte. (16 P)

Aufgabe 8

Ein Unternehmen plant einen Interkontinentaltransport und holt hierzu Angebote von Speditionen ein. Dabei wird festgestellt, dass die reinen Transportkosten auf dem Seeweg am niedrigsten sind.
Welche weiteren Faktoren außer der Frachtrate wird der Unternehmer beachten? Nennen Sie fünf! (10 P)

Antworten ab S. 281

2.9 Mitarbeiterführung und Qualifizierung

Aufgabensatz I

Aufgabe 1
Die Mitarbeiterbesprechung ist ein wesentliches Führungsinstrument des Vorgesetzten. Wie gehen Sie als Vorgesetzter bei der Vorbereitung und Durchführung einer solchen Besprechung vor, an der mehrere Ihrer Mitarbeiter teilnehmen? Erläutern Sie die einzelnen Schritte (24 P)

Aufgabe 2
Sie wollen mithilfe einer Stellenanzeige einen neuen Mitarbeiter für Ihr Unternehmen gewinnen.
a: Welche Angaben sollte eine Stellenanzeige enthalten? (6 P)
b: Entwerfen Sie eine Stellenanzeige. Die auszuschreibende Position kann von Ihnen frei gewählt werden. Bitte beschreiben Sie sie in Ihrer Antwort kurz in Stichworten. (18 P)

Aufgabe 3
Sie wollen Ihrem Auszubildenden Wissen über den Ablauf eines Verkaufsgesprächs vermitteln. Nun haben Sie einmal gehört, dass Sie dabei auf den Lernvorgang im Gehirn Ihrer Hörer Rücksicht nehmen müssen.
a: Welche Speicher im Gehirn durchlaufen die Informationen? (12 P)
b: Wie können Sie das Wissen um die Speicher nutzen? (9 P)

Aufgabe 4
Gerade für eine Führungskraft ist es wichtig, dass sie sich selbst organisieren kann. Dabei spielt auch die sogenannte „Pareto-Regel" eine Rolle. Schildern Sie die Regel. Welche Schlussfolgerungen können Sie daraus für Ihre Arbeit ziehen? (12 P)

Aufgabe 5

Sie kennen die Begriffe „Zweiter Lohn“ oder „Personalnebenkosten“. Zeigen Sie die beiden Arten auf und ordnen Sie jeder vier Beispiele zu. (10 P)

Aufgabe 6

Welchen Nutzen bringen Weiterbildungsmaßnahmen
a: dem Mitarbeiter
b: dem Betrieb
c: der Gesellschaft?
Erläutern Sie drei. (9 P)

Antworten ab S. 285

Aufgabensatz II

Aufgabe 1
Sie haben eine Anzeige zur Gewinnung von einem Auszubildenden geschaltet und erhalten nun 40 Bewerbungsunterlagen, die Sie zu sichten haben, bevor Sie einen Bewerber zum Gespräch einladen. Welche Kriterien werden Sie dabei bewerten? Erläutern Sie fünf davon! (15 P)

Aufgabe 2
Bei der Einstellung von Mitarbeitern werden gern Tests durchgeführt.
a: Welchen Vorteil bieten Tests gegenüber den Einstellungsgesprächen?
b: Erläutern Sie drei verschiedene Arten von Tests.
c: Welche Gütemerkmale muss ein Test aufweisen? Erläutern Sie! (24 P)

Aufgabe 3
Sie bereiten sich auf eine Schulung von Auszubildenden vor, die aus ganz verschiedenen Abteilungen kommen und demgemäß auch in verschiedenen Ausbildungsberufen ausgebildet werden.
a: Aufgrund der unterschiedlichen Berufe vermuten Sie, dass die Gruppe auch aus unterschiedlichen Lerntypen besteht.
Nennen Sie drei Lern- bzw. Wahrnehmungstypen und beschreiben Sie, wie Sie auf den jeweiligen Lerntyp eingehen können.
b: Erläutern Sie zwei weitere Faktoren, die Sie bei der Planung der Schulung zu berücksichtigen haben. (16 P)

Aufgabe 4
In der betrieblichen Ausbildung müssen Sie Beurteilungen vornehmen; auch zur Führung von Mitarbeitern gehört eine Beurteilung.
a: Warum müssen Sie Beurteilungen vornehmen? Erläutern Sie 3 Gründe.
b: Wann müssen Sie beurteilen? Erläutern Sie 3 Anlässe!
c: Was müssen Sie beurteilen?

d: Bei der Beurteilung von Auszubildenden sollten Sie eine Reihe von Grundsätzen einhalten. Erläutern Sie 3! (36 P)

Antworten ab S. 289

Aufgabensatz III

Aufgabe 1

Sie haben sich entschieden, einen Jugendlichen auszubilden. Bei der Kammer fragt man Sie: Besitzen Sie denn überhaupt die Eignung? Welche Arten der Eignung müssen gegeben sein? Erläutern Sie sie! (16 P)

Aufgabe 2

Erläutern Sie die folgenden Methoden zur Unterweisung und Ideenfindung mit ihren speziellen Vor- und Nachteilen:

a: Brainstorming

b: Diskussion

c: Fallstudie

d: Gruppenarbeit (20 P)

Aufgabe 3

Menschen nehmen Informationen auf unterschiedliche Art und Weise auf. Darauf muss sich die Wissensvermittlung einstellen.

a: Nennen Sie die Kanäle, auf denen wir Informationen aufnehmen!

b: Es gibt Erfahrungen, wie groß die Behaltensquote ja nach der Art der Informationsaufnahme ist. Erläutern Sie, wie viel der Mensch von den Informationen behält, die er aufgenommen hat!

c: Man kann auf einfache Art erkennen, um was für einen Lerntyp es sich bei den einzelnen Menschen handelt. Geben Sie je zwei Beispiele für drei verschiedene Lerntypen! (26 P)

Aufgabe 4

Aus einem Arbeitsvertrag entstehen für Arbeitgeber und Arbeitnehmer verschiedene Pflichten. Erläutern Sie sie ausführlich mit Beispielen! (18 P)

Aufgabe 5

Im Einstellungsgespräch muss ein Mitarbeiter nicht alle an ihn gestellte Fragen beantworten. Nennen Sie vier solcher Fragen! (8 P)

Aufgabe 6

Ein Handelsunternehmen fördert regelmäßig die Fortbildung ihrer Mitarbeiter mit erheblichen Summen. Trotzdem scheiden einige der Geförderten nach der Fortbildung das Unternehmen. Sie erhalten den Auftrag,

a: zu untersuchen, warum diese Mitarbeiter das Unternehmen verlassen. Erläutern Sie drei mögliche Gründe

b: Vorschläge zu machen, mit welchen Maßnahmen der Personalentwicklung das Unternehmen solche Mitarbeiter an sich binden könnte. (12 P)

Antworten ab S. 293

Aufgabensatz IV

Aufgabe 1

Überall wo Menschen zusammenleben, entstehen Konflikte.
a: Was kennzeichnet die Situation eines Konfliktes?
b: Wie erkennt man Konflikte?
c: Erläutern Sie drei konfliktfördernde Bedingungen und Ursachen!
d: Welche Maßnahmen können Sie treffen, um Konflikte zu vermeiden?
(25 P)

Aufgabe 2

Die Personalentwicklung ist eine wesentliche Führungsaufgabe.
a: Welche Ziele liegen hier zugrunde? Erläutern Sie drei.
b: Welche Vorteile bringt die Personalförderung dem Unternehmen und den Mitarbeitern? Erläutern Sie drei! (15 P)

Aufgabe 3

Die Beurteilung von Mitarbeitern ist eine wichtige Grundlage zur Mitarbeiterförderung.
a: Welche Zwecke verfolgt eine regelmäßige Beurteilung?
b: Zur Erleichterung der Beurteilung empfiehlt sich ein Beurteilungsbogen. Erstellen Sie eine Übersicht der Kriterien als Grundlage eines Beurteilungsbogens mit jeweils drei Untergliederungen.
c: Auch der sorgfältig beurteilende Vorgesetzte kann hierbei Fehler machen. Erläutern Sie drei typische Beurteilungsfehler. (20 P)

Aufgabe 4

Eine der sensibelsten Aufgaben für den Vorgesetzten ist die Führung eines Kritikgesprächs.
a: Welches Ziel hat die Kritik?
b: Stellen Sie die einzelnen Phasen eines Kritikgesprächs mit den jeweiligen Inhalten dar! (20 P)

Aufgabe 5
Sie beschließen, einen Mitarbeiter einzustellen und mit ihm einen Arbeitsvertrag abzuschließen.
a: Da Sie nichts von „Schriftkram“ halten, schließen Sie den Vertrag mit einem einfachen Händedruck ab. Ist dieser Vertrag wirksam? Der Arbeitnehmer verlangt von Ihnen 14 Tage später, dass Sie ihm einen schriftlichen Vertrag aushändigen. Hat er recht?
b: Ihr Kollege dagegen schließt den Vertrag schriftlich ab. Welche Vertragsteile sollten in diesem Vertrag geregelt sein?
c: Sie legen im Vertrag eine Kündigungsfrist fest. Wie lang muss diese Kündigungsfrist mindestens sein? Zu welchem Zeitpunkt kann eine Kündigungsmöglichkeit vereinbart werden? (20 P)

Antworten ab S. 298

3 LÖSUNGEN AUS DEN STOFFGEBIETEN

Pflichtfächer:

3.1 Unternehmensführung und -steuerung
3.2 Handelsmarketing
3.3 Führung und Personalmanagement
3.4 Volkswirtschaft für die Handelspraxis
3.5 Beschaffung und Logistik

Wahlfächer:

3.6 Marketing und Vertrieb
3.7 Handelslogistik
3.8 Außenhandel
3.9 Mitarbeiterführung und Qualifizierung

Bitte beachten Sie: Auch eine „Musterlösung" wird nicht immer absolut vollständig sein können. Es ist vielmehr eine Antwort, wie sie nach Form und Inhalt von Ihnen in der zur Verfügung stehenden Zeit erwartet werden kann.

Etwas unterscheidet unsere Musterlösungen von denen, die Sie abzuliefern haben: Oftmals ist nach einer bestimmten Anzahl von Antworten gefragt. Dann müssen Sie natürlich nicht mehr als diese Anzahl angeben. Wir haben dagegen in der Regel **alle** jeweils möglichen Antworten genannt, damit Sie die Musterlösungen gleich zum Wiederholen nutzen können.

3.1 Unternehmensführung und -steuerung

Musterlösungen – Aufgabensatz I

Aufgabe 1

a: Der Finanzplan beschreibt die zu erwartenden Einnahmen und Ausgaben einer Periode und damit auch, mit welchen finanziellen Mitteln die erforderlichen Investitionen abgedeckt werden. Es wird dabei in Eigen- und Fremdkapital unterschieden. Neben einer Kreditaufnahme bei der Bank sind Investitionen erfolgen im Anlagevermögen wie im Umlaufvermögen.

b:

- Anlagevermögen: Ladenausstattung, Warenwirtschaftssystem, EDV, Büro
- Umlaufvermögen: Ware, sonstige Betriebsmittel

c: Die Liquidität kann auf folgende Weise gesichert werden:

- Kurze Zahlungsziele für Kunden
- Lange Zahlungsziele /Valuta für Lieferanten
- Beteiligungen von Gesellschaftern
- Eintreiben offener Forderungen
- Factoring
- Leasing

Aufgabe 2

Unter *Trading down* versteht man alle Maßnahmen, die eine Reduzierung des Einsatzes an Produktionsfaktoren zum Zwecke der Kosteneinsparung zum Inhalt haben, wobei bewusst eine Verringerung der Leistung in Kauf genommen wird. Beispiel: Ausdünnung des Personals → weniger Service. Der Unternehmer gewinnt damit einen preispolitischen Spielraum.

Aufgabe 3

K muss den Zuschlag nicht bezahlen. Nach § 309 BGB (Klauselverbote ohne Wertungsmöglichkeit) sind Klauseln für Preiserhöhungen von Waren oder Dienstleistungen, die innerhalb von vier Monaten nach Vertragsabschluss geliefert oder erbracht werden sollen, unwirksam.

Aufgabe 4

- Verrichtung
- Objekt
- Hilfsmittel
- Ort
- Rang
- Phase
- Zweckbeziehung

Aufgabe 5

Lieferantenkredit: Ein Warenkredit; der Lieferant erklärt sich mit der späteren Bezahlung der Waren einverstanden.

Kontokorrentkredit: Die Bank gewährt ohne gesonderten Vertrag die Ausnutzung einer zuvor generell vereinbarten Kreditlinie.

Aufgabe 6

Der Zinssatz liegt in der Regel unter dem vergleichbarer Bankkredite. Der Zinssatz ist für die Laufzeit des Darlehens fest. In der Regel werden tilgungsfreie Jahre eingeräumt.

Aufgabe 7

Eine Option ist die Rechtsmöglichkeit, durch einseitige Willenserklärung rechtsgültig einen Vertrag, z. B. einen Kauf- oder Mietvertrag, abschließen zu können. Im Mietvertrag räumt mit der Option z. B. der Vermieter dem

Mieter das Recht ein, durch einseitige Willenserklärung einen Vertrag für eine bestimmte Zeit zu unveränderlichen Bedingungen zu verlängern.

Aufgabe 8

In diesem Fall ist ein differenzierter Handlungskostenzuschlag vorzuschlagen. Ein einheitlicher Handlungskostenzuschlag würde außer acht lassen, dass in der Abteilung „Dessous" wesentlich höhere Handlungskosten anfallen als in der Abteilung „Bettwäsche". Die Abteilung „Dessous" würde damit mit zu niedrigen Handlungskosten belastet, die Abteilung „Bettwäsche" mit zu hohen.

Aufgabe 9

Sprungfixe Kosten ändern sich nicht kontinuierlich in der Abhängigkeit vom Beschäftigungsgrad sondern bleiben bis zur Kapazitätsgrenze fix. Dann steigen sie bei einer Kapazitätsausweitung sprunghaft an und bleiben wieder bis zur neuen Kapazitätsgrenze konstant.

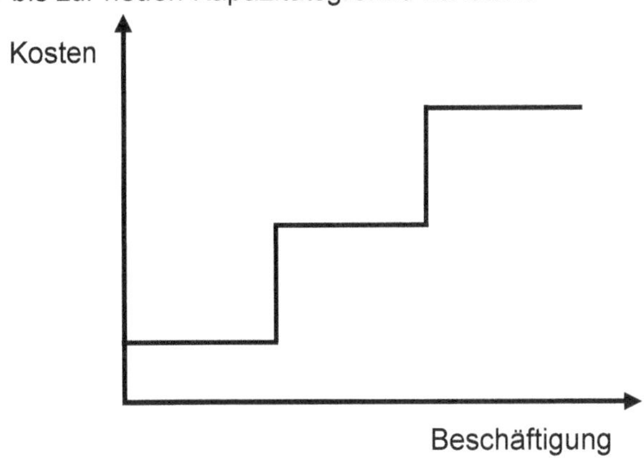

Aufgabe 10

a:	Erlös	300,-- €
	- variable Kosten / Stück	200,-- €
	= Deckungsbeitrag / Stück	100,-- €

$$\text{BEP} = \frac{\text{Fixkosten}}{\text{DB / Stück}} = \frac{30.000\ €}{100\ €\ /\ \text{Stück}} = 300\ \text{St.}$$

Mindestumsatz = 300 St. · 300,-- €/St. = **90.000,-- €**

b:

Erlös (330 Stück · 300,-- €)	99.000,-- €
- variable Kosten (330 St. · 200,--)	66.000,-- €
= Deckungsbeiträge	33.000,-- €
- fixe Kosten	30.000,-- €
= Betriebsergebnis	**3.000,-- €**

c: Die Preisuntergrenze im Sinne einer Vollkostenrechnung ist der Selbstkostenpreis:

Variable Kosten pro Stück	200,-- €
+ Fixkostenanteil / Stück (30.000 € / 200 St.)	150,-- €
= Selbstkostenpreis pro Stück	**350,-- €**

d: Obwohl der übliche Verkaufspreis von 300,-- € nicht die Selbstkosten in Höhe von 350,-- € (bei einer Beschäftigung von 200 Stück) deckt, ist es dennoch sinnvoll, diesen Artikel im Sortiment zu belassen, da ein positiver Deckungsbeitrag von 100,-- € (vgl. Aufgabenteil a) erzielt werden kann, der das Betriebsergebnis verbessert.

Musterlösungen – Aufgabensatz II

Aufgabe 1

a: Liquidität ersten Grades: $\frac{60.000}{180.000} \cdot 100 = 33,3\ \%$

Liquidität zweiten Grades: $\frac{210.000}{180.000} \cdot 100 = 116,7\ \%$

Liquidität dritten Grades: $\frac{480.000}{180.000} \cdot 100 = 266,7\ \%$

b: Die Eigenkapitalrentabilität liegt mit 4,17 % deutlich zu niedrig. Die Rendite liegt unter dem Niveau langfristiger festverzinslicher Wertpapiere. *(Anmerkung: Dies traf zwar für die letzten Jahre nicht zu; Fachleute erwarten jedoch wieder einen Anstieg der Wertpapierrendite)*
Sie müsste erheblich darüber liegen, weil neben dem Kapitaleinsatz auch das unternehmerische Risiko zu verzinsen ist. Vergleichsmöglichkeiten sind zum Beispiel: Vorjahreswerte, Branchenwerte.

c: Das langfristige Kapital beläuft sich auf 900.000 €, das kurzfristige Fremdkapital auf 180.000 €. Die Kapitalstruktur kann als durchaus gesund bezeichnet werden. Das Verhältnis von Eigenkapital zu Anlagevermögen beläuft sich auf 83 %. Die Anforderungen der goldenen Bilanzregel sind damit nicht vollständig erfüllt.
Das Verhältnis von Eigenkapital + langfristigem Fremdkapital zu Anlagevermögen + 1/3 Umlaufvermögen beläuft sich auf 118 %. Die goldene Finanzierungsregel ist erfüllt.

Aufgabe 2

Cash Flow ist der im Unternehmen innerhalb einer Periode erwirtschaftete Zahlungsmittelzufluss. Er steht für Investitionen, Tilgungen und Entnahme zur Verfügung. Die Cash Flow-Analyse dient dem innerbetrieblichen und zwischenbetrieblichen Vergleich.

Aufgabe 3

Sie ist nur bedingt zutreffend, da die Leasinggeber auch Bonitätsprüfungen durchführen. Das Leasing bietet jedoch eine leichtere Finanzierung von Anlagegütern, und damit oftmals 100 % Fremdfinanzierung.

- Direktes – indirektes Leasing
- Operate Leasing – Finance Leasing
- Vollamortisations-Leasing – Teilamortisations-Leasing
- Immobilien-Leasing – Mobilien-Leasing

Aufgabe 4

A ist an sein Angebot solange gebunden, als er unter normalen Umständen mit einer Antwort rechnen kann. Bei einfachen Artikeln des kaufmännischen Bedarfs ist dies unter Berücksichtigung des Postlaufweges von insgesamt max. 4 Tagen und einer Überlegungsfrist von 24 Stunden nach 5 Tagen der Fall. Im vorliegenden Falle hat B das Angebot also zu spät angenommen. Ein Kaufvertrag ist nicht zustande gekommen.

Aufgabe 5

a: Das Prinzip der Dezentralisation geht von dem Grundsatz aus, dass nicht alle Entscheidungen von der Spitze getroffen werden müssen. Aufgaben, Verantwortung, Kompetenz sollen vielmehr soweit wie möglich nach unten delegiert werden. Damit wird zugleich die Spitze entlastet. Die Anforderungen an die Führungsqualifikation der unteren Einheiten werden damit höher. Andererseits muss die Spitze auch Entscheidungen zulassen können, die anders ausfallen, als wenn man sie selbst getroffen hätte.

b: Mögliche Vorteile:

- Größere Beweglichkeit, Orts- und spezielle Fachkenntnis der dezentralen Einheiten wird genutzt.
- Stärkere Motivation der Mitarbeiter
- Größere Chancen zur persönlichen Weiterentwicklung der Mitarbeiter

Mögliche Nachteile:

- Geringere Ausschöpfung von Rationalisierungspotentialen
- Geringere Übersicht der Spitze, geringere Kontrolle über die Einheiten
- Unzureichende Koordination zwischen den Einheiten
- Uneinheitliches Erscheinungsbild nach außen

c: Die in Japan entwickelte Konzeption des *Lean Management* will durch eine schlanke Organisationsstruktur ein Höchstmaß an Rationalisierung erschließen. Hierzu gehören:

- Flache Hierarchien, Dezentralisierung von Verantwortung.
- Führung ist eine Aufgabe, die Leistung fördern soll.
- Die Fachbereiche vor Ort nehmen zugleich die Arbeit der Stäbe wahr.
- Kundenorientierung ist Prinzip in allen Unternehmensbereichen.
- Enge Kooperation mit Lieferanten (wirken bei Produktentwicklung mit).

Aufgabe 6

a:	Bilanzwert des AV	400.000 €
	+ Forderungen	50.000 €
	+ Warenbestand	300.000 €
	Betriebsnotw. Vermögen	750.000 €

b:

Kalkul. Zins	750.000 €
./. Nichtverzinsl. Lieferantenschulden	250.000 €
	500.000 €
davon 7 %	35.000 €

Die kalkulatorischen Zinsen belaufen sich auf 35.000 €.

Aufgabe 7

Positive Folgen können sein:

- Spezialisten können die Funktion besser erfüllen
- Geringere Fixkosten: Man muss die entsprechenden Kapazitäten nicht mehr ständig bereithalten
- Der Unternehmer kann sich auf seine Kernaufgaben konzentrieren.

Negative Folgen können sein:

- Verlust an Kompetenz
- Abhängigkeit von der Qualität der Leistung des Partnerunternehmens
- Geringere Kundenbindung

Aufgabe 8

Ein Engpassplan ist derjenige Einzelplan, der den Umfang der anderen Pläne bestimmt. So kann z. B. in einem Handelsbetrieb die Finanzplanung die Einkaufs- oder die Investitionsplanung begrenzen.

Aufgabe 9

Dauerhaftigkeit bedeutet Sicherheit im Handeln. Deshalb dürfen diese Regelungen nicht ständig umgestoßen oder missachtet werden.
Ändern sich jedoch die betrieblichen Ziele oder Bedingungen, so muss die Organisation sich an die Änderungen anpassen. So sind ständige Missachtungen oder häufige Ausnahmen von organisatorischen Regelungen ein Zeichen dafür, dass die bestehende Organisation geändert werden muss.

Musterlösungen – Aufgabensatz III

Aufgabe 1
Einliniensystem: Jede Stelle hat nur einen Vorgesetzten. Andererseits können Befehls- und Informationswege sehr lang sein; das System wird schwerfällig. Eine *Stabsstelle* ist dadurch gekennzeichnet, dass sie an die Linie keine Anweisungen geben darf, sondern nur der jeweiligen Instanz als Assistent zugeordnet ist. Aufgrund ihrer Position „nahe beim Chef" kann daraus jedoch eine Quasi-Befehlsinstanz entstehen, ohne dass die Stabsstelle letztlich für angeordnete Maßnahmen die Verantwortung trägt.

Aufgabe 2

- Nadeldrucker: Langsam, kann Durchschläge anfertigen, laut, preiswert.
- Tintenstrahldrucker: Schneller, keine Durchschläge, bessere Druckqualität, etwas teurer.
- Laserdrucker: Schnell, keine Durchschläge, optimale Druckqualität; relativ am teuersten.

Aufgabe 3
Liquidität - Rentabilität - Sicherheit - Unabhängigkeit / Dispositionsfreiheit.

Aufgabe 4
Die Informationen der Gewinn- und Verlustrechnung über Umsatz, Wareneinsatz, Rohgewinn und Spanne kommen in der Regel zu spät. Außerdem werden die Daten nur für den gesamten Betrieb dargestellt. Deshalb ist ein kurzfristiges Controlling unerlässlich, das monatlich Umsatz, Wareneinsatz, Rohgewinn, Spanne, durchschnittlichen Lagerbestand sowie Lagerumschlag je Warengruppe ermittelt.

Aufgabe 5

a) Berechnung des Deckungsbeitrags

	Produkt A	Produkt B	Produkt C
Nettoverkaufspreis pro Stück	63	75	42
- Einstandspreis pro Stück	36	46,50	26
- variable Handlungskosten pro Stück	21	26	12
Deckungsbeitrag pro Stück	6	2,50	4

b) Berechnung der Stückzahl

Produkt A	Produkt B	Produkt C
4.200:6 = 700 Stück	2.400:2,50 = 960 Stück	1.840:4 = 460 Stück

c) Das Produkt B hat den geringsten Deckungsbeitrag pro Stück. Um die fixen Kosten des Artikels zu decken, braucht es die höchste Verkaufsmenge. Es könnte also aus dem Sortiment am ehesten entfernt werden. Andererseits bringt es noch einen positiven Deckungsbeitrag. Möglicherweise ist es auch im Sortiment auch wichtig zur Kundenbindung.

d)
Unternehmensfixkosten: 4.100; Gewinn: 10.000
Insgesamt sollen die drei Artikel also 14.100 € erwirtschaften.

Artikel A erwirtschaftete:	1.250 x 6 = 7.500 €
./. Artikelgruppenfixkosten	4.200 €
Deckungsbeitrag A =	3.300 €

Artikel C erwirtschaftete	1.480 x 2,50 = 4.600 €
./. Artikelgruppenfixkosten	2.400 €
Deckungsbeitrag C =	2.200 €

	14.100
./.	3.300
./.	2.200
=	8.600 €

Artikel B muss also 8.600 sowie seine Artikelgruppenfixkosten von 1.840 erwirtschaften = 10.440 €
Daraus folgt: 10.440 : 4 = 2.610 Stück.

Aufgabe 6
Franchising ist eine sehr enge Form einer vertikalen Kooperation, bei der ein Franchisegeber aufgrund einer langfristigen vertraglichen Bindung einem rechtlich selbständigen Franchisenehmer gegen Entgelt das Recht einräumt, Waren und Dienstleistungen unter Verwendung von Namen, Warenzeichen, Ausstattung oder sonstigen Schutzrechten anzubieten.
Der Franchisenehmer übernimmt das Know-how des Franchisegebers. Sein unternehmerisches Risiko ist damit geringer; er muss jedoch das Konzept des Franchisegebers akzeptieren; sein Spielraum ist damit eingeschränkt.

Aufgabe 7
Dieser Schlüssel geht von der Fiktion aus, dass die Fläche überall gleichwertig ist. Tatsächlich aber weist die Fläche in einem Obergeschoss oder im Keller eine niedrigere Produktivität auf als im Erdgeschoss.

Aufgabe 8
Langfristig gebundenes Vermögen (Anlagevermögen + Eiserner Bestand des Umlaufvermögens) soll mit langfristig zur Verfügung stehendem Kapital (Eigenkapital + langfristiges Fremdkapital) finanziert werden. Die kurzfristig im Unternehmen verbleibenden Güter des Umlaufvermögens können mit

kurzfristigen Mitteln finanziert werden. Die Nichtbeachtung gefährdet den Bestand des Unternehmens.

Aufgabe 9

Factoring ist ein Finanzierungsgeschäft, bei dem ein Finanzierungsinstitut (Factor) Forderungen aus Warenlieferungen und Leistungen ankauft und bis zur Fälligkeit bevorschusst. Dabei übernimmt es auch Dienstleistungen wie Buchhaltung und Mahnwesen und das Risiko des Forderungsausfalls (echtes Factoring).

Vorteile:

- Liquiditätsverbesserung.
- Der Unternehmer erhält sofort sein Geld.
- Das Risiko trägt der Factor.

Nachteile:

- Kosten – Der Unternehmer erhält nur einen Teil seiner Forderungen.
- Die Verbindung zum Kunden ist unterbrochen. Der Factor geht sehr viel rücksichtsloser vor.

Aufgabe 10

Der Käufer hat bei der Lieferung einer mangelhaften Sache einen Anspruch auf Nacherfüllung. Das bedeutet: Nach seiner Wahl Nachbesserung oder Ersatzlieferung. Da hier beides wohl nicht möglich ist, kann er wählen zwischen Rücktritt vom Kaufvertrag oder Kaufpreisminderung und Schadensersatz, unter der Voraussetzung, dass der Verkäufer den Mangel zu vertreten hat. Der Schadensersatzanspruch wird in diesem Falle jedoch zu verneinen sein.

Aufgabe 11

a: Die Prokura kann nur von einem Vollkaufmann erteilt werden. Die Erteilung der Prokura ist von dem Inhaber des Handelsgeschäfts zur Eintragung in das Handelsregister anzumelden.

b: Die Prokura ermächtigt zu allen Arten von gerichtlichen und außergerichtlichen Geschäften und Rechtshandlungen, die der Betrieb irgend eines Handelsgewerbes mit sich bringt (§ 49 HGB). Der Umfang der Prokura kann Dritten gegenüber nicht beschränkt werden, wohl aber im Innenverhältnis.

c: Nicht berechtigt ist der Prokurist zur Veräußerung und Belastung von Grundstücken, es sei denn, ihm wäre diese Befugnis zusätzlich erteilt worden. Er ist ferner nicht zur Unterzeichnung der Bilanz ermächtigt.

d: Der Prokurist F kann seinem Abteilungsleiter keine Prokura erteilen. Dies kann (siehe oben) nur von einem Vollkaufmann, dem Inhaber des Handelsgeschäfts, vorgenommen werden.

Aufgabe 12

Das allgemeine Unternehmerrisiko betrifft das Gesamtunternehmen. Es berücksichtigt insbesondere die Unwägbarkeit der gesamtwirtschaftlichen Entwicklung, Nachfrageverschiebungen, technischen Fortschritt usw. Das spezielle Einzelwagnis steht in direktem Zusammenhang mit der betrieblichen Leistungserstellung. Es kann sich beziehen auf Beständewagnis, Vertriebswagnis, Anlagenwagnis usw.

Musterlösungen – Aufgabensatz IV

Aufgabe 1

B2B bedeutet „Business to Business“ und beschreibt die Form des elektronischen Handels zwischen Unternehmen, also z. B. dem Hersteller und einem Handelsunternehmen. So kann ein Handelsunternehmen direkt aus dem Computer des Herstellers zu jeder Zeit Informationen über Waren einholen oder auch Bestellungen vornehmen. Dies beschleunigt und verbilligt den Geschäftsverkehr zwischen Hersteller und Handel.

Beim *B2C* (Business to Consumer) geht es um die elektronische Verbindung zwischen Anbieter und Letztverbraucher. Am bedeutendsten wird hier der Internet-Handel. Der Verbraucher hat dabei den direkten Internetzugang zum Anbieter und kann auch zu jeder Zeit gleich bestellen. Der Anbieter kann auf diesem Wege neue Kundenkreise erschließen und zugleich das Medium als neuen Werbeträger nutzen. Für den Verbraucher bietet sich auch der Vorteil der fast unbegrenzten Informationsmöglichkeit. Es ist zu erwarten, dass der Marktanteil des Internet-Handels weiter zunehmen wird.

Aufgabe 2

Ein Einkaufszentrum ist eine als Einheit geplante und errichtete, gemeinsam verwaltete Agglomeration von Einzelhandels- und Dienstleistungsunternehmen verschiedener Art und Größe. Die einzelnen Unternehmen sind auch optisch voneinander getrennt. Der Standort liegt häufig an der Peripherie, zunehmend aber auch in Innenstädten. Spezifische Stärken dieser Betriebsform sind u. a.

- Optimal konstruierter Mieter Mix
- Gute Erreichbarkeit
- Parkplätze
- Einheitlicher Marketingauftritt und hohes Werbebudget
- Einheitliche Ladenzeiten
- Gesicherte Qualität der Betriebe

Aufgabe 3

a: Die Formulierungen sind nicht zulässig. Sie verstoßen gegen die gesetzlichen Bestimmungen (§ 459 ff. BGB) und benachteiligen den Verbraucher unangemessen.

b: Der private Verbraucher (Nichtkaufleute).

c: Durch Unterschrift der Vertragspartner. Bei Gütern des täglichen Bedarfs (z. B. Schuhe) genügt auch ein deutlicher Aushang in den Geschäftsräumen (z. B. an der Kasse).

Aufgabe 4

- Gesellsch.-soziale Entwicklungen: Wertevorstellungen ändern sich.
- Politisch-rechtliches Umfeld: Wirtschaftspolitik und Gesetze wirken sich auf das Unternehmen aus.
- Ökonomisches Umfeld: Wirtschaftslage und Erwartungen bestimmen Verbraucherverhalten und Investitionsbereitschaft.
- Technologische Entwicklungen: Neue Technologien und Produkte bieten Chancen. Wer sie nicht berücksichtigt, fällt zurück.
- Ökologisches Umfeld: Ressourcen werden knapper, die Natur kann aber auch Abfälle nur begrenzt verarbeiten, die Sensibilität der Menschen gegenüber diesem Themenkreis steigt.

Aufgabe 5

Maßnahmen:

- Aufgabenbereiche klar abgrenzen
- Zuständigkeiten eindeutig festlegen
- Arbeitsabläufe verständlich regeln
- Informationen einfach und klar formulieren

Folgen, wenn die Maßnahmen nicht eingehalten werden:

- Verwirrung bei Mitarbeitern
- Missverständnisse entstehen

- Regelungen werden nicht akzeptiert
- Kunden sind desorientiert

Aufgabe 6

- Die Gewinne der Unternehmen sanken.
- Unternehmen haben immer weniger Kraft zur Selbstfinanzierung.
- Die fortschreitende Technisierung erfordert auch im Handel ein höheres Kapital.
- Gerade mittelständische Unternehmen haben oft eine zu geringe Eigenkapitalausstattung.
- Die hohe Besteuerung erschwert die Rücklagenbildung.

Aufgabe 7

- Inhaltsirrtum, Erklärungsirrtum (§ 119 I BGB)
- Irrtum über verkehrswesentliche Eigenschaften einer Person oder Sache (§ 119 II BGB)
- Arglist (§ 123 I BGB)
- Drohung (§ 123 I BGB)
- Falschübermittlung durch Boten (§ 120 BGB)

Aufgabe 8

Es handelt sich zunächst um eine Personengesellschaft, die KG, deren persönlich haftender Gesellschafter (Komplementär) jedoch eine GmbH ist, die wiederum nur mit ihrem Stammkapital haftet. Dies verringert also nach außen zwar die Haftung; andererseits schmälert es den Goodwill bei Banken und Kreditgebern.

Aufgabe 9

Arbeitstabelle:

i	x_i	$\lvert x_i - \bar{x} \rvert$
1	4	10
2	5	9
3	3	11
4	5	9
5	6	8
6	8	6
7	10	4
8	11	3
9	17	3
10	21	7
11	23	9
12	22	8
13	24	10
14	26	12
15	25	11
$n = 15$	$\sum x_i = 210$	$\sum = 120$

a: $\bar{x} = \frac{\sum x_i}{n} = \frac{210}{15} = 14$

Im monatlichen Durchschnitt werden 14 Stück von D verkauft.

$$e = \frac{\sum (x_i - \bar{x})}{n} = \frac{120}{15} = 8$$

Die durchschnittliche Abweichung des Monatsabsatzes vom arithmetischen Mittel beträgt 8 Stück.

$$V = \frac{e}{\bar{x}} \cdot 100 = \frac{8}{14} \cdot 100 = 57{,}1\,\%$$

Der Variationskoeffizient V beträgt somit 57,1%.

b: Da die relative durchschnittliche Streuung der Einzelwerte um das arithmetische Mittel größer als 50 % und die statistische Masse somit sehr inhomogen ist, kann der Durchschnitt nicht als repräsentatives Maß für die Einzelwerte gelten.

c:

I	x_i	**Trendwerte**
10	21	
11	23	22
12	22	23
13	24	24
14	26	25
15	25	

Aus der Trendberechnung ergibt sich für den 16. Verkaufsmonat für Artikel A eine Absatzprognose von 27 Stück.

Aufgabe 10

	bilanziell	**kalkulatorisch**
Verfahren	möglichst steuersparend, deshalb degressiv	abnutzungsgerecht
Bemessungs-grundlage:	Anschaffungskosten	Wiederbeschaffungs-kosten
Abschreibungs-dauer:	Bis zum Ende der Nutzungsdauer	solange das Wirtschafts-gut genutzt wird

3.2 Handelsmarketing

Musterlösungen - Aufgabensatz I

Aufgabe 1

- Der Impulskauf ist eine spontane Kaufentscheidung. Artikel, die zu Impulskäufen anregen sollen, werden an bevorzugten Plätzen im unmittelbaren Blickfeld der Verbraucher in bequemer Griffhöhe präsentiert (z. B. Süßigkeiten an der Kasse).
- *Gewohnheitskauf*: Einkauf erfolgt auf Basis einer einmal getroffenen Grundsatzentscheidung. Artikel des Gewohnheitskaufs platziert man an weniger auffälligen Stellen und im hinteren Teil des Ladens.

Aufgabe 2

Informationsgewinnung über das Unternehmensimage z. B. über

- Direkte Befragung: Kunden werden direkt zu ihrer Meinung über das Unternehmen befragt.
- Assoziationstest: Dem Probanden werden mehrere Firmennamen genannt, die er mit seinen entsprechenden Vorstellungsinhalten (z. B. über Qualität, Preiswürdigkeit usw.) verbinden soll.
- Polaritätenprofil: Es werden Gegensatzpaare (modern – altmodisch, preisgünstig – teuer) vorgegeben. Der Proband soll nun mittels einer Skalierung bewerten, inwieweit der eine oder der andere Begriff zutrifft. Aus den Antworten wird ein Profil erstellt.
- Zuordnungstest: Die zu befragende Person vergibt Punkte für vorgegebene Merkmale wie Auswahl, Preise, Service usw. Die Auswertung erfolgt dann als arithmetisches Mittel der Antworten.

Aufgabe 3

Der Grundnutzen ist der mit dem Produkt unmittelbar verbundene „technische" Nutzen. Beispiel: Ein Kleidungsstück schützt und wärmt. Der

Zusatznutzen ist der zusätzliche psychologische Nutzen. Beispiel: Das Kleidungsstück hebt die Persönlichkeit, gibt Prestigewert usw.

Aufgabe 4

Ein Testmarkt ist ein regional abgeschlossener Markt, der repräsentativ für einen Gesamtmarkt ist.

Gründe für die Durchführung von Markttests können sein:

- Prüfung, ob ein neues Produkt marktreif ist.
- Flops können schnell erkannt werden.
- Generalprobe: Markteinführung unter realen Bedingungen.
- Relativ gut gesicherte Erfolgsprognosen.
- Überprüfung und Möglichkeit zur kurzfristigen Verbesserung der geplanten Marketingmaßnahmen.

Aufgabe 5

Die AIDA-Regel beschreibt die Phasen der Kaufentscheidung: **A**ttention (Aufmerksamkeit erregen), **I**nterest (Interesse wecken), **D**esire (Kaufwunsch auslösen) und **A**ction (Umsetzung des Kaufs).

Aufgabe 6

Die Werbekonstante ist ein immer wieder erscheinendes Merkmal in der Werbung. Beispiele für die Bestandteile einer Werbekonstante:

- eingehender Slogan oder Schlagzeile
- auffälliges Bild
- Hinweis auf das Sortiment und / oder den Service
- charakteristischer Schriftzug und Name der Firma
- besondere Gestaltung über Schrifttyp, Farbe, Layout, usw.

Die Werbekonstante sollte in allen Werbemitteln wiederkehren.

Aufgabe 7

Der Werbende muss bei Umsatz, Sortiment, Auswahl, Größe der Verkaufsräume und Mitarbeiterzahl einen erheblichen und dauerhaften Vorsprung vor den relevanten Mitbewerbern haben.

Aufgabe 8

Beispiele für unzumutbare Belästigungen sind:

- Ansprechen (in belästigender Art und Weise) von Passanten auf der Straße: Wettbewerbswidrig, da sich Verbraucher nicht nach objektiven Kriterien entscheidet: Er kauft, weil er der Belästigung entgehen will.
- Telefonische Werbung: Hier gilt eine ähnliche Begründung. Der Verbraucher hat das Telefon nicht angeschafft, um jedem Werbetreibenden einen Zugang zu ihm zu verschaffen. Das Gleiche gilt grundsätzlich auch für Fax und E-Mail.

Aufgabe 9

a: Diversifikation bezeichnet eine Ausweitung des eigenen Sortiments über die Aufnahme neuer Produkte oder Dienstleistungen. Ziel der Diversifikation ist meist die Risikostreuung.

b: Man unterscheidet drei Formen der Diversifikation:

- *Horizontale Diversifikation:* Es werden Zusatzgeschäfte mit Sortimenten bzw. Dienstleistungen der gleichen Wirtschaftsstufe angeboten. *Beispiele*: Kaffeehändler erweitert sein Angebot um Kochbücher und Freizeitartikel; Metzger nimmt in sein Fleischsortiment auch verschiedene Käsesorten auf.
- *Vertikale Diversifikation*: Neue Märkte bzw. Kunden werden erschlossen, indem man auf der vor- oder nachgelagerten Wirtschaftsstufe tätig wird. *Beispiele*: Kleiderfabrik übernimmt Garnproduzenten, Getränkehändler eröffnet eigene Brauerei.
- *Laterale Diversifikation*: Zwischen den bisherigen und den neuen Angeboten besteht kein sachlicher Zusammenhang. Die Geschäfts-

politik zielt auf eine optimale Risikostreuung ab. *Beispiele*: Konzern mit Nahrungsmitteln, Reederei und Versicherungen.

Aufgabe 10

a: Unter einer Preisdifferenzierung versteht man die Forderung unterschiedlicher Preise für dasselbe Produkt.

b: Die Arten der Preisdifferenzierung sind:

- Räumlich (Inland – Ausland, Stadt – Land)
- Zeitlich (Jahreszeit, z. B. Erdbeeren im Winter)
- Verwendungsbezogen (Viehsalz – Speisesalz)
- Personelle (Preise für Schüler, Studenten, Rentner)
- Mengenmäßig (Großpackungen – Kleinpackungen)

Aufgabe 11

	Bestehende Märkte	Neue Märkte
Bestehende Produkte	Marktdurchdringung	Marktentwicklung
Neue Produkte	Produktentwicklung	Diversifikation

- Marktdurchdringung
  Das Unternehmen wächst mit den bestehenden Produkten auf den bestehenden Märkten. Möglichkeiten hierzu:
  - Die bisherigen Verwender verwenden mehr
  - Nichtverwender werden zu Verwendern (z.B. auch ältere Menschen haben zunehmend Handys)
  - Abwerbung von der Konkurrenz

- Marktentwicklung
  Mit vorhandenen Produkten werden neue Märkte erschlossen, z.B. geographisch oder durch die Gewinnung neuer Marktsegmente, z.B. werden Spezialherde für die Gastronomie jetzt auch an Hobbyköche verkauft.

- Produktentwicklung
  Das Unternehmen entwickelt neue Produkte für die bestehenden Kunden. Dies können Innovationen oder auch Produktvariationen sein.

- Diversifikation
  Das Unternehmen entwickelt neue Produkte oder Dienstleistungen für neue Märkte, z.B. die Fa.Oetker, die einerseits den Lebensmittelhandel mit Nahrungsmitteln beliefert, andererseits eine Reederei betreibt (laterale Diversifikation).

Aufgabe 12

a: Weitere Kriterien der Werbeplanung:

- *Werbeobjekt*: Die umworbene Leistung, also der Schokoriegel.
- *Werbesubjekt:* Zielgruppe, z. B. gesundheitsbewusste und genussorientierte Männer und Frauen zwischen 20 und 30 Jahren.
- *Werbeetat:* 3 Prozent vom geplanten Umsatz. Die Werbeausgaben könnten bei der Neueinführung höher liegen als bei Werbekampagnen für eingeführte Produkte.
- *Werbeträger:* Lifestyle-Magazine, die die Zielgruppe liest.
- *Werbemittel*: Die Anzeige in den Werbeträgern.
- *Zeitlicher Einsatz und Häufigkeit*: Erstellen eines detaillierten Streuplans für die Anzeigenschaltung bei den Magazinen.

b: Segmentierungskriterien:

- Demographische Segmentierung : Nach Altersgruppen
- Geographische Segmentierung: nach Bundesland, Stadt, Region
- Psychographische Segmentierung, z. B. Szene-Marketing
- Verhaltensorientierte Segmentierung

Da es sich um einen kalorienarmen Premiumartikel handelt, wären sinnvolle Segmentierungskriterien: Einkommen, Gesundheitsbewusstsein, Alter, Gewicht, Konsumgewohnheiten, Szenenzuordnung.

Musterlösungen - Aufgabensatz II

Aufgabe 1

Ein *Verkäufermarkt* ist ein Markt, in dem die Nachfrage größer ist als das Angebot. Man konzentriert sich auf Produktion, Finanzierung und Beschaffung, weniger auf den Absatz. Ein *Käufermarkt* ist ein Markt, in dem das Angebot die Nachfrage übersteigt. Die Anbieter konkurrieren um die zur Verfügung stehende Kaufkraft.

Nach dem 2. Weltkrieg bestand ein Verkäufermarkt. Er wandelte sich Ende der fünfziger Jahre in einen Käufermarkt. Im heutigen Marketing ist es daher erforderlich, das Unternehmen v. a. vom Absatzmarkt her zu führen.

Aufgabe 2

Wheel of Retailing (= Gesetz von der Dynamik der Betriebsformen): Es beschreibt die Entwicklung von Betriebsformen als einen gesetzmäßigen Verlauf. Dieser Prozess teilt sich in zwei Phasen:

- *Entstehung und Aufstieg*: Die neue Betriebsform verfolgt eine aggressive Niedrigpreisstrategie, um in den Markt zu drängen.
- *Reife und Assimilation*: Die aggressive Preispolitik reicht nicht mehr aus, um am Markt zu bestehen. Es muss ein *Trading Up* erfolgen, mit dem höhere Kosten verbunden sind. Damit muss die Betriebsform ihre Preise angleichen. Als Folge entsteht wiederum eine Marktlücke im Niedrigpreis-Segment.

Aufgabe 3

a: Betriebsformen im Einzelhandel:

- Serviceorientierte, mittel- bis hochpreisige Betriebsformen mit breitem Sortiment, z. B. Warenhaus, Kaufhaus, Convenience Store.
- Serviceorientierte, mittel- bis hochpreisige Betriebsformen mit spezialisiertem / schmalem Sortiment, z. B. Fachgeschäft, Spezialgeschäft.
- Preisorientierte Betriebsformen mit breitem Sortiment, z. B. Verbrauchermarkt, SB-Warenhaus.

- Preisorientierte Betriebsformen mit spezialisiertem / schmalem Sortiment, z. B. Discounter.

b: Eine *Einkaufsgemeinschaft* ist ein Bündnis von selbständigen Unternehmen, die auf horizontaler Ebene gemeinsam einkaufen, um bessere Konditionen zu erhalten. Zwischenzeitlich haben die Einkaufsgemeinschaften ihre Leistungen erweitert (Logistik, Verwaltung, Marketing).
Eine *Freiwillige Kette* ist eine Kooperationsform, bei der rechtlich selbständige Groß- und Einzelhandelsbetriebe aus einer Branche eng kooperieren. Ziele und Entwicklung sind ähnlich wie bei Einkaufsgemeinschaften.

Aufgabe 4
Als Handelsmarke bezeichnet man Marken, unter denen Einzelhändler eigene Produkte auf den Markt bringen. Die Produkte können durchaus baugleich mit Markengeräten sein. Das Handelsunternehmen kann sich mit Handelsmarken profilieren und Kunden an sich binden, da die Handelsmarke nur bei ihm erhältlich ist. Auch die Spanne ist i.d.R. besser.

Aufgabe 5
Randomverfahren (reine Zufallsstichprobe): Es ist ein zufallsgesteuertes Auswahlverfahren. Dabei ist die Wahrscheinlichkeit, in die Stichprobe zu kommen, für jedes Element gleich groß.
Quotenverfahren: Es gehört zu den bewussten Auswahlverfahren. Beim Quotenverfahren wird die zu befragende Gruppe hinsichtlich gemeinsamer Merkmale (z. B. Alter, Geschlecht, Bildung usw.) unterteilt. Für jede Untergruppe wird gemäß ihres Anteils an der Grundgesamtheit (z. B. 30 Prozent Männer, 70 Prozent Frauen) eine Quote festgelegt, zu wie viel Prozent die Gruppe an der Stichprobe beteiligt sein soll.
Das *Konzentrationsprinzip* bedeutet die Konzentration auf die relevanten Merkmale vor. So könnte man sich z. B. auf die umsatzstärksten (= wichtigen) Kunden konzentrieren. Umsatzschwache Kunden werden dann nicht berücksichtigt.

Aufgabe 6

Als Panel bezeichnet man eine zahlenmäßig fest umrissene Gruppe von Personen (= Haushaltspanel) oder Betrieben (= Handelspanel), die in einem bestimmten zeitlichen Rhythmus wiederholt zur immer gleichen Problemstellung befragt bzw. beobachtet wird. Das Panel zeigt Veränderungen auf und macht Entwicklungen und Trends erkennbar.

Probleme des Panels sind:

- *Panelsterblichkeit*: Abbröckeln der Teilnehmerzahl (Umzug, Tod).
- *Paneleffekt*: Teilnehmer verhalten sich „untypisch“. Dabei zu unterscheiden sind das Overreporting (Beispiel: Verbraucher gibt den Einkauf von französischem Cognac statt eines billigen Weinbrands an) und das Underreporting (Beispiel: Verschweigen von „Tabuprodukten“).
- *Panelerstarrung*: Die Lebenssituation der Teilnehmer ändert sich im Laufe der Zeit (z. B. durch Alter, Familienstand, Einkommen).

Aufgabe 7

a:

Erna:

$$\frac{45.008 \times 1.000}{3.920.000} = 11{,}48\ €$$ -> Platz 3

Feindin:

$$\frac{29.804 \times 1.000}{3.010.000} = 9{,}68\ €$$ -> Platz 2

Wife' Health

$$\frac{25.494 \times 1.000}{3.010.000} = 8{,}47\ €$$ -> Platz 1

b: Berechnet werden die möglichen, nicht die tatsächlichen Kontakte. Die verschiedenen Titel können jedoch unterschiedliche Kontaktwahrscheinlichkeiten aufweisen. Rabatte sind nicht berücksichtigt, sie können unterschiedlich hoch sein. Schließlich decken sich die Leser der verschiedenen Zeitschriften unterschiedlich stark mit der Zielgruppe.

Aufgabe 8

- *Kundenmerkmale* wie Name, Anschrift, Telefonnummer, Familienstand, Beruf, Geburtsdatum, Hobbys, Anzahl und Alter der Kinder usw.
- *Geschäftliche Kontakte* mit dem Kunden wie Werbekontakte bei Direktwerbung oder Käufe des Kunden im Betrieb.

Aufgabe 9

Marktpotential: Das größtmögliche an einen Standort bindungsfähige Potential an Ausgaben (wenn alle in Frage kommenden Kunden kaufen würden).
Marktvolumen: Die tatsächlich an einen Standort gebundenen Ausgaben.
Marktanteil: Der prozentuale Anteil vom Marktvolumen, den ein Unternehmen an sich binden kann. Es wird der eigene Ab- oder Umsatz ins Verhältnis zum Marktvolumen einer Branche gestellt.

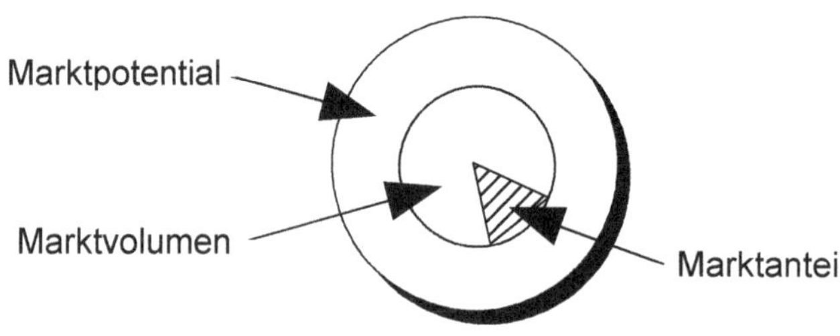

Aufgabe 10

Es liegt eine unzulässige Faxwerbung vor. Dies stellt eine Form der belästigenden Werbung dar. Zudem ist die Werbung unlauter: Werbung mit der Angst (= geeignet, die Angst von Verbrauchern auszunutzen).

Aufgabe 11

Nein, eine schriftliche Befragung ist in diesem Fall nicht sinnvoll. Die Repräsentativität und die Aussagekraft schriftlicher Befragungen werden durch folgende Tatbestände stark eingeschränkt:

- Geringe Rücklaufquote der verschickten Fragebogen.
- Unkontrollierte Befragungssituation: keine Rückfragen möglich; es besteht keine Sicherheit, wer den Fragebogen ausgefüllt hat.
- Fragen werden nicht richtig verstanden und die Probanden können nicht das formulieren, was sie sagen wollen.
- Durch die Beschränkung des Fragebogenumfangs keine detaillierten Ergebnisse.

Musterlösungen - Aufgabensatz III

Aufgabe 1

Der Umsatzerfolg beträgt 200.000 €. Dabei wird ein Bruttogewinn von 20.000 € erzielt. Da die Kosten für die Verkaufsförderungsmaßnahmen 24.000 € betragen, ergibt sich ein Verlust von 4.000 €.

Aufgabe 2

Gängige Auswahlkriterien für ein Institut sind z. B.:

- Erfahrungen bzw. Spezialisierung in Märkten und Techniken,
- ausreichende personelle und sachliche Ausstattung (Fluktuation, Interviewerstab, EDV-Anlage und -programme),
- Mitgliedschaft in Fachverbänden,
- Institutseigene Vorkehrungen zur Wahrung der Vertraulichkeit und zur Sicherung der Untersuchungsqualität,
- Möglichkeit des Exklusivschutzes,
- Kontrollmöglichkeit durch die Auftraggeber,
- Erfahrung in der Zusammenarbeit bezüglich Angebotsqualität und Durchführung (Kontakt, Termintreue, Präsentation usw.).

Aufgabe 3

Geschlossene Fragen haben folgende Vorteile:

- Schnelle und kostengünstige Auswertung,
- Fragen sind leichter zu beantworten,
- unabhängig vom Sprachniveau bzw. vom Ausdrucksvermögen des Befragten,
- hohe Standardisierung,
- Befragte haben einen Überblick über mehrere Antwortmöglichkeiten und können besser entscheiden,
- es werden nur relevant Aspekte erfasst.

Geschlossene Fragen haben folgende <u>Nachteile:</u>

- Unterforderung der Befragten,
- Befragte werden teilweise zu stark eingeengt,
- geschlossene Fragen wirken häufig zu standardisiert,
- Gefahr der Simplifizierung,
- es werden nur Ergebnisse erfasst, die das Kategoriensystem vorsieht (keine neuen Ideen durch die Befragten).

Aufgabe 4

Multiple Regressionsanalyse: Im Gegensatz zur einfachen Regressionsanalyse, die nur die Abhängigkeit einer Variablen von einer anderen (unabhängigen) Variablen ermittelt, geht es bei der multiplen Regressionsanalyse um die Abhängigkeit einer abhängigen Variablen von *mehreren* unabhängigen Variablen. Beispiel: Der Einfluss von Preis, Verkaufsförderung und Packungsänderung auf die Abverkaufsmenge.

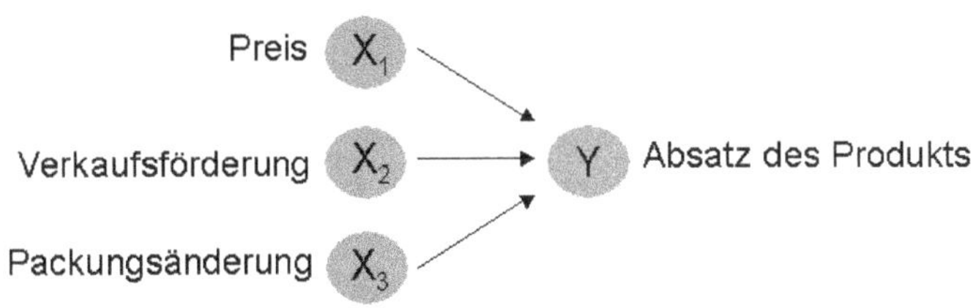

Aufgabe 5

a: Eine Prognose bezeichnet eine mit wissenschaftlichen Techniken und Verfahren (Delphi-Methode, Szenario-Technik) erstellte Voraussage über zukünftige Entwicklungen, Ereignisse und Trends. Experten sollen den zukünftigen Ablauf (z. B. einer Marktentwicklung) bestimmen, damit Entscheidungsträger richtig entscheiden können.

b: Ein Prognoseverfahren hängt ab von

- der Aufgabenstellung (Prognoseobjekt),
- den Ausgangsinformationen (Einzeldaten oder Zeitreihen),

- dem Betrachtungszeitraum (Planungshorizont),
- Rechnereinsatz / Programmverfügbarkeit (Kosten).

Aufgabe 6

Relevante Fragen des Produkttests können sein:

- Ermittlung von Produktalternativen: Welches Produkt wird von den Testern vorgezogen?
- Ermittlung der optimalen Gestaltung einzelner Produktqualitäten: Produktkern, Packung, Preis, Name, etc.
- Wie gefällt das Produkt den Probanden in der Gesamtheit?
- Ist das Produkt gebrauchstauglich (Handhabungstest) und welche Imagewirkung hat es?
- Wie wird das Produkt im Vergleich zu anderen Produkten beurteilt?

Aufgabe 7

Schwerpunkte bei den absatzpolitischen Instrumenten eines

a: *Fachgeschäftes in der City*:

Sortimentspolitik: Tiefes Sortiment mit Branchenspezialisierung, das im Allgemeinen qualitativ hochwertig ist. Es ist geschultes und qualifiziertes Fachpersonal und eine anspruchsvolle Ausstattung notwendig.

Preispolitik: Die Preispolitik steht weniger im Vordergrund.

Werbung: Bevorzugte Werbeträger sind das Schaufenster, Anzeigen in der Tageszeitung und Direktwerbung mithilfe einer Kundendatei. Weiteres Instrument ist der Kundendienst. Im Mittelpunkt steht nicht nur der technische Kundendienst (Garantien, Reparaturen, Änderungen), sondern auch der kaufmännische Kundendienst (Zustellung frei Haus, Aufstellen von Gebrauchsgütern, usw.).

b: *eines SB-Warenhauses*:

Sortimentspolitik: Breites, flaches Sortiment, das größtenteils problemlos und nicht beratungsintensiv ist.

Preispolitik steht im Vordergrund: Konsequenz ist, dass das Sortiment i.d.R. kaum geschultes, qualifiziertes Personal erfordert.
Kennzeichnend ist dabei auch eine simple Ausstattung der Verkaufsräume, ein günstigerer Standort (niedrigere Mieten als in Citylage) und Einsparungen von Lagerräumen (Verkaufsraum = Lagerraum). Sparpotentiale sind zudem durch Rack-Jobber möglich. Häufig liegt das Prinzip der Mischkalkulation vor (Lockvogelangebote werden durch die höheren Preise anderer Produkte aufgefangen).
Verkaufsförderung: Der Schwerpunkt liegt auf der Produktplatzierung und dem Verlauf der Kundenwege. Werbeträger sind oft Tageszeitungen mit überdimensional großen Anzeigen („Klotzen statt kleckern"), evtl. noch Regionalanzeiger und Handzettelwerbung. Schwerpunkt der Werbung: Hinweis auf Niedrigpreise.
Kundendienst: Verzicht auf technischen Kundendienst. Hohes Angebot an weiteren, selbständigen Dienstleistungen (Tankstelle und Reifendienst für Autofahrer, Reinigung usw.), um die Verweildauer zu steigern.

Aufgabe 8
Die Werbung verstößt in mehrfacher Hinsicht gegen das UWG:
Die Aussage „*Alu-Türen verschenkt*" ist eine blickfangmäßige Irreführung. Sie verstößt gegen § 5 UWG, da die Türen nicht verschenkt werden. Zwar wird heute von einem aufmerksamen und kritischen Durchschnittsverbraucher ausgegangen, der auch das „Kleingedruckte" liest, jedoch darf im Blickfang auch keine „dreiste Lüge" enthalten sein.
„*25 % Winterrabatt nur heute zwischen 18 und 18.30 Uhr*" stellt einen Verstoß gegen § 3 i. V. m. § 4 UWG dar. Hier liegt übermäßiges Anlocken vor, da der Verbraucher unter zeitlichen Druck gesetzt wird und er das Produkt ggfs. nur kauft, um in Genuss der Preisreduzierung zu kommen, ohne es zuvor mit anderen Angeboten verglichen zu haben.
Der Hinweis „*Sonntag offene Tür*" und die Durchführung der Veranstaltung verstößt gegen das Ladenschlussgesetz (und damit gegen das UWG): Verkaufsstellen müssen an Sonntagen geschlossen sein. Reine

Ausstellungsveranstaltungen sind zwar zulässig, müssen aber gekennzeichnet sein: „Ohne Beratung und Verkauf.“
Die Aussage *„andere sind teuer, wir sind billig“* ist eine Bezug nehmende Werbung, da (nicht konkret genannte) Mitbewerber herabgesetzt werden, indem sie als teuer dargestellt werden. Im Übrigen ist ein Verstoß gegen § 5 UWG (Irreführung) anzunehmen: Die Behauptung, das Unternehmen sei gegenüber allen Mitbewerbern immer billiger, ist sicherlich unzutreffend.

Aufgabe 9

Corporate Identity (CI) umfasst das in sich geschlossene Erscheinungsbild eines Unternehmens oder einer Marke. Es zeigt die Persönlichkeit / den Charakter des Unternehmens, welches einheitlich handelt und auch als Einheit wahrgenommen wird. Zur CI zählen Warenzeichen, Form- und Farbgebung der Produkte, Verpackungen, Logos, Slogans usw.
Das in sich geschlossene Verhalten wirkt *nach außen* (Unternehmen stellt sich in der Öffentlichkeit sympathisch dar, um einen positiven Imagetransfer zu erreichen) und *nach innen* (Mitarbeiter soll sich mit dem Unternehmen identifizieren und sich entsprechend verhalten etwa durch Erscheinung, Kleidung, Serviceorientierung).

Aufgabe 10

Als *Multi-Channel-Marketing* bezeichnet man eine Marketingform, bei dem das Kundenbedürfnis über mehrere Kommunikations- und Vertriebskanäle angesprochen wird. Eine sinnvolle Strategie, die ein mittelständischer Einzelhändler einschlagen kann, ist die Information und der Vertrieb seiner Sortimente über einen Internetauftritt mit Online-Shop und gleichzeitig über den stationären Handel.

Aufgabe 11

Unter *Sales Promotion* (Verkaufsförderung) werden alle Aktivitäten zusammengefasst, die der kurzfristigen Aktivierung der Marktbeteiligten

(Vertriebsorgane, Händler, Kunde) dienen. Sales Promotion bietet einen unmittelbaren Anreiz, die Ware zu kaufen.

Werbung: Während die Verkaufsförderung einen direkten Anreiz zum Kaufakt bietet, gibt die Werbung den Kaufgrund. Werbung ist eine absichtliche, planmäßige und zwangsfreie Beeinflussung einer Zielgruppe. Sie ist meist ein kurz- bis mittelfristiger Teil in der Kommunikationspolitik. Vorwiegend stehen ökonomische Ziele im Vordergrund.

Public Relations: Eines der Hauptziele, die ein Unternehmen mit der Öffentlichkeitsarbeit verfolgt, ist der Ausbau seines Bekanntheitsgrads und des positiven Images. Mit PR-Maßnahmen sollen Glaubwürdigkeit und Vertrauen aufgebaut und gefördert werden. PR hat eine langfristige und meist außerökonomische Orientierung.

Aufgabe 12

Unter *Sponsoring* versteht man die Zuwendung von Finanzmitteln, Sach- und / oder Dienstleistungen durch Unternehmen (Sponsor) an Personen, Gruppen oder Organisationen (Gesponsorte). Im Gegenzug gewährt der Gesponsorte dem Sponsor die Rechte zur kommunikativen Nutzung der geförderten Aktivität. Beispiele:

- Sportsponsoring: Trikots werden vom Sponsor gezahlt, der auf den Trikots seine Werbung aufbringen darf.
- Kunst- und Kultursponsoring: Finanzielle Förderung einer Ausstellung mit Nennung des Sponsors auf Eintrittskarten.
- Sozialsponsoring: Partnerschaft mit sozialen Organisationen und Projekten.
- Umweltsponsoring, Wissenschaftssponsoring, Mediensponsoring.

Musterlösungen - Aufgabensatz IV

Aufgabe 1

Verbesserungen sind möglich durch:

Training:

- Mitarbeiterschulungen, die den allgemeinen Bildungsstand der Innen- und Außendienstmitarbeiter heben,
- Verbesserung der Kenntnisse der Mitarbeiter über das Unternehmen, die Produkte, den Markt usw.,
- Verbesserung der akquisitorischen Fähigkeiten wie Gesprächsführung, Sprechtechnik, Auftreten und Kundenbehandlung.

Unterstützung:

- Ausstattung der Außendienstmitarbeiter mit Preislisten, Referenzlisten, Katalogen, Prospekten, Fachaufsätzen, etc.,
- Herausgabe von Verkaufshandbüchern, die alle wichtigen Daten enthalten, die zur Effizienz der Verkaufsbemühungen beitragen,
- Ausstattung mit Laptops, CD-ROMs und Videos.

Motivation:

- Motivierendes Vergütungssystem durch Provision und Prämien,
- Aktions- und Verkaufsförderwettbewerbe,
- Verkaufstreffen, bei denen über neue Produkte und neue Verkaufstechniken berichtet wird.

Aufgabe 2

Formen des Kundendienstes können sein:

- technischer Kundendienst (Reparatur)
- kaufmännischer Kundendienst (Parkplatz, Zustellservice)
- selbständige Dienstleistungen (Schlüsseldienst, Restaurant)

Aufgabe 3

Das Verhalten des Verkaufspersonals beeinflusst nicht nur das Kundenverhalten, sondern auch die Kundenmeinung und damit das Image des Unternehmens. Wenn die Kunden das Personal positiv beurteilen, beeinflusst dies ihre Einstellung zum Unternehmen insgesamt (Irradiationseffekt).

Aufgabe 4
Bei der Sekundärforschung (*Desk-Research*) werden vorhandene Informationsmaterialien verwendet, die ursprünglich nicht für den aktuell vorliegenden Zweck erhoben wurden, jedoch unter Umständen die aktuelle Fragestellung beantworten können. Außerbetriebliche Informationsquellen sind z. B. Veröffentlichungen der Statistischen Ämter, Städte und Gemeinden, Verbände, Kammern, Verlage, Fachzeitschriften, Betriebsvergleiche

Aufgabe 5
Die Preispolitik wird zum Beispiel beeinflusst durch:
- die Marktform, in der sich der Wettbewerb abspielt,
- die Elastizität der Nachfrage,
- der Knappheitsgrad und die Nachfrage,
- die Qualität der Produkte,
- die Kosten des Anbieters,
- die Verfügbarkeit der eigenen Ressourcen.

Aufgabe 6
Direktwerbung sollte statt einer Anzeige eingesetzt werden,
- wenn eine persönliche Ansprache Erfolg versprechender ist,
- wenn eine Anzeige zu hohe Streuverluste erwarten lässt,
- wenn die Ware für einen ausgewählten Kundenkreis geeignet ist,
- wenn eine umfangreiche Produkterläuterung erforderlich ist.

Aufgabe 7
Unterschreiten runder Preise: Ein runder Preis wird knapp unterschritten. Der Preis von 1 € wird durch einen Verkaufspreis von 99 Cent ersetzt oder ein Preis von 10.000 € wird mit einem Verkaufspreis von 9.999 € deklariert. Die Ware erscheint optisch billiger.

Unterschreiten von Preisschwellen: Die meisten Verbraucher haben bei Produkten klare Preisvorstellungen, die einer Preisschwelle gleichzusetzen sind. Der Kaufmann versucht die Preisschwelle zu unterschreiten, um seine Preisleistung zu demonstrieren.
Sonderangebote: Markante Preisnennungen in Verbindung mit dem Wort „Sonderangebot" bewirken beim Verbraucher eine Atmosphäre der Spannung, einen begrenzten Preisvorteil evtl. später nicht mehr nutzen zu können. So lassen sich Impulskäufe fördern.

Aufgabe 8
Die Zusendung unbestellter Ware ist wettbewerbswidrig. Der Empfänger wird in die Zwangslage gebracht, die Ware anzunehmen, auszupacken und zu prüfen. Auch besteht oft Unkenntnis darüber, ob eine Verpflichtung zur Abnahme besteht oder ob die Ware zurückgesendet werden muss. Um Ärger zu vermeiden, wird oft die Ware bezahlt. Dies widerspricht § 3 UWG.

Aufgabe 9
Ja, denn eine vergleichende Werbung ist zulässig,

- wenn sie sich auf Waren für den gleichen Bedarf oder dieselbe Zweckbestimmung und objektiv auf den Preis bezieht,
- wenn sie zu keinen Verwechslungen zwischen dem Werbenden und einem Mitbewerber führen kann,
- wenn sie die Wertschätzung eines Mitbewerbers nicht ausnutzt,
- wenn sie die persönlichen bzw. geschäftlichen Verhältnisse eines Mitbewerbers nicht herabsetzt oder verunglimpft,
- wenn es sich bei dem Vergleich um keine Nachahmung einer unter geschütztem Kennzeichen vertriebenen Ware handelt.

Zulässig ist ausdrücklich auch ein Preisvergleich.

Aufgabe 10
Unlauter ist, was dem Anstandsgefühl eines verständigen Durchschnittsgewerbetreibenden bzw. -verbrauchers widerspricht.

Gegen den lauteren Wettbewerb verstößt somit alles, was den freien und fairen Leistungswettbewerb verfälscht. Unlautere Wettbewerbshandlungen sind zum Beispiel (s. auch § 4 UWG):

- Ausüben von Druck und unsachlichem Einfluss,
- Ausnutzen der geschäftlichen Unerfahrenheit (insb. von Kindern und Jugendlichen), der Leichtgläubigkeit, der Angst oder einer Zwangslage,
- Verschleiern des Werbecharakters einer Wettbewerbshandlung,
- Bedingungen für die Inanspruchnahme von Preisvorteilen / Teilnahmebedingungen bei Gewinnspielen werden nicht klar angegeben,
- Teilnahme an Gewinnspielen wird vom Kauf abhängig gemacht,
- Herabsetzung von Mitbewerbern, Rufschädigung,
- das gezielte Behindern von Mitbewerbern,
- Verstoß gegen wertneutrale Vorschriften (Preisangabenverordnung, Ladenschlussgesetz, etc.).
- Abwerben von Kunden: sittenwidrig, wenn besondere belästigende Umstände hinzukommen, z. B. Ansprechen auf der Straße usw.

Aufgabe 11

Marktanteils-Marktwachstums-Portfolio:

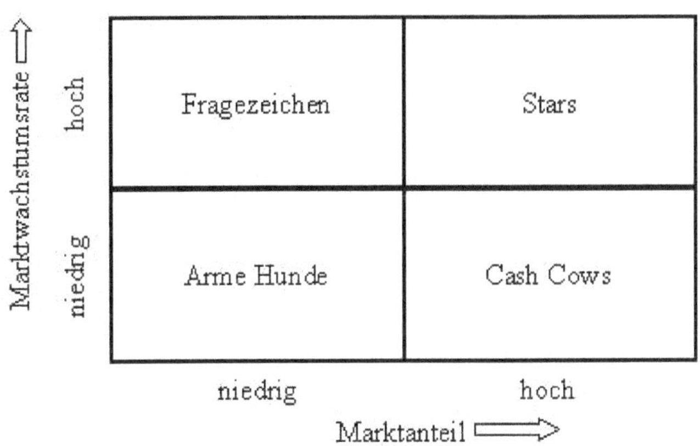

3.3 Führung und Personalmanagement

Musterlösungen – Aufgabensatz I

Aufgabe 1

- Leistungsfähigkeit (Intelligenz, Eignung, Ausbildung / Fortbildung, körperliche Voraussetzungen, Begabung, Kondition, Tagesform).
- Leistungswille (Einstellungen, Bedürfnisse, Motivation).
- Sachliche Leistungsvoraussetzungen (z. B. Organisation)

Aufgabe 2

Sind die Zeugnisse vollständig? – Welche Ausbildung / Abschlüsse hat der Bewerber? – Besitzt er Zusatzqualifikationen? – Ist der Werdegang kontinuierlich oder sprunghaft? – Äußere Form der Unterlagen.

Aufgabe 3

	Zeitlohn	**Leistungslohn**
Definition	Eine Lohnform, die das Einkommen auf eine bestimmte Zeit fixiert	Der Verdienst richtet sich ausschließlich oder zum großen Teil nach der erbrachten Leistung
Vorteile	Für den Mitarbeiter: Er hat die Sicherheit, ein fest vereinbartes Gehalt zu erhalten. Einfache Lohnberechnung	Spornt zur Mehrleistung an
Nachteile	• Leistung wird möglicherweise nicht genügend berücksichtigt • Prinzip der „Lohngerechtigkeit“ kann verletzt sein • kann bei guten Mitarbeitern demotivierend wirken, weil sie vielleicht das gleiche bekommen wie schlechtere Mitarbeiter	Lohnberechnung ist komplizierter als beim Zeitlohn

Aufgabe 4

Anerkennung der Leistungen (Motivation) – Informieren (Identifikation) – Entwicklungsmöglichkeiten aufzeigen – Regelmäßige Mitarbeiterbeurteilungen und Gespräche (Sicherheit).

Aufgabe 5

- Die Mitarbeiter haben heute ein kritischeres Selbstbewusstsein.
- Viele Mitarbeiter haben heute eine höhere Qualifikation. Eine rein formale Legitimation des Vorgesetzten reicht nicht mehr aus.
- Durch die fortschreitende Spezialisierung haben Mitarbeiter in ihrem Bereich oft einen Informationsvorsprung vor dem Vorgesetzten.
- Das staatliche System der Absicherung führt dazu, dass die formale „Sanktionsmacht" eines Vorgesetzten heute kaum noch ausgespielt werden kann.

Aufgabe 6

1. Begrüßung des Bewerbers: Dank für die Bewerbung.
2. Erörterung der persönlichen Situation: Herkunft, Elternhaus, Hobbys.
3. Bildungsgang: Schule, Weiterbildungsaktivitäten.
4. Berufliche Entwicklung: Erlernter Beruf, berufl. Veränderungen.
5. Information über das Unternehmen: Unternehmen und Arbeitsplatz.
6. Vertragsverhandlungen: Einkommen, sonstige Leistungen
7. Verabschiedung

Aufgabe 7

- Er muss persönlich und fachlich geeignet sein (§§ 29 und 30 Berufsbildungsgesetz). Er sollte die arbeitspädagogischen Kenntnisse besitzen (bis 2008 nicht verbindlich).
- Ausbildungsberufsbild mit Rahmenplan und Prüfungsanforderungen, gesetzliche Regelungen über Arbeitszeiten und Pausen (Jugendarbeitsschutzgesetz, Arbeitszeitgesetz, Berufsbildungsges.), Umgang mit dem Ausbildungsnachweis, Unterweisungsmethoden etc.

Aufgabe 8

Eine Änderungskündigung stellt eine Kündigung mit dem gleichzeitigen Angebot dar, ein neues Arbeitsverhältnis zu geänderten Bedingungen einzugehen.

Aufgabe 9

a: Ziel des Unternehmens ist eine hohe Flexibilität – der Arbeitnehmer strebt häufig danach, seine Lebensumstände nicht zu verändern.
Das Unternehmen muss rationell arbeiten – Der Mitarbeiter möchte seinen Arbeitsplatz gesichert haben.
Der Mitarbeiter fühlt sich zu anderen Aufgaben berufen als zu jenen, für die sein Arbeitgeber ihn einsetzt (oder vielleicht auch gerade einsetzen muss).

b:

- Informationen und regelmäßige Mitarbeitergespräche.
- Auf Wünsche der Mitarbeiter eingehen, soweit möglich
- Ängste gegenüber Veränderungen abbauen.

Aufgabe 10

Betriebsvereinbarungen werden zwischen Arbeitgeber und Betriebsrat abgeschlossen. Üblicherweise werden darin u. a. geregelt: Beginn und Ende der Arbeitszeit, Arbeits- bzw. Betriebsordnung, Handhabung der Lohnzahlung, betriebliche Entgeltregelung, Urlaubsgrundsätze, Sozialeinrichtungen.

Musterlösungen – Aufgabensatz II

Aufgabe 1

Vor dem Arbeitsgericht benötigt die Partei keinen Anwalt. Dieser ist erst ab dem Landesarbeitsgericht erforderlich.
Ausschlussfrist bedeutet, dass die Klage innerhalb von drei Wochen nach Zugang der Kündigung einzureichen ist. Eine spätere Einreichung wird als verspätet zurückgewiesen. Die *Güteverhandlung* ist die erste Verhandlung. Sie findet vor einem Einzelrichter statt. Wird dort keine gütliche Einigung erzielt, kommt es zu einer *Streitverhandlung* vor dem hauptamtlichen Arbeitsrichter und zwei Beisitzern.

Aufgabe 2

Bei der gleitenden Arbeitszeit handelt es sich um eine Arbeitsform, bei der die Arbeitnehmer über Beginn und Ende der täglichen Arbeitszeit in gewissem Rahmen selbst entscheiden. Die meisten Systeme der gleitenden Arbeitszeit enthalten eine feste Mindestarbeitszeit (Kernzeit). Vor- und nachgelagert sind Gleitzeitspannen, innerhalb derer die Mitarbeiter nach eigenem Ermessen und entsprechend dem Arbeitsanfall Beginn und Ende ihrer Arbeitszeit festlegen.

- Vorteile: Die Arbeitnehmer bekommen durch sie vor allem einen Gewinn an persönlicher Freiheit. Er kann berufliche und private Dinge besser miteinander abstimmen. Für den Betrieb liegen die Vorteile in einer besseren Anpassung der Arbeitszeit an den Arbeitsanfall und den persönlichen Arbeitsrhythmus des Mitarbeiters. Fehlzeiten wegen Erledigung privater Angelegenheiten werden reduziert.
- Nachteile: Um das Zeitkonto erfassen zu können, müssen Zeiterfassungsgeräte eingeführt werden. Auch die Zeit der Betriebsbereitschaft wird damit ausgedehnt. Eine Behinderung der Kommunikation kann ebenfalls zu den Nachteilen der gleitenden Arbeitszeit zählen. Dies kann letztlich auch die Produktivität beeinträchtigen.

Insgesamt haben die bisherigen praktischen Erfahrungen ergeben, dass dort, wo eine gleitende Arbeitszeit praktizierbar ist, die Vorteile die Nachteile in der Regel deutlich überwiegen. Die gleitende Arbeitszeit ist dort nicht anwendbar bzw. nur beschränkt anwendbar, wo die Art der Arbeit eine Präsenz des Mitarbeiters zu bestimmten Zeiten verlangt, die nicht einfach aufgrund individueller Entscheidungen abgeändert werden kann. Ein Beispiel hierfür ist der Verkauf im Einzelhandel.

Aufgabe 3

- Fristgemäße Kündigung: Im Arbeitsvertrag eines Angestellten ist z. B. eine 6-wöchige Kündigungsfrist zum Monatsende vereinbart. Dann können Arbeitgeber und Arbeitnehmer jeweils 6 Wochen vor dem entsprechenden Monatsende kündigen. Zu beachten: Evtl. längere Kündigungsfristen nach mindestens fünfjähriger Betriebszugehörigkeit!
- Außerordentliche Kündigung aus wichtigem Grund (§ 626 BGB): *Beispiel*: Der Arbeitnehmer hat an der Kasse einen Geldbetrag unterschlagen. Die Unterschlagung macht es dem Arbeitgeber unzumutbar, das Arbeitsverhältnis auch nur bis zum Ablauf der ordentlichen Kündigungsfrist fortzusetzen.
- Aufhebung des Arbeitsverhältnisses im beiderseitigen Einvernehmen: In diesem Fall wird ein Aufhebungsvertrag zwischen beiden Parteien abgeschlossen, der an keine bestimmte Frist gebunden ist. *Beispiel*: Zwischen Arbeitgeber und Arbeitnehmer kommt es zu Auseinandersetzungen. Beide Parteien verständigen sich darauf, das Arbeitsverhältnis mit sofortiger Wirkung zu lösen.
- Tod des Arbeitnehmers
- Zeitablauf: Ein Arbeitsverhältnis wird z. B. bis zum 30. 06. des Jahres befristet. Es läuft dann aus, ohne dass es einer Kündigung bedarf.
- Zweckerfüllung: Ein Arbeitsverhältnis wird zur Erledigung einer ganz speziellen Aufgabe abgeschlossen. Es endet dann mit Erfüllung dieser Aufgabe. *Beispiel*: Ein Mitarbeiter wird eingestellt, um ein neues EDV-Programm zu entwickeln und zu installieren.

- Auflösung durch das Arbeitsgericht: Ein Arbeitsgericht gibt z. B. der Kündigungsschutzklage eines Arbeitnehmers mit der Konsequenz recht, dass eigentlich das Arbeitsverhältnis durch die Kündigung nicht beendet wurde. Da vor und während des Prozesses große Spannungen zwischen Arbeitnehmer und Arbeitgeber aufgetreten sind, ist eine Fortsetzung dem Arbeitnehmer nicht mehr zuzumuten. Auf seinen Antrag hin löst das Arbeitsgericht das Arbeitsverhältnis unter Festsetzung einer Abfindung durch den Arbeitgeber auf.

Aufgabe 4

Mobilität: Beweglichkeit und Anpassungsfähigkeit an neue Entwicklungen.

- horizontale Mobilität: Die Fähigkeit, den Tätigkeitsbereich zu wechseln
- vertikale Mobilität: Die Fähigkeit, aufzusteigen
- regionale Mobilität: Die Fähigkeit, den Ort zu wechseln

Aufgabe 5

- Outdoor- oder Inhouseschulung?
- Gibt es geeignete Anbieter?
- Gibt es geeignete Mitarbeiter, die Schulungen durchführen können?
- Wie viele und welche Mitarbeiter müssen geschult werden?
- Wie sind die Kosten externer bzw. interner Schulungen?

Aufgabe 6

Das Entgelt muss

- leistungsgerecht sein: Gleicher Lohn für gleiche Leistung
- anforderungsgerecht sein: Gleicher Lohn für gleiche Anforderungen
- marktgerecht sein: Das Gehaltsniveau des Betriebes muss dem Gehaltsniveau am Arbeitsmarkt entsprechen.

Aufgabe 7

Ausgangspunkt ist die maximale Stundenleistung
- Arbeit an der Ware und Nebentätigkeiten
- Verkaufsbereitschaft

= Möglicher (realistischer) Stundenumsatz

Aufgabe 8

a: Informelle Gruppen haben oft eigene Gruppennormen. Sie haben einen Gruppenführer. Sie haben bestimmte Rollen.

b: Sie können Aufgaben übernehmen, die von formellen Gruppen nicht oder nur unzureichend wahrgenommen werden können, z. B. Information, soziale Integration der Mitarbeiter, gegenseitige Hilfe. Wenn die Interessen und Normen der informellen Gruppen von den betrieblichen Zielsetzungen abweichen, können sie den Betriebsablauf stören.

Musterlösungen – Aufgabensatz III

Aufgabe 1

- Fehler bei der Bewältigung der Aufgaben.
- Fehler im Umgang mit Vorgesetzten, Kollegen und Mitarbeitern.
- Mitarbeiter gewinnt eine negative Einstellung zum Betrieb, zur Arbeit, zu Vorgesetzten, Kollegen und Mitarbeitern (innere Kündigung).
- Er wird unzufrieden und sieht sich nach einer neuen Stelle um.

Aufgabe 2

- Kritik in Gegenwart Dritter
- Kritik durch einen beauftragten Dritten
- Stillschweigende Kritik
- Indirekte Kritik
- Erzwungene Selbstkritik
- Telefonische Kritik

Aufgabe 3

K. muss Lohnfortzahlung leisten. Nur wenn er der Verkäuferin ein Verschulden nachweisen könnte, läge ein Grund dafür vor, die Fortzahlung zu verweigern.

Aufgabe 4

Die Kündigungsfristen für ältere Angestellte gelten nur für den Arbeitgeber und damit zugunsten des Arbeitnehmers. Nur dann, wenn im Arbeitsvertrag zwischen beiden Partnern gleich lange Fristen vereinbart sind, könnte sich der Arbeitgeber hierauf berufen.

Aufgabe 5

a: Schlau hat den vollen Urlaubsanspruch. Die Krankheit schmälerte diesen Anspruch nicht.

b: Pfiffig hingegen kann den Anspruch aus 2002 nicht geltend machen. Nach dem 31. März des Folgejahres nämlich ist dieser Anspruch verfallen.

Aufgabe 6

Maßnahmen zur Arbeitsbeschaffung, Arbeitslosengeld, Arbeitslosenhilfe, Übernahme von Kurzarbeiter- und Schlechtwettergeld.

Versichert sind alle Arbeitnehmer, die über der Geringverdienergrenze liegen, entspr. der Regelung in der Renten- und Krankenversicherung. (Die Einkommensgrenze liegt für Geringverdiener ab 1.4.2003 in der Wirtschaft bei max. 400 €, die wöchentliche Arbeitszeit bei max. 15 Std.)

Aufgabe 7

Eine Abmahnung im arbeitsrechtlichen Sinne rügt ein vertragswidriges Verhalten. Sie ist verbunden mit der Androhung einer Kündigung für den Wiederholungsfall. Wegen der Beweisführung sollte eine Abmahnung stets schriftlich erfolgen.

Aufgabe 8

- Stärkere Identifikation der Mitarbeiter mit ihrem Unternehmen.
- Nutzung des Sachverstands der Mitarbeiter.
- Rationalisierung, Kostensenkung, Ertragserhöhung
- Vereinfachung von Arbeitsabläufen,
- Verbesserung von Arbeitsmitteln, Verminderung von Unfallgefahren.

Aufgabe 9

Vorteile: Teamgeist wird gefördert, Nebenarbeiten werden mit übernommen, da der Einzelne nicht ausschließlich das „Umsatzmachen" als Ziel seiner Arbeit ansieht.

Nachteile: Der Gute erhält relativ weniger Prämie, als ihm eigentlich nach seiner Leistung zustehen würde.

Aufgabe 10

Autoritärer Führungsstil:

- Die Mitarbeiter werden an der Entscheidungsfindung nicht beteiligt. Entscheidungen werden auch nicht offen diskutiert.
- Die Bereitschaft, selbst Entscheidungen zu treffen, ist gering.
- Getroffene Entscheidungen der Führung werden nicht akzeptiert.

Kooperativer Führungsstil:

- Die Mitarbeiter tragen zur Entscheidungsfindung bei.
- Die Entscheidungsgründe werden offengelegt und diskutiert.
- Die Entscheidungen werden von den Mitarbeitern akzeptiert und mitgetragen.
- Die Bereitschaft, selbst Entscheidungen zu treffen, wächst.

Aufgabe 11

- Die Information muss klar sein.
- Die Information muss wahr und umfassend sein.
- Die Information muss regelmäßig gegeben werden.
- Die Information muss glaubwürdig sein (auch bei unangenehmen Dingen).
- Die Information muss auf den Empfängerkreis ausgerichtet werden.

Musterlösungen – Aufgabensatz IV

Aufgabe 1

- Er muss die informellen Strukturen in der Gruppe kennen und bei seinen Überlegungen berücksichtigen.
- Er sollte betriebswidrige Bindungen neutralisieren.
- Informelle Führer nicht bekämpfen.
- Mit informellen Führern, die betriebsfördernde oder -neutrale Gruppenbindungen repräsentieren, zusammenarbeiten.
- Informelle Führer, die negative Gruppenbindungen vertreten, neutralisieren (von der Versetzung bis zur Beförderung).

Aufgabe 2

a: Die Kündigung ist unwirksam, da der Betriebsrat *vor* jeder Kündigung gehört werden muss. Der Mangel kann nicht nachträglich geheilt werden.
b: Der Betriebsrat hat drei Tage Zeit für seine Stellungnahme. Schweigen gilt als Zustimmung. Mit seiner Stellungnahme kann er allerdings die Kündigung nicht verhindern.

Aufgabe 3

Vorteile:

- Mitarbeiter ist bekannt, Ungewissheiten der Bewerberauswahl entfallen.
- Kosten der Personalbeschaffung (Inserat, Vorstellung) entfallen.
- Mitarbeiter wissen, dass sie im Betrieb Aufstiegschancen haben. Dies wirkt sich auf Betriebsklima und Fluktuation positiv aus.

Nachteile:

- Es besteht die Gefahr von Betriebsblindheit, da keine neuen Ideen von außen eingebracht werden.
- Mitarbeiter, die nicht zum Zug kommen, sind enttäuscht.

- Mitarbeiter, die befördert werden, haben u. U. Schwierigkeiten, in ihrer neuen Rolle zu recht zu kommen und die Anerkennung ihrer ehemaligen Kollegen zu finden.

Aufgabe 4

- Extrinsische Motive: Sind außerhalb der eigentlichen Tätigkeit stehende Motive. Nicht selten sind sie auch die Begleitumstände der Tätigkeit begründet. Beispiele: Das Streben nach Sicherheit oder gesellsch. Anerkennung, Einfluss usw. Die Arbeit stellt also eine Voraussetzung dafür dar, diese Bedürfnisse zu befriedigen.
- Intrinsische Motive: Sie sind in der Arbeit selbst begründet. Diese Motive werden also durch die Tätigkeit selbst befriedigt. Beispiele: Das Erstreben einer guten Listung, der Wunsch, mit der Arbeit einen Sinn zu erfüllen, die Selbstverwirklichung.

Aufgabe 5

1. Mitarbeiter müssen Chancen zum Aufstieg haben (Ziele a und b)
2. Die Mitarbeiterzufriedenheit muss gefördert werden (Ziel a)
3. Es wird ein schriftliches Beurteilungssystem eingeführt (Ziel c)
4. Die Entlohnung erfolgt leistungsbezogen (Ziele a und c)
5. Es gibt ein betriebliches Vorschlagswesen (Ziel a)
6. Alle Mitarbeiter haben ein Beschwerderecht (Ziel a)
7. In der Öffentlichkeit werden die Leistungen des Unternehmens für den Umweltschutz herausgestellt (Ziele a und b)

Aufgabe 6

a: Die JAZ wird an ein vorwärts- oder rückwärts rollierendes System gekoppelt. Vorwärts rollierend: Die Lage des freien Tages verschiebt sich wöchentlich um einen Tag nach vorn (10. KW: Freitag frei, 11. KW: Samstag frei, usw.). Entsprechend verhält es sich umgekehrt beim rückwärts rollierenden System.

Vorteile: flexibel, Entlastung von Personalverwaltungsaufgaben, Berechnung muss nur einmal jährlich vorgenommen werden, Mitarbeiter kann unterschiedliche Freizeitmöglichkeiten nutzen.

b: Ein Vollzeit-Arbeitsplatz wird so auf zwei Teilzeitarbeitsplätze aufgeteilt, dass der Platz ständig besetzt ist.
Vorteile: Hohe Arbeitseffektivität und weniger Fehlzeiten, für den Mitarbeiter die Stärkung der Eigenverantwortung sowie die Möglichkeit, Arbeitszeiten selbst mitzugestalten.

Aufgabe 7

- Ende durch Zeitablauf
- Tod des Arbeitnehmers
- Erreichung eines bestimmten Zwecks
- Auflösung durch gerichtliche Entscheidung
- Nichtigkeit des Arbeitsvertrages
- Aufhebungsvertrag

Aufgabe 8

- Der Arbeitnehmer kann u. U. seine Leistungen zurückhalten.
- Verletzt der Arbeitgeber seine Pflicht schuldhaft, so hat der Arbeitnehmer Anspruch auf Ersatz des ihm entstandenen Schadens.
- Der Arbeitnehmer kann u. U. sogar fristlos kündigen (z. B. bei schwerem Verstoß des Arbeitgebers gegen Sicherheitsvorschriften)

Aufgabe 9

- Information muss klar, wahr und umfassend sein.
- Sie muss regelmäßig erfolgen.
- Sie muss rechtzeitig erfolgen.
- Informationspolitik muss gezielt für bestimmte Empfängerkreise und planmäßig erfolgen.
- Die Information muss glaubwürdig sein.

Aufgabe 10

Es handelt sich um zwei voneinander unabhängige Krankheiten, die jede für sich Gehaltsfortzahlung auslöst. Eine Fortsetzungserkrankung könnte nur dann gegeben sein, wenn ein Kausalzusammenhang zur Ersterkrankung besteht. Dann hätte der Arbeitnehmer nur insgesamt einen Gehaltsfortzahlungsanspruch von 6 Wochen innerhalb von 6 Monaten.

Aufgabe 11

a: Ziele informieren, motivieren, sind Grundlage für die Kontrolle.

b: Ziele müssen genau und konkret formuliert sein; sie dürfen sich nicht widersprechen; sie können zwar schwierig zu erreichen sein, müssen jedoch erreichbar sein; sie müssen akzeptiert werden können.

3.4 Volkswirtschaftslehre

Musterlösungen – Aufgabensatz I

Aufgabe 1

a: Freie Marktwirtschaft. Merkmale: Bestehen des Marktautomatismus - freier Wettbewerb - Privateigentum - Vertragsfreiheit - Planungsfreiheit für jeden einzelnen - Ordnungsfunktion des Staates.
Zentralverwaltungswirtschaft. Merkmale: Zentrale Planung durch staatliche Planbehörde - Staatseigentum an Produktionsmitteln - Betriebe sind nur Weisungsempfänger - Preisfestsetzung durch staatliche Plankommission.

b: Wir haben eine soziale Marktwirtschaft mit den wesentlichen Elementen der Marktwirtschaft. Den Staat trifft eine besondere Verantwortung für die Erhaltung des Marktes (z. B. mithilfe des Kartellgesetzes und des UWG) sowie für den Schutz des wirtschaftlich Schwächeren (Arbeitslose, Alte, Kranke usw.).

c: Der damalige Bundeswirtschaftsminister Ludwig Erhard.

Aufgabe 2

a: Nein, in der Praxis versteht man darunter einen Beschäftigungsgrad von etwa 97 - 98 %. Bestimmte Formen der Arbeitslosigkeit, sowohl personell als auch sachlich bedingt, sind auch im günstigsten Fall nicht zu vermeiden.

b: Ursachen der Arbeitslosigkeit

- Strukturelle Arbeitslosigkeit (z. B. sinkt der Bedarf an Kohle, so werden weniger Bergleute benötigt)
- Demographische Arbeitslosigkeit (wenn geburtenstarke Jahrgänge auf den Arbeitsmarkt drängen, steigt bei gleichbleibender Nachfrage nach Arbeitskräften das Angebot an diesen)

- Saisonale Arbeitslosigkeit (z. B. Bau, Skilehrer, Gastronomie in Fremdenverkehrsorten)
- Friktionelle Arbeitslosigkeit (bei Konkursen von Unternehmen werden Arbeitskräfte entlassen)
- Fluktuationsbedingte Arbeitslosigkeit (Arbeitsplatzwechsel)
- Technologische Arbeitslosigkeit (durch neue Technologien werden Arbeitskräfte freigesetzt - hier bieten sich zugleich in der Regel aber auch Chancen in den neu entstehenden technologischen Branchen)
- Konjunkturelle Arbeitslosigkeit

c: Steigerung der Produktivität – Dies führt beim Einzelnen zu Einkommensverbesserungen – Spezielle Begabungen lassen sich zum Nutzen des Einzelnen und der Gesellschaft entfalten – Einsatz von Spezialmaschinen wird möglich – Erleichterung der Arbeit.

Aufgabe 3

a: Subventionen sind finanzielle Leistungen oder steuerliche Vergünstigungen an Unternehmen ohne eine finanzielle Gegenleistung.

b: Subventionen dienen in solchen Fällen lediglich dazu, Arbeitsplätze künstlich zu erhalten, die vom Markt nicht mehr verlangt werden. Probleme werden damit aber nicht gelöst. Im Gegenteil, die so beschützten Betriebe geraten in eine immer stärkere Abhängigkeit vom Staat. Unternehmerisches Handeln und unternehmerische Weiterentwicklung werden nicht mehr gefordert. Subventionen sind in diesem Falle also ungeeignet zur dauerhaften Erhaltung von Arbeitsplätzen; sie sind deshalb nur vorübergehend zur Milderung von Härten vertretbar. Die anderen, nicht subventionierten Unternehmen erleiden damit einen relativen Nachteil.

Aufgabe 4

Von der Sparfähigkeit (Einkommenshöhe, Familienverhältnisse usw.) und Sparwilligkeit (gegenwärtige bzw. erwartete wirtschaftliche Lage, Stabilität des Geldes, Zinshöhe, Sparprämien usw.).

Aufgabe 5

Positive Konsequenzen:

- Der Markt ist größer geworden. Damit können ohne störende Hemmnisse Produkte leichter abgesetzt und auch eingekauft werden.
- Es gibt keine Wartezeiten an den Grenzen mehr (Frischprodukte!).
- Auch für Dienstleistungen sind die Märkte offen.
- Auch das Kapital kann leicht über die Grenze wandern.

Gefahren können sein:

- Die Volkswirtschaften haben unterschiedliche Entwicklungen. Ungleichgewichte werden nicht mehr durch den Wechselkurs ausgeglichen.
- Die offenen Grenzen begünstigen auch einen illegalen Zuzug von Arbeitnehmern.
- Das Einkommensgefälle zwischen den einzelnen EU-Ländern kann Zuwanderungen in die wirtschaftsstarken Regionen fördern und damit Arbeitslosigkeit in solche Länder „exportieren".

Aufgabe 6

Plant ein Unternehmen z. B. eine Neuinvestition in Höhe von 10 Mio. €, um eine neue Halle zu bauen, so vergibt es seinen Auftrag an den Bauunternehmer B. Dies bewirkt bei B. also Einkommen in Höhe von 10 Mio. €. Hiervon zahlt er einen gewissen Betrag an seine Zulieferer und Arbeitnehmer, die wiederum davon Güter von anderen Lieferanten kaufen. So wird aus den 10 Mio. € ein Vielfaches an Einkommen. Die Investition weist einen Multiplikatoreffekt auf, der umso größer ist, je mehr von dem erhaltenen Einkommen wieder an andere ausgegeben (und demgemäß weniger gespart) wird.

Aufgabe 7

Unter dem Bruttoinlandsprodukt versteht man den Wert aller Sachgüter und Dienstleistungen, die innerhalb einer Volkswirtschaft während eines Zeitraums (im Allgemeinen ein Jahr) erstellt, verteilt und verwendet werden.

Addiert werden dabei die Wertschöpfungen der Unternehmen, also jeweils die Produktionswerte (= Umsätze) abzüglich der Vorleistungen.
Das BIP betrug 2009 in Deutschland 2.407 Mrd €. Als Maßstab des Wohlstands ist es nur bedingt geeignet, da bestimmte Wertschöpfungen überhaupt nicht gemessen werden (z. B. Hausfrauenarbeit, Schwarzarbeit). Andererseits gehen Größen in das BIP ein, die gesellschaftspolitisch eher als fragwürdig angesehen werden(z. B. Rüstungsgüter)

Aufgabe 8
Der Lohn wird allein von den Tarifpartnern (Arbeitgeberverbände und Gewerkschaften) ausgehandelt. Der Staat hat keine Einwirkungsmöglichkeit (außer dort, wo er selbst Tarifpartner ist, nämlich im öffentlichen Dienst). Der ausgehandelte Lohn bewegt sich dichter am Markt als ein staatlich festgesetzter.

Musterlösungen – Aufgabensatz II

Aufgabe 1

- Primärsektor (Land- und Forstwirtschaft): 1,1 %, sinkende Bedeutung.
- Sekundärsektor (Produz. Gewerbe): 33,1 %, sinkende Bedeutung.
- Tertiärsektor (Handel, Verkehr, Dienstleistung, Staat, Priv. Haushalte): 65,7 %, steigende Bedeutung.

Aufgabe 2

Beschreibung der Angebotskurve: Je höher der Preis, umso größer ist die angebotene Menge. Denn je höher der Preis ist, umso mehr Anbieter sind in der Lage, die betreffende Ware auf den Markt zu bringen.

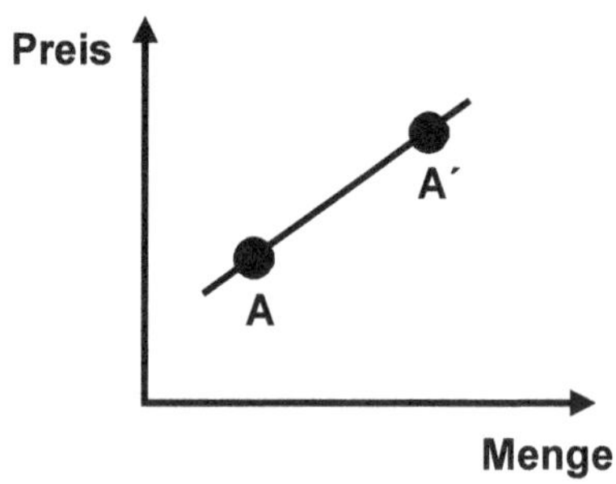

Beschreibung der Nachfragekurve: Je niedriger der Preis einer Ware, umso größer die nachgefragte Menge: Umso mehr Nachfrager sind in der Lage, sich ein bestimmtes Gut zu leisten.

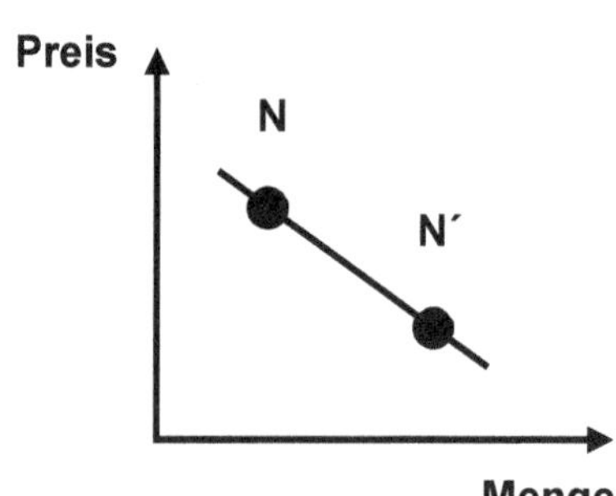

Beim Gleichgewichtspreis wird der größtmögliche Umsatz erzielt, der Markt wird geräumt. Nicht zahlungsfähige Nachfrager und zu teure Anbieter kommen nicht zum Zuge. Angebotene und nachgefragte Menge sind im Gleichgewicht. Unelastisch ist eine Nachfrage dann, wenn die Nachfrage auf eine Preisänderung hin sich nur wenig ändert. Beispiel: Der Preis sinkt um 10 %, die Nachfrage steigt nur um 5%: Das Verhältnis von relativer Nachfrageänderung zu relativer Preisänderung ist kleiner als 1 – hier wäre es also 0,5). Beispiel: Grundnahrungsmittel

Aufgabe 3
a: Eine Inflation ist die Minderung der Kaufkraft des Geldes.

b: Die Inflation kann nachfragebedingt, kosten- oder gewinninduziert oder aus dem Ausland „importiert" sein.

c: Dem Schuldner ermöglicht die Inflation, seine Schulden mit „billigem" Geld zurückzuzahlen. Gläubiger und Sparer werden durch die Inflation geschädigt. Das Gleiche gilt für Bezieher fester Einkommen.

d: Mit der Inflation schwindet das Vertrauen der Bürger in die Geldwirtschaft. Eine moderne Volkswirtschaft ist aber als reine Tauschwirtschaft unmöglich.
e: Beschränkung der eigenen Nachfrage
Steuererhöhung und Stilllegung dieser zusätzlichen Einnahme

Aufgabe 4
a: Allgemeines Tauschmittel – Wertmesser – Wertaufbewahrungsmittel – gesetzliches Zahlungsmittel.

b: Kunde A zahlt bei seiner Bank 1.000,-- € ein. Hiervon behält die Bank z. B. 100,-- € als Barreserve, weitere 100,-- € legt sie als Mindestreserve bei der Bundesbank still. 800,-- € verleiht sie jetzt wieder an den Kunden B, der sich dafür irgendwelche Güter kauft. Der Empfänger dieses Geldes zahlt das Geld nun bei der Y-Bank ein, die hiervon wiederum 80 % (= 640,-- €) an den Kunden C ausleiht. Dafür tätigt C einen Kauf bei dem D, der dieses Geld wiederum bei der Z-Bank einzahlt.

Aufgabe 5

- Private Haushalte stellen ihre Arbeitskräfte dem Unternehmen gegen Geld zur Verfügung und kaufen Güter von den Unternehmen.
- Unternehmen erstellen Güter, die sie an die Haushalte verkaufen.
- Der Staat stellt der Bevölkerung bestimmte Leistungen zur Verfügung, tritt als Nachfrager auf, unterstützt bestimmte Wirtschaftsobjekte finanziell, ist bedeutender Arbeitgeber und setzt als Gesetzgeber Rahmenbedingungen für den Wettbewerb.

Aufgabe 6

a: Der globalisierte Markt hat für Güter und Produktionsfaktoren keine Grenzen mehr.

b: Hier gibt es viele Ansatzpunkte:

- Anbieten von Komplettlösungen aus Waren und Dienstleistungen
- Steigerung der Produktivität
- Spezialisierung auf hochwertige Güter
- Ständige Erforschung neuer Marktnischen und – Lücken
- Ausbau der Dienstleistungen
- Kostenkontrolle im eigenen Unternehmen

Musterlösungen – Aufgabensatz III

Aufgabe 1

- Konjunkturaufschwung: Steigen des Auftragseingangs – Verbesserung des Beschäftigungsgrades – Preisniveau bleibt infolge der Fixkostendegression zunächst stabil – Steigerung der Einkommen (Multiplikatoreffekt).
- Boom: Die Produktionsausweitung stößt bei ausgelasteten Wirtschaftsbereichen auf Grenzen, Überbeschäftigung und damit verbundene Preissteigerungstendenzen in vielen Bereichen.
- Rezession: Rückläufige Nachfrage bei steigenden Kapazitäten führt zu einem Rückgang der Investitionen, geringere Auslastung, zurück gehendem Beschäftigungsgrad und damit wiederum sinkender Nachfrage. Sinken des Sozialproduktes.
- Depression: Geringe wirtschaftliche Tätigkeit, Massenarbeitslosigkeit, kaum Nettoinvestitionen, Vernichtung des volkswirtschaftlichen Kapitals („Investitionsruinen“ können mangels Nachfrage nicht genutzt werden).

Aufgabe 2

Er verändert sich, wenn sich Angebots- und / oder Nachfragekurve nach links oder rechts verschieben, zum Beispiel dadurch, dass sich die Nachfragepräferenzen für ein Gut ändern.

Aufgabe 3

- Monopol: Als Angebotsmonopol ein Anbieter, der in der Preisbildung relativ unabhängig ist. Die Nachfrage kann hier lediglich durch Konsumverzicht, gegebenenfalls auch durch die Abwanderung zu einem Substitutionsprodukt reagieren.
- Oligopol: Wenige große Anbieter (z. B. Mineralölmarkt). Hier muss der Anbieter in seine Entscheidung auch das Verhalten der Mitbewerber einkalkulieren.
- Polypol: Viele kleine Anbieter - viele kleine Nachfrager.

Aufgabe 4

a: Die Europäische Zentralbank ist unabhängig von den Weisungen der Regierungen.

b:

- Mindestreservepolitik (Heraufsetzung oder Herabsetzung der Mindestreserve, die die Geschäftsbanken von ihren Einlagen bei der Zentralbank hinterlegen müssen)
- Offenmarktpolitik (An- und Verkauf von Wertpapieren am offenen Markt durch die EZB; beim Ankauf von Wertpapieren schleußt sie Geld in den Wirtschaftskreislauf, beim Verkauf entzieht sie dem Kreislauf Geld)
- Ständige Fazilitäten (Die Möglichkeit der Geschäftsbanken, sich bei der EZB zu refinanzieren oder bei ihr Geld anzulegen; hier werden die Zinssätze von der EZB festgelegt)

Aufgabe 5

a: Wirtschaftliches Wachstum (d.h. Reales Wachstum des BIP) Vollbeschäftigung (Beschäftigungsgrad zwischen 95 und 97%) Außenwirtschaftliches Gleichgewicht (i. d. R. definiert als Gleichgewicht der Leistungsbilanz) – Stabilität des Preisniveaus.
Diese vier Ziele bezeichnet man auch als das Magische Viereck.

b: Es ist sehr schwierig, alle vier Ziele gleichzeitig zu verwirklichen. *Beispiel*: Der Staat tritt als zusätzlicher Nachfrager auf, um den Beschäftigungsgrad zu erhöhen. Dann kann dies zu Preissteigerungen führen. Oder: Die Bundesbank erhöht den Diskontsatz, um über die Geldverknappung den Preisauftrieb zu bremsen. Dies kann wiederum Wachstum und Beschäftigungsgrad beeinträchtigen.

c: Hier werden häufig genannt: Gerechte Einkommensverteilung, Humane Umwelt, Sicherung der natürlichen Ressourcen, Humane Arbeitsbedingungen

Wenn schon die Erreichung der Ziele des magischen Vierecks fast unmöglich erscheint, ist dies bei einem „Magischen Achteck" geradezu utopisch. Hinzu kommt, dass es über die Definition dieser Ziele kaum Übereinstimmung gibt.

Aufgabe 6

a: Die antizyklische Fiskalpolitik soll konjunkturelle Schwankungen mithilfe der staatlichen Einnahmen- und Ausgabenpolitik möglichst glätten.

b: Bei der nachfrageorientierten Wirtschaftspolitik tritt der Staat als Nachfrager auf und deckt damit z. B. Lücken der privaten Nachfrage in der Depression. Bei der angebotsorientierten Wirtschaftspolitik will er insbesondere mehr Mut, Eigeninitiative und schöpferische Kraft der Bürger fördern. Er strebt damit u. a. an, zukunftsorientierte Entwicklungen der Wirtschaft und die Eigeninitiative zu fördern (z. B. durch den Abbau von Investitionshemmnissen.

Aufgabe 7

Unsere Waren werden dann für die Bewohner außerhalb des Eurolandes teurer, sie müssen ja mehr Fremdwährung bezahlen, um € zu bekommen. Demgemäß werden unsere Exporte ins Ausland tendenziell sinken.

Musterlösungen – Aufgabensatz IV

Aufgabe 1

Bruttoinlandsprodukt zu Marktpreisen
- Abschreibungen

= Nettoinlandsprodukt zu Marktpreisen
- indirekte Steuern
+ Subventionen

= Nettoinlandsprodukt zu Faktorkosten = Volkseinkommen

Aufgabe 2

Auf Basis eines Polypols müssen folgende Voraussetzungen gegeben sein:

- vollständige Markttransparenz
- Homogenität der Güter
- Keine persönlichen, sachlichen, räumlichen oder zeitlichen Präferenzen. Persönliche Präferenzen liegen zum Beispiel dann vor, wenn dem Kunden Verkäuferin A sympathischer ist als Verkäuferin B.
- Freier Marktzutritt

Bei einem vollkommenen Markt ist nur ein Preis für ein Gut möglich. Ist dagegen der Markt unvollkommen, so können sich verschiedene Preise für ein Gut bilden. Vollkommene Märkte gibt es äußerst selten (z. B. Börse)

Aufgabe 3

Die Nachfragekurve verschiebt sich nach rechts!

Aufgabe 4

Von der Sparfähigkeit (Einkommenshöhe, Familienverhältnisse usw.) und der Sparwilligkeit (gegenwärtige bzw. erwartete wirtschaftliche Lage, Stabilität des Geldes, Zinshöhe, Sparprämien usw.).

Aufgabe 5

- Leistungsbilanz (Handelsbilanz, Dienstleistungsbilanz, Bilanz der unentgeltlichen Übertragungen, Erwerbs- und Vermögenseinkommensbilanz)
- Vermögensübertragungsbilanz
- Kapitalbilanz (Bilanz des kurzfristigen Kapitalverkehrs, Bilanz des langfristigen Kapitalverkehrs)
- Devisenbilanz

Aufgabe 6

a: Angebotskurve: Je höher der Preis, umso größer ist die angebotene Menge. Denn je höher der Preis ist, umso mehr Anbieter sind in der Lage, die betreffende Ware auf den Markt zu bringen.

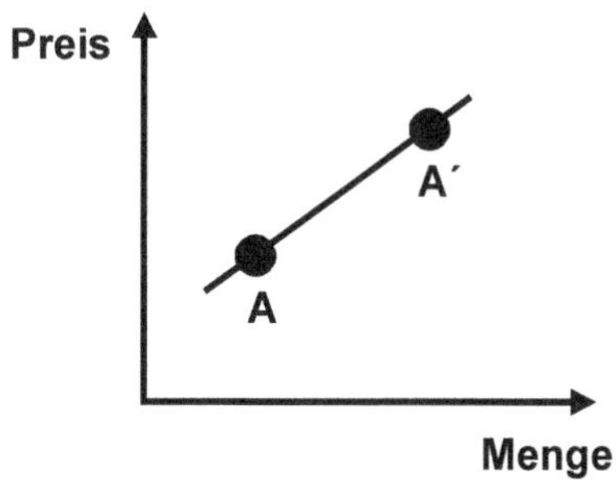

b: Nachfragekurve: Je niedriger der Preis einer Ware, umso größer die nachgefragte Menge: Umso mehr Nachfrager sind in der Lage, sich ein bestimmtes Gut zu leisten.

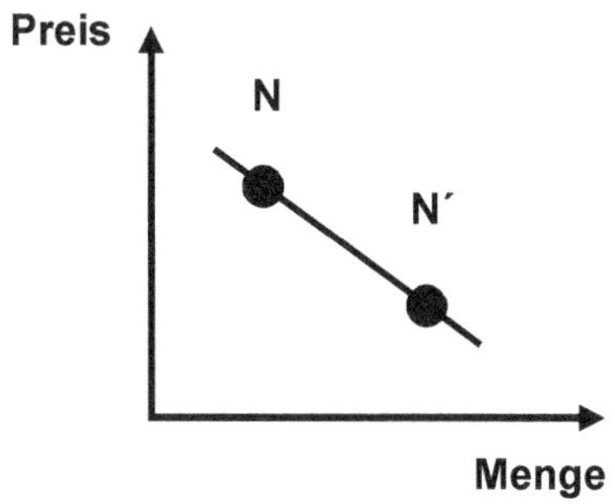

c: Beim Gleichgewichtspreis im Schnittpunkt der Angebots- und der Nachfragekurve wird der größtmögliche Umsatz erzielt, der Markt wird geräumt. Nicht zahlungsfähige Nachfrager und zu teure Anbieter kommen nicht zum Zuge. Angebotene und nachgefragte Menge sind im Gleichgewicht.

d: Die Festsetzung eines Höchstpreises bedeutet, dass jetzt die angebotene und die nachgefragte Menge nicht mehr im Gleichgewicht sind. Die nachgefragte Menge ist größer als die zu diesem Preis angebotene Menge: Es besteht ein Nachfrageüberhang. In einer solchen Situation kann sich sehr schnell ein schwarzer Markt bilden.

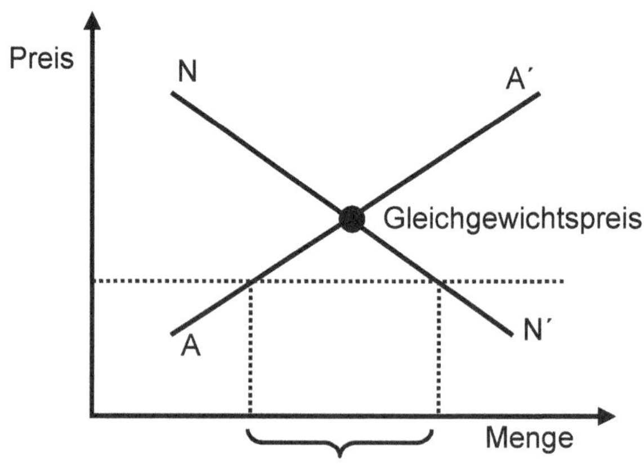

Aufgabe 7

Kunde A zahlt bei seiner Bank 1.000,-- € ein. Hiervon behält die Bank z. B. 100,-- € als Barreserve, weitere 100,-- € legt sie als Mindestreserve bei der Bundesbank still. 800,-- € verleiht sie jetzt wieder an den Kunden B, der sich dafür irgendwelche Güter kauft. Der Empfänger dieses Geldes zahlt das Geld nun bei der Y-Bank ein, die hiervon wiederum 80 % (= 640,-- €) an den Kunden C ausleiht. Dafür tätigt C einen Kauf bei dem D, der dieses Geld wiederum bei der Z-Bank einzahlt.

Je niedriger der Mindest-Reservesatz ist, umso höher ist insgesamt die Buchgeldmenge, die aus einer einmal eingezahlten Bargeldmenge geschöpft werden kann. Durch die Festsetzung eines variablen Mindestreservesatzes kann die Zentralbank die Buchgeldschöpfung steuern.

Aufgabe 8

- Steigen der Börsenkurse: ganz früher Indikator, der das Vertrauen in zukünftige Entwicklungen widerspiegelt.
- Investitionsbarometer: Frühindikator, der die Erwartungen der Unternehmer wiedergibt.
- Konsumbarometer: Zeigt erst später als das Investitionsbarometer die Erwartungen der Verbraucher an.
- Auftragseingänge: Der erste „harte“ Indikator.
- Umsätze der Industrie.
- Entwicklung der Exporte.
- Investitionsverhalten.
- Konsumneigung (steigt erst später an).
- Entwicklung des Arbeitsmarktes, Zunahme der Beschäftigung.

3.5 Beschaffung und Logistik

Musterlösungen – Aufgabensatz I

Aufgabe 1

Die *Beschaffungskosten* sinken mit wachsender Bestellmenge (z. B. Bestellpreis, Kosten der Materialprüfung, Personal).
Die *Lagerkosten* steigen, da mehr Vorräte betreut werden müssen (z. B. Kosten des Kapitaleinsatzes, für den Lagerraum, für Personal und für Abschriften durch Schwund und Verderb).
Die optimale Bestellmenge ist erreicht, wenn die Gesamtkosten pro Stück (Kosten für Beschaffung und Lagerhaltung) ein Minimum erreichen. Sie lässt sich mit folgender Formel rechnerisch ermitteln:

$$x_{OPT} = \sqrt{\frac{2 \bullet b \bullet k_P}{(i \bullet p)}}$$

p = Preis; b = Periodenbedarf; k_p = Prozesskosten pro Bestellung;
i = Lagerkostensatz (bezogen auf den Wert pro Stück) ≈ 20 %

Aufgabe 2

Indirekte Beschaffung bedeutet eine Beschaffung über den Großhandel und nicht direkt vom Hersteller. Vorteile sind:

- auch Kleinaufträge werden erledigt
- Sortimentsvorauswahl durch den Großhändler
- Einzelhandel kann ein relativ geringes Lager halten
- Großhandel liefert dem Einzelhändler Informationen
- Großhändler überbrückt den Raum
- Großhändler kann rasch nachliefern; es treten keine Engpässe im Verkaufsfluss auf
- Großhändler valutiert den Einkauf

Aufgabe 3

- *Laufende Lagerkontrolle*: Fortschreibung einer Lagerkartei oder -datei, in der jeder Zu- und Abgang sofort verrechnet wird. So ist der Lagerbestand jederzeit ersichtlich und es ist möglich, den Bestand am Stichtag auch ohne körperliche Bestandsaufnahme festzustellen.
- *Periodische Lagerkontrolle:* Körperliche Bestandsaufnahme zum Zweck der Inventur und/oder zur Abstimmung mit der kurzfristigen Erfolgsrechnung je nach Bedarf in größeren Perioden (mind. einmal jährlich).
- *Außerordentliche Lagerkontrolle:* Erforderlich bei Neugründungen, Übernahmen, Zusammenschlüssen, Auflösungen etc.

Aufgabe 4

a: Mit der *Bedarfsermittlung* wird versucht, die künftig benötigten Materialmengen möglichst exakt zu planen. Somit können die Bestände in optimaler Anzahl – weder in zu hoher, noch in zu geringer Menge – vorgehalten werden. Ziel der *Mengenplanung* ist es, den ermittelten Gesamtbedarf eines Planungszeitraums sinnvoll aufzuteilen und jeweils in den Mengen zu beschaffen, die die geringsten Kosten nach sich ziehen.

b: Beim *Bestellpunktverfahren* wird eine Ware immer dann nachbestellt, wenn eine zuvor festgelegte Lagermenge (Bestellpunkt, Meldebestand) unterschritten wird. Beim *Bestellrhythmusverfahren* wird eine Ware in zuvor festgelegten Intervallen nachbestellt. Die Bestellung erfolgt in konstanten Zeitintervallen, wobei die Bestellmenge fix ist oder variieren kann.

Aufgabe 5

- Wareneingangsmodul (Wareneingang erfassen; Rechnungskontrolle; Warenauszeichnung usw.)
- Warenausgangsmodul (Warenausgang erfassen; Warenbestand buchen usw.)
- Dispositions- und Bestellwesen-Modul (Bestellmengen erfassen; Disposition; Limitrechnung usw.)

- Marketing- und Managementinformationsmodul (Führungsinformationen, Renner/Penner-Statistiken usw.)

Aufgabe 6

Bei einem Kommissionslagervertrag stellt das Handelsunternehmen dem Lieferanten kostenlos Lagerraum zur Verfügung und verpflichtet sich, die Waren mit der üblichen Sorgfalt zu lagern. Erst mit der Entnahme aus dem Lagerbestand kommt ein Kaufvertrag unter vorher vereinbarten Konditionen zustande. Das Handelsunternehmen meldet dem Lieferanten die entnommenen Waren z. B. in einer Monatsabrechnung. Danach wird die Ware in Rechnung gestellt und zur Zahlung fällig.

Aufgabe 7

Folgende Faktoren beeinflussen die Lagerdimension:

- Struktur des Betriebes: Art und Zusammensetzung des Sortiments, Kapitalausstattung, Betriebsgröße, Betriebsform
- Absatzmarkt: Konjunkturelle und saisonale Nachfrageschwankungen, Änderung der Konsumentenansprüche
- Beschaffungsmarkt: Vielfalt der Produkte, Bezugsbedingungen (Mindestabnahme, Mindermengenzuschläge, Lieferfristen)
- Wirtschaftspolitische Maßnahmen: Geld- und Währungspolitik, Steuerpolitik, Außenhandelspolitik
- Spekulation

Aufgabe 8

a: Ansprüche eines Kaufmanns gegen seine Kunden (gewerblich und privat) verjähren in aller Regel nach 3 Jahren. Die Frist beginnt mit Ablauf des Kalenderjahres, in dem die Forderungen entstanden sind. Daher verjährt die Kaufpreisforderung am 31.12.2009.

b: Mit dem Eigentumsvorbehalt kann der Verkäufer sicherstellen, dass der Kunde nicht Eigentümer der Sache wird. Er sichert sich also das Eigentum an der Sache bis zur vollständigen Erfüllung der Kaufpreisforderung. Bis zum Zeitpunkt der Zahlung ist der Käufer lediglich Besitzer der Sache. Für den Fall der Nichtbezahlung kann der Verkäufer dann die Sache vom Käufer wieder herausverlangen.
Der Eigentumsvorbehalt lässt sich nur auf Kaufverträge über bewegliche Sachen anwenden, nicht auf Grundstücke. Er erlischt mit Zahlung des Kaufpreises, mit Weiterveräußerung der Sache durch den Käufer an einen gutgläubigen Dritten sowie durch die Verarbeitung oder Vermischung der Sache oder den Verzicht des Verkäufers auf den Eigentumsvorbehalt.

Aufgabe 9
Da die Zahlung terminlich fixiert war, geriet T bereits am 2. 5. in Verzug. Im Schuldnerverzug befindet sich der Schuldner einer fälligen Forderung, wenn er der Leistungspflicht (Kaufpreiszahlung) trotz Mahnung oder Zeitablauf nicht entsprochen hat. Der Verzug löst vor allem eine Schadensersatzpflicht aus. Der Schuldner hat jeden durch den Verzug entstandenen Schaden zu ersetzen. H hat also gegen T einen Anspruch auf Ersatz der Mahn- und Anwaltskosten.

Aufgabe 10
a: *Schritt 1: Berechnung des Planumsatzes*

Vorjahresumsatz	4.000.000 €
+ 4 % Umsatzsteigerung	160.000 €
= Planumsatz	**4.160.000 €**

Schritt 2: Ermittlung des Bruttolimits (geplanter Wareneinsatz)

Planumsatz	4.160.000 €
- geplante Handelsspanne	1.497.600 €
= Bruttolimit (gepl. Wareneinsatz)	**2.662.400 €**

Schritt 3: Ermittlung des Nettolimits

- geplanter durchschnittlicher Lagerbestand (LB) =

$$\frac{\text{geplanter Wareneinsatz}}{\text{geplanter Warenumschlag}} = \frac{2.662.400\ €}{4}$$

= durchschn. Lagerbestand 665.600 €

- *Ermittlung von Lageran- oder Lagerabbau durch Vergleich von Soll-Lagerbestand und Anfangsbestand*:

Soll-Lagerbestand	665.600 €
Anfangsbestand	700.000 €
= Lagerabbau	**34.400 €**

- *Berechnung des Nettolimits*:

Bruttolimit	2.662.400 €
- Lagerabbau	34.400 €
= Nettolimit	**2.628.000 €**

Schritt 4: Ermittlung des Freien Limits

Nettolimit	2.628.000 €
- Limitreserve 20 %	525.600 €
= Freies Limit	**2.102.400 €**

Das Freie Limit beträgt somit 2.102.400 €.

b: Durch die Limitkontrolle soll für den Wareneinsatz nicht mehr ausgegeben werden, als in der Planung vorgesehen ist. Evtl. notwendige Planungsänderungen (z. B. durch Umsatzsteigerungen) gegenüber dem Planumsatz müssen berücksichtigt werden. Durch diesen fortlaufenden Soll-Ist-Vergleich werden Limitkorrekturen erkennbar, die in die neue Limitplanung eingehen müssen.

c: Es wurde mehr Ware benötigt: Der Wareneinsatz ist um 50.000 € höher als der Plan-Wareneinsatz. Dieser hätte nur 65 % des erreichten Umsatzes von 4.040.000 € betragen dürfen, also 2.585.600 €. Tatsächlich betrug der Wareneinsatz 2.635.600 €. Die Handelsspanne kann errechnet werden:

- 1.454.400 € wäre die Spanne aus dem Umsatz von 4.040.000 €.
- 1.404.400 €, d. h. 50.000 € niedriger, ist die tatsächliche Spanne - die Differenz zwischen Umsatz und Wareneinsatz.

Der Dreisatz lautet also:

1.454.400 €	=	36 %
1.404.400 €	=	x %

$$x = \frac{1.404.400\ € * 36\ \%}{1.454.400\ €} = 34,76\ \%$$

Die tatsächliche Handelsspanne beträgt somit rund 34,76 %. Die geplante Handelsspanne wurde also nicht erreicht.

Aufgabe 11

a: M muss tatsächlich zahlen. Der Kauf von Kaffee ist von der Vertretungsmacht der Prokura gedeckt. Denn Prokurist E besitzt die Vollmacht zu allen Geschäften irgendeines Handelsgewerbes. Die Einschränkung der Vertretungsmacht nach innen ist einem Dritten gegenüber unwirksam. Ggfls. kann M jedoch seinen Prokuristen schadenersatzpflichtig machen.

b: Metzger muss nicht zahlen. Denn die Haarpflege gehört nicht zum Geschäft des Handelsgewerbes. Es ist eine rein private Angelegenheit.

c: G kann beide Forderungen gemeinsam vor dem Landgericht geltend machen. Dort besteht Anwaltszwang, so dass er sich nicht selbst vertreten kann.

Musterlösungen – Aufgabensatz II

Aufgabe 1

Berechnung von Lagerdauer und Kapitalbedarf

	Unternehmen	Vergleichbetriebe
Lagerdauer	$\frac{360}{4}$ = 90 Tage	$\frac{360}{9}$ = 60 Tage
Kapitalbedarf	$\frac{3.600.000}{4}$ = 900.000 €	$\frac{3.600.000}{6}$ = 600.000 €

Aufgabe 2

Tabellarische Darstellung:

80 % vom Umsatz wird durch	20 % des Lagers erzielt
15 % vom Umsatz wird durch	30 % des Lagers erzielt
5 % vom Umsatz wird durch	50 % des Lagers erzielt

Graphische Darstellung:

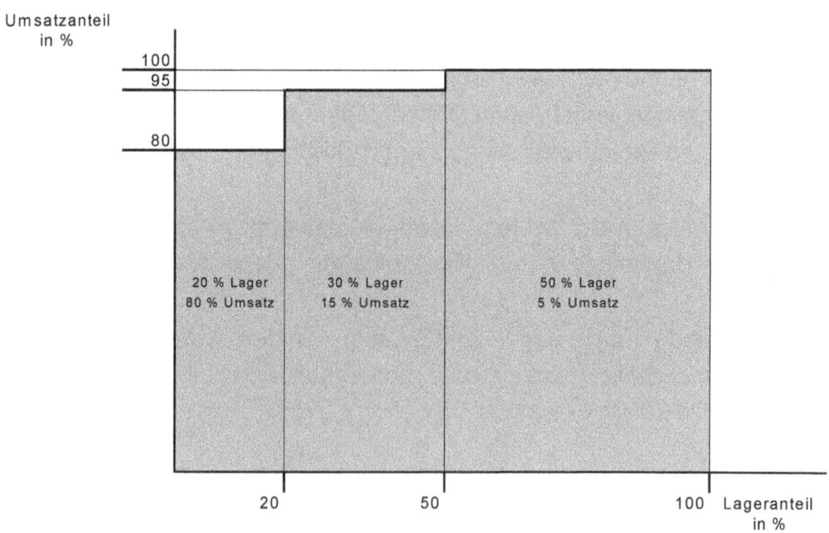

Aufgabe 3
Beim Kauf auf Abruf werden der Lieferpreis und die abzunehmende Menge für die Laufzeit des Vertrages verbindlich von beiden Partnern festgelegt. Im Rahmen dieser Menge kann der Käufer Teilmengen und Lieferzeitpunkte per Abruf bestimmen. Dies bietet dem Käufer folgende Vorteile:
- Günstiger Kaufpreis durch große Bestellmenge.
- Warenversorgung ist für den gesamten Zeitraum gesichert.
- Geringere Kapitalbindung im Warenlager und damit weniger Kosten; die Liquidität wird weniger stark in Anspruch genommen.

Aufgabe 4
Für eine *zentrale Lagerhaltung* sprechen folgende Gründe:
- Die Raumkosten eines großen Zentrallagers sind meist niedriger als die von mehreren kleineren dezentralen Lagern.
- Der Sicherheitsbestand kann niedriger sein als die Summe aller Sicherheitsbestände bei dezentraler Lagerhaltung. Damit ergeben sich eine niedrigere Kapitalbindung und niedrigere Zinskosten.
- Vorhandene Lagerkapazitäten werden besser genutzt. Es brauchen nicht überall Reserven vorgehalten zu werden.
- Lagerkontrollen (Bestands-, Warenein- und Warenausgangskontrollen) fallen nur an einer Stelle an.

Gründe für eine *dezentrale Lagerhaltung*:
- Hohe Transportkosten zu den Filialstandorten können die Kostenvorteile einer zentralen Lagerhaltung aufheben.
- Das Unternehmen kann bezogen auf die Standorte bzw. Regionen marktgerechter die Ware disponieren und sich kurzfristig flexibler an Nachfrageschwankungen anpassen.

Aufgabe 5
Limitreserven sind notwendig, um noch Mittel für Nachdispositionen oder Sonderaktionen zur Verfügung zu haben. Würde das Nettolimit gleich in voller Höhe freigegeben werden, so stünden für die genannten Zwecke

keine Mittel mehr zur Verfügung. Dies würde auch die Finanzplanung berühren; im Übrigen wäre der Soll-Lagerumschlag gefährdet. Limitreserven sind in ihrer Höhe abhängig von der Branche, dem Sortiment, der Saison, Modetrends, Produktinnovationshäufigkeit usw.

Aufgabe 6

Bei einem hohen Lageumschlag wird weniger Kapital gebunden und somit auch weniger Liquidität beansprucht. Die geringere Kapitalbindung bedeutet auch geringere Zinskosten. Zudem sinken die Kosten für den Lagerraum. Risiken hinsichtlich Schwund oder Verderb werden geringer. Schließlich werden auch die Risiken wie Preisverfall oder Wertminderung aufgrund von Modewechsel oder Produktänderungen geringer.

Aufgabe 7

Quellen der primären Beschaffungsmarktforschung:

- *Kontakte mit Lieferanten:* Vor allem die Anfragen bei Lieferanten bieten durch ihre Streuung die Möglichkeit einer großen Informationsbreite. Solche Anfrageaktionen sollten unabhängig vom konkreten Bedarfsfall durchgeführt werden.
- *Messen und Ausstellungen:* Sie bieten zahlreiche Informationen über technische Entwicklungen, Preise und Qualität der Waren. Sollen die Besuche erfolgreich sein, müssen sie gut vorbereitet werden, um gezielt die interessanten Stände anzulaufen.
- *Einkaufsreisen und Betriebsbesichtigungen:* Aus ihnen lassen sich Rückschlüsse auf Lieferfähigkeit, Leistungsvermögen und Persönlichkeitsmerkmale der potentiellen Lieferanten ziehen.
- *Einholung von Informationen* durch Auskunfteien, von Banken, Verbänden oder Kammern.

Aufgabe 8

Grundsätzlich ja! Lag jedoch der Irrtum des Anbieters in der Erklärungshandlung, so könnte er den Vertrag anfechten. Dies müsste unverzüglich erfolgen. Hieraus könnten sich aber gegen den Anbieter Schadensersatzforderungen ergeben, z. B. wenn Sie dafür ein einmaliges Angebot eines Mitbewerbers ausgeschlagen haben.

Aufgabe 9

Da ein nach dem Kalender bestimmter Liefertermin nicht vereinbart wurde, muss B zunächst mahnen. Die Mahnung ist eine eindeutige Aufforderung zur unverzüglichen Leistung. Sie sollte schriftlich erfolgen. Liefert die Fabrik nach Erhalt der Mahnung nicht, gerät sie in Verzug, da die Lieferverpflichtung fällig ist und sie die Verzögerung zu vertreten hat. Um vom Vertrag zurücktreten zu können, muss B der Firma X eine angemessene Frist (z. B. zwei Wochen) zur Auslieferung setzen mit der Erklärung, dass er die Schuhe nach Ablauf der Frist nicht mehr abnehmen werde. Verstreicht diese Frist, ist B zum Rücktritt vom Vertrag berechtigt.

Aufgabe 10

Die Verpflichtung zur Zahlung trifft an sich nur den Vertragspartner, also den Käufer. Durch die Zustimmung zum Kaufvertrag sind die Eltern nicht Vertragspartner geworden und müssen nicht zahlen. Auch ist Fritz beschränkt geschäftsfähig (ab dem vollendeten 7. bis zum vollendeten 18. Lebensjahr). Rechtsgeschäfte, die beschränkt Geschäftsfähige schließen, sind ohne Einwilligung des gesetzlichen Vertreters schwebend unwirksam. Die Eltern können dem Rechtsgeschäft nachträglich zustimmen, sind jedoch nicht dazu verpflichtet.

Aufgabe 11

Da die Rechnung insgesamt unter 150 € liegt, genügen

- Name und Anschrift des Lieferers
- Ausstellungsdatum
- Menge und handelsübliche Bezeichnung der Ware
- Entgelt und Steuer in einem Betrag
- Angabe des Steuersatzes (z. B. Stempel „USt. 19%“)

Aufgabe 12

Das Duale System Deutschland (DSD) ist ein privatwirtschaftliches, bundesweit zugelassenes System zur Sammlung und Verwertung von Verpackungsabfällen. Der Betreiber, die *Duales System Deutschland GmbH,* übernimmt damit die Entsorgungs- und Recyclingverpflichtungen der Verpackungsverordnung für Industrie und Handel, die Transport-, Um- und Verkaufsverpackungen zurücknehmen und verwerten müssen. Das Erkennungszeichen der Produkte, die dem System zugeführt werden können, ist der „Grüne Punkt". Mit dem Lizenzbeitrag, den die Unternehmen für die Nutzung des Markenzeichens zahlen, wird das Duale System finanziert.

Aufgabe 13

Die Bestellmenge wird beeinflusst von folgenden Kostenfaktoren:

- *Beschaffungskosten:* Kosten, die bei der Beschaffung von Gütern anfallen. Sie teilen sich auf in unmittelbare Beschaffungskosten (= bestellmengenabhängige Kosten wie Bestellpreis, Zölle, Versicherungen) und mittelbare Beschaffungskosten (mit dem Bestellvorgang verbunden, jedoch nicht bestellmengenabhängig etwa Personal, Porto, Telefon usw.). Grundsätzlich gilt, dass die Beschaffungskosten bei steigenden Bestellmengen sinken.
- *Bestellkosten:* Die Bestellkosten umfassen alle Kosten von der Einkaufsvorbereitung bis zur Einkaufsabwicklung und -kontrolle. Die Höhe ist *unabhängig* von der jeweils bestellten Menge.
- *Lagerhaltungskosten* mit Kapitalbindungskosten, Kosten des Warenrisikos, Kosten der Warenunterbringung, Kosten der Warenmanipulation, Verwaltungskosten. Die Lagerhaltungskosten steigen mit dem Wert der gelagerten Ware.

Bei der Entscheidung über die Höhe der Bestellmenge müssen somit immer zwei gegenläufige Kostenüberlegungen einbezogen werden: Je höher die Bestellmenge, desto niedriger die Beschaffungskosten pro Mengeneinheit und desto höher die Lagerhaltungskosten.

Aufgabe 14

a: Der Verkäufer hat die Eigenschaft zugesichert, dass beide Anlagen kompatibel sind. K kann daher zunächst nach seiner Wahl die Neulieferung einer kompatiblen Anlage oder eine Nachbesserung in der Form verlangen, dass die Anlage an das alte System angeschlossen werden kann. Sollte die Nachbesserung fehlschlagen, kann K vom Vertrag zurücktreten (und ggfls. Schadensersatz verlangen) oder die Anlage behalten, den Kaufpreis mindern und daneben Schadensersatz in Höhe der 12.000 € verlangen.

b: K hätte ein Recht zur Ersatzlieferung, wenn ein Sachmangel vorliegt. Beim Ausfall der Bildschirme ist dies gegeben. K kann deshalb nach seiner Wahl Neulieferung oder Nachbesserung verlangen. Ein Nachbesserungsrecht muss nicht im Vertrag vereinbart sein, da das BGB dieses Recht unabdingbar vorsieht.

c: Der Verkäufer ABC haftet dafür, dass die Ware zum Zeitpunkt der Übergabe mangelfrei ist. Der Konstruktionsfehler ist sicherlich als Mangel anzusehen. Insofern muss ABC auch für Mangelfolgeschäden gerade stehen. Voraussetzung für einen Schadensersatz ist eine schuldhafte Pflichtverletzung des Kaufvertrages. Die Übergabe einer mangelhaften Sache wird als eine solche schuldhafte Pflichtverletzung angesehen. Der Verkäufer kann jedoch die Annahme des Verschuldens widerlegen. Er hat insofern die Beweispflicht. Wenn er der Untersuchungs- und Rügepflicht nachgekommen ist, hat er den Mangel nicht zu vertreten. Im vorliegenden Falle konnte er den Mangel gar nicht feststellen, weil sich dieser erst im Dauerbetrieb herausstellen konnte. Dem Kunden bleibt dann der Rückgriff auf die Produkthaftung des Herstellers.

d: K muss die ABC GmbH in Frankfurt verklagen, da sich dort der Wohnsitz des Schuldners befindet. Zuständig ist das Landgericht, da der Streitwert über 5.000 € liegt.

Musterlösungen – Aufgabensatz III

Aufgabe 1

Nach dem Handelsgesetzbuch ist auch die permanente Inventur zugelassen, bei der die Bestände nach Menge und Wert ohne körperliche Bestandsaufnahme durch Fortschreibung der Lagerkartei zum Bilanzstichtag festgestellt werden. Eine körperliche Bestandsaufnahme muss jedoch auf das Jahr verteilt mindestens einmal erfolgen. Dies ist bei niedrigen Beständen oder in weniger arbeitsintensiven Zeiten sinnvoll. Vermögensgegenstände mit hohem Schwund, hohem Wert oder bei denen erfahrungsgemäß hohe Mengendifferenzen auftreten, sollten nicht durch eine permanente Inventur erfasst werden.

Aufgabe 2

Für eine kooperative Beschaffung sprechen:

- Günstigere Einkaufspreise und Konditionen
- Gegenmacht gegen die Marktposition der Lieferanten
- Bessere Übersichtsmöglichkeiten am Beschaffungsmarkt
- Beratung bei der Sortimentspolitik durch die Kooperation
- Finanzierungsvorteile
- bessere Handelsspannen durch Handelsmarken
- eventuell Hilfe bei der Verkaufsförderung

Gegen eine kooperative Beschaffung sprechen:

- Bindung an ein starres Sortiment
- Längerfristige Disposition ist notwendig
- Geringere eigene Flexibilität in der Beschaffung
- Unternehmer gibt einen Teil seiner Freiheit auf.
- Kooperationspartner sind möglicherweise in wesentlichen Merkmalen (Sortiment, Größe, Standort) nicht vergleichbar; das Sortiment „stimmt“ dann nicht für das eigene Unternehmen.

Aufgabe 3

a: Mit zunehmender Länge der Lieferzeit wächst in der Regel das Beschaffungsrisiko. Dies führt zu höheren Sicherheitsbeständen, höheren Lagerhaltungskosten und einem höheren Lagerrisiko. Daneben ist die Einhaltung von zugesagten Terminen von Bedeutung. Die Bereitschaft des Lieferanten, sich zur Übernahme von Konventionalstrafen zu verpflichten, kann ein Indiz für seine Zuverlässigkeit sein.

b: Vorteile großer Bestellmengen:

- Fixe Bestellkosten je Stück sinken
- Günstige Preise durch entsprechende Mengenstaffel
- Größere Liefersicherheit
- Günstigere Zahlungs- und Lieferbedingungen
- Man vermeidet Preissteigerungen

Nachteile großer Bestellmengen:

- Kosten für die Lagerung steigen (es sei denn, es würden Abrufaufträge erteilt werden)
- Höheres Preisrisiko (Ware kann z. B. Preisverfall unterliegen)
- Höheres Lagerrisiko (z. B. technischer Fortschritt, Schwund)
- Geringere Beweglichkeit bei Veränderungen auf Beschaffungs- und Absatzmärkten
- Höhere Verbindlichkeiten (= höhere Anforderungen an die Liquidität)

Aufgabe 4

- Manuell kontrollierte Lagerordnung: Jeder Artikel erhält mit seiner Artikelnummer einen fixen Lagerplatz. Neu ankommende Artikel werden auf dem fest zugewiesenen Lagerplatz eingelagert. Der Vorteil: Anhand des Lagerplans können Wareneingang und -ausgang einfach kontrolliert werden. Nachteil: Lagerkapazitäten werden meist unzulänglich ausgelastet.
- EDV-gesteuerte Lagersysteme („Chaotische Lagerhaltung"): Bei der Steuerung und Überwachung des Lagers durch Computer wird die

ankommende Ware auf beliebigen freien Plätzen gelagert. Die EDV macht es möglich, den Lagerplatz später wieder genau zu identifizieren. Mit Hochregallägern und Rotationslägern können die Lagerkosten niedrig gehalten werden. Die Lagersysteme ermöglichen die optimale Nutzung der Lagerkapazitäten und einen rationellen Personaleinsatz, sind aber in der Anschaffung und Wartung teuer.

Aufgabe 5

Lösung der Kennzahlen:

Wareneinsatz = Umsatz - Handelsspanne

480.000 - (480.000 • 40 %) = **288.000 €**

Durchschnittlicher Lagerbestand:

$$\frac{\text{Wareneinsatz}}{\text{Lagerumschlag}} = \frac{288.000}{4} = \mathbf{72.000\ €}$$

Durchschnittliche Lagerdauer:

$$\frac{360}{\text{Lagerumschlag}} = \frac{360}{4} = \mathbf{90\ Tage}$$

Kapitaleinsatz = Durchschnittlicher Lagerbestand = **72.000 €**

Aufgabe 6

a: Fehlende Lieferbereitschaft führt zu Umsatzrückgang – nicht nur bei den fehlenden Artikeln. Besonders wichtige Lieferanten könnten ihre Geschäftsbeziehungen überprüfen. Die Lieferbereitschaft bestimmt auch die Kundenbindung mit.

b:

- tagesaktuelle und genaue Bestandsführung
- Einsatz eines Warenwirtschaftssystem mit Melde- und Sicherheitsbeständen

- Lieferantenpflege
- vertragliche Absicherungen
- Kauf auf Abruf

c)

- Hohe Kapitalbindung
- Hohe Lagerkosten
- Liquiditätsbelastung
- Prozesskosten für Bearbeitung und Verwaltung

Aufgabe 7

Nein, der Lieferantenkredit lohnt sich nicht:
Näherungsformel zur Berechnung des effektiven Zinssatzes:
*Effektiver Jahreszinssatz = Skontosatz * 360 / Skontobezugsspanne*
(Skontobezugsspanne = Zahlungsziel – Skontofrist)
Effektiver Zinssatz = 3 % * 360 Tage / 20 Tage = <u>54 %</u>

Exakte Formel des effektiven Jahreszinssatzes lautet:
*Effektiver Jahreszinssatz = Skontosatz / (100 - Skontosatz) * 360 / Skontobezugsspanne* = 3 % / (97 %) * 360 Tage / 20 Tage * 100
= <u>55,67 %.</u>

Aufgabe 8

- Der Bürge haftet bei einer *Ausfallbürgschaft* nur, wenn der Hauptschuldner ausfällt. Der Bürge hat das Recht auf Einrede der Vorausklage, d. h. der Gläubiger muss zunächst erfolglos versucht haben, seinen Anspruch beim Hauptschuldner durchzusetzen. Erst dann muss der Bürge zahlen. Zwischen Nichtkaufleuten bedarf sie der Schriftform.
- Bei der *selbstschuldnerischen Bürgschaft* haftet der Bürge sofort und unmittelbar. Er verzichtet auf die Einrede der Vorausklage, mit welcher der Bürge eine Inanspruchnahme durch den Gläubiger abwehren kann. Die selbstschuldnerische Bürgschaft ist deshalb sehr gefährlich.

Aufgabe 9

- *Lifo-Methode (Last in - first out):* Die zuletzt beschafften Gegenstände gelten als zuerst abgesetzt. Bei steigender Tendenz der Beschaffungspreise liegt der Ansatz des Schlussbestandes unter dem der Einstandspreise am Bilanzstichtag. Der ausgewiesene Gewinn ist daher niedriger als bei der Durchschnittsbewertung.
- *Fifo-Methode (First in - first out):* Es wird unterstellt, dass die zuerst beschafften Waren auch zuerst veräußert werden. Dadurch werden die letzten Einstandspreise für die Bewertung des Schlussbestandes zugrunde gelegt. Bei steigender Tendenz der Preise wird also ein erhöhter Gewinn ausgewiesen.
- *Hifo-Methode (Highest in - first out):* Es wird unterstellt, dass die Waren mit den höchsten Einstandspreisen zuerst veräußert worden sind. Der Schlussbestand wird also mit den niedrigsten Preisen der Periode bewertet. Der Gewinn ist daher bei steigenden Einstandspreisen niedriger als bei Durchschnittsbewertung und Lifo-Methode.

Aufgabe 10

Anfangsbestand	10.000 Zentner
+ Zugänge	30.000 Zentner
	40.000 Zentner
- Endbestand	10.000 Zentner
Verbrauch	**30.000 Zentner**

Bewertung des Lagerbestandes:

Bewertungsverfahren	EUR	Fifo EUR	Lifo EUR	Hifo EUR	Ø EUR
Bestand	30.000	30.000		30.000	
1. Zugang	35.000	35.000	35.000	35.000	
2. Zugang	29.000	29.000	29.000		
3. Zugang	40.000		40.000	40.000	
Bestand und Zugänge		134.000	134.000	134.000	134.000
- Verbrauch		94.000	104.000	105.000	100.500
= Endbestand		40.000	30.000	29.000	33.500

Aufgabe 11

a: Ein Vertrag kann wegen Irrtums angefochten werden, wobei nur der Erklärungsirrtum (z. B. der Fall des Verschreibens), der Inhaltsirrtum (man wollte etwas anderes zum Ausdruck bringen) oder der Irrtum über eine Eigenschaft rechtlich relevant sind.
Außerdem kann ein Vertrag angefochten werden wegen falscher Übermittlung. Schließlich kann ein Vertrag wegen arglistiger Täuschung oder wegen widerrechtlicher Drohung angefochten werden.

b: In einigen Fällen können Verträge nichtig sein:

- Wenn die Geschäftsfähigkeit fehlt: Kinder sind bis zur Vollendung des 7. Lebensjahres geschäftsunfähig. Auch Personen, die sich in einem, die freie Willensbildung ausschließenden Zustand krankhafter Störung der Geistestätigkeit befinden sind - sofern dieser Zustand nicht nur vorübergehender Natur ist - ebenfalls geschäftsunfähig.
- Wenn zwingende Formvorschriften nicht eingehalten wurden: Bestimmte Verträge bedürfen der Schriftform, manche sogar der notariellen Beurkundung (Kauf von Grundstücken).
- Wenn Verträge gegen ein gesetzliches Verbot bzw. gegen die guten Sitten verstoßen (Wuchergeschäfte, Knebelungsgeschäfte).
- Scherzgeschäfte: Geschäfte, bei denen eine Willenserklärung abgegeben wird, die bei verständiger Würdigung nicht als ernsthaftes Angebot aufgefasst werden kann.
- Scheingeschäfte: Ein Scheingeschäft liegt vor, wenn die Parteien nach außen etwas ganz anderes erklären und zuweilen auch beurkunden, als sie tatsächlich wollen.
- Wenn die Leistung (von Anfang an) unmöglich erbracht werden kann („Ich verkaufe Dir den Mond“).

c: Im privaten Bereich gibt es Möglichkeiten, eine Erklärung widerrufen zu können (nicht unter Kaufleuten). Der Widerruf ist z. B. möglich bei

- Ratenzahlungsverträgen innerhalb einer Woche nach Unterzeichnung,

- bei Haustürgeschäften nach zwei Wochen,
- bei Fernabsatzgeschäften innerhalb von zwei Wochen, beginnend nach der korrekten Belehrung über das Widerspruchsrecht in Textform.

Aufgabe 12

Der Umsatzsteuer unterliegen Lieferungen und Leistungen, die ein Unternehmer im Erhebungsgebiet gegen Entgelt im Rahmen des Unternehmens ausführt, der Eigenverbrauch, die Einfuhr von Waren und Dienstleistungen.

Aufgabe 13

- *Marktanalyse:* Einmalige Durchleuchtung eines bestimmten Marktes zu einem bestimmten Zeitpunkt. Sie ist eine Zeitpunktbetrachtung aller relevanten Faktoren.
- *Marktbeobachtung:* Ständige Überwachung des Beschaffungsmarktes, um Veränderungen und Entwicklungen sichtbar zu machen. Es handelt sich um eine Zeitraumbetrachtung.
- *Marktprognose:* Ergebnisse der Marktanalyse und -beobachtung finden ihren Niederschlag in der Marktprognose, die zu ermitteln versucht, wie die Marktsituation der Zukunft sein wird.

Aufgabe 14

- *Einzelbewertung:* Die einzelnen Artikel werden für sich bewertet; der Schlussbestand wird durch Addition der Einzelwerte ermittelt.
- *Durchschnittsbewertung:* Aus dem Anfangsbestand und den Zugängen wird ein gewogener Durchschnittspreis pro Mengeneinheit ermittelt, der mit dem Schlussbestand multipliziert wird.
- *Verbrauchsfolgebewertung:* Bei der Lifo-Methode wird der Schlussbestand mit den Einkaufspreisen der Jahres-Anfangslieferungen bewertet. Bei der Fifo-Methode wird der Schlussbestand mit den Einkaufspreisen der letzten Lieferung(en) bewertet. Bei der Hifo-

Methode wird der Schlussbestand mit den niedrigsten Einkaufspreisen des Wirtschaftsjahres bewertet.

Aufgabe 15

Das Niederstwertprinzip ist ein Grundsatz ordnungsgemäßer Buchführung, das bei der Aufstellung einer Unternehmensbilanz zu beachten ist. Danach muss die Bewertung der Bilanzposten stets nach dem Grundsatz der Vorsicht durchgeführt werden. Wirtschaftsgüter sind höchstens mit den Anschaffungs- oder Herstellungskosten, ggfls. vermindert um die AfA anzusetzen, auch dann, wenn der tatsächliche Wert höher ist. Liegt der tatsächliche Wert unter dem aus Anschaffungs- bzw. Herstellungskosten und Abschreibungen berechneten Wert, so ist der niedrigere Teilwert anzusetzen. Denn: Drohende Verluste sind auszuweisen! Der Sinn des Prinzips ist somit in erster Linie der Gläubigerschutz.

Aufgabe 16

Mögliche Kriterien zur Angebotsprüfung:

- Qualität der Ware,
- Einstandspreis pro Mengeneinheit,
- Lieferzeit,
- Liefer- und Zahlungsbedingungen,
- Standort des Lieferanten,
- Gewährleistungsumfang,
- besondere Serviceleistungen oder Merchandising,
- Exklusiv-Vertriebsrechte oder Gebietsschutz,
- Möglichkeit für Gegengeschäfte.

Musterlösungen – Aufgabensatz IV

Aufgabe 1

- *Transportverpackungen* sind Verpackungen, die die Ware auf dem Weg zum Handel schützen und den Transport von Waren erleichtern. Transportverpackungen müssen von Herstellern und Handel zurückgenommen werden. Der Einzelhändler kann sie an die Lieferanten zurückgeben oder in deren Auftrag entsorgen.
- *Umverpackungen* sind zusätzliche Verpackungen um eine Verkaufsverpackung (Zahnpasta-Schachtel). Sie erleichtern die Abgabe von Waren in SB-Läden, erschweren Diebstähle oder werden als Werbemedium genutzt. Der Handel muss Umverpackungen vom Kunden zurücknehmen und entsorgen.
- *Verkaufsverpackungen* werden für Transport und Aufbewahrung der Waren verwendet. Verkaufsverpackungen umgeben die Ware unmittelbar (Zahnpastatube). Hersteller und Handel sind verpflichtet, die Verpackungen kostenlos zurückzunehmen. Die Entsorgung wird meist dem Dualen System überlassen, man könnte jedoch die Entsorgung auch selbst übernehmen.

Aufgabe 2

Fehlmengenkosten fallen an, wenn ein Bedarf für den Verkauf nicht aus dem Vorrat gedeckt werden kann. Bei einem hohen Lieferbereitschaftsgrad (etwa 90 Prozent) entstehen geringe Fehlmengenkosten. Senkt man den Bereitschaftsgrad auf 60 Prozent, so besteht die Gefahr, dass sich beträchtliche Fehlmengenkosten ergeben. Solche Kosten können sein:

- Entgangene Gewinne und Imageverluste
- Kosten für Sondermaßnahmen, um die Verkaufskontinuität aufrecht zu erhalten (erhöhte Schreib- und Telefonkosten im Einkauf, erhöhte Transportkosten, überhöhte Materialpreise, erhöhter Personalaufwand im Einkauf).

Aufgabe 3

Die *qualitative Wertminderung* ist modische oder technische Veralterung etwa bei Kleidung, Unterhaltungselektronik, Bürotechnik.
Die *quantitative Wertminderung* stellt einen Schwund dar (Verdunstung, Verderb, Diebstahl).

Aufgabe 4

Unter Anwesenden kann ein Vertragsangebot sofort angenommen werden. Unter Abwesenden ist die Annahme möglich, solange mit einer Antwort unter regelmäßigen Umständen zu rechnen ist (Überlegungsfrist, Beförderungszeit).

Aufgabe 5

Geringwertige Wirtschaftsgüter sind Anlagegüter mit Anschaffungskosten bis zu 410 € (netto). Diese Güter können entweder über die Nutzungsdauer planmäßig abgeschrieben oder im Jahr der Anschaffung in voller Höhe sofort abgeschrieben werden.

Aufgabe 6

a: Einkaufslimit und freies Limit

- *Ermittlung des Planumsatzes:*

Umsatz des Vorjahres	250.000,-- €
+ 8 % Umsatzsteigerung	20.000,-- €
= Planumsatz	270.000,-- €

- *Ermittlung des geplanten Wareneinsatzes = Bruttolimit:*

Planumsatz	270.000,-- €
- Handelspanne (33 1/3 %)	90.000,-- €
= Bruttolimit	180.000,-- €

- *Ermittlung des Einkaufslimits = Nettolimit:*
  Schritt 1: Ermittlung des Lagerumschlags, da der durchschnittliche Kapitaleinsatz (= durchschnittlicher Lagerbestand) bereits gegeben ist nach der Formel:

$$\text{Lagerumschlag} = \frac{\text{geplanter Wareneinsatz}}{\text{durchschn. Lagerbestand}}$$

$$= \frac{180.000\ €}{36.000\ €} = 5 \text{ mal}$$

Schritt 2: Ermittlung des Lageranbaus bzw. Lagerabbaus

geplanter durchschn. Lagerbestand	36.000,-- €
- Anfangsbestand	38.234,-- €
= Differenz Lagerabbau	2.234,-- €

Schritt 3: Ermittlung des Einkaufslimits

Bruttolimit	180.000,-- €
- Lagerabbau	2.234,-- €
= **Einkaufslimit**	**177.766,-- €**

- Ermittlung des freien Limits:

Einkaufslimit	177.766,-- €
- 12 % Limitreserve	21.332,-- €
= freies Limit	**156.434,-- €**

b: Der Lagerumschlag beträgt im Planjahr 5.

c: Limitreserven werden gebraucht für evtl. Nachdispositionen (für Sonderaktionen, Nachorder bei gut gehenden Artikeln), die sich aus der Marktentwicklung selbst oder aus einer besonderen Konkurrenzsituation ergeben können.

Aufgabe 7

a: Zweck des Gesetzes ist die Förderung der Kreislaufwirtschaft zur Schonung der natürlichen Ressourcen und die Sicherung der umweltverträglichen Beseitigung von Abfällen. Das bedeutet:

- Vermeidung: Abfälle sind in erster Linie zu vermeiden.
- Verwertung: Abfälle sollen verwertet werden.
- Beseitigung: Abfälle, die nicht verwertet werden, sind gemeinwohlverträglich in zugelassenen Anlagen zu beseitigen.

b: Unter Abfallvermeidung werden alle Maßnahmen verstanden, die der Verwertung voraus gehen und die Menge des Abfalls reduzieren.
Zur *qualitativen Abfallvermeidung* gehören:

- Vermeidung von giftigen oder problematischen Stoffen
- die Vermeidung von Stoff-Verbünden (Verpackungen, die aus mindestens zwei verbundenen Materialien bestehen und sich nicht von Hand trennen lassen).

Zur *quantitativen Abfallvermeidung* zählen Maßnahmen, die schon bei der Produktion auf die Verminderung der Abfallmenge zielen:

- Verringerung der Materialmasse (z. B. dünnere Verpackungsfolien)
- die Konzeption von Produkten mit langer Gebrauchsdauer für die Wiedernutzung, Weiternutzung, Wiederbefüllbarkeit etc.

c: Umweltmanagement bedeutet, systematisch alle Aktivitäten des Unternehmens daraufhin zu prüfen, inwiefern sie die Umwelt belasten oder zum Umweltschutz beitragen können. Vorteile eines Umweltmanagements können Kostenreduzierungen durch Sparmaßnahmen bei Energie, Wasser und Entsorgung sein, die Profilierung bei umweltbewussten Kunden und eine höhere Motivation der Mitarbeiter. Es existieren zahlreiche Ansatzpunkte, ein Umweltmanagement im Handel zu betreiben:

- Umweltschutz im Sortiment: Auslistung von umweltgefährdenden Produkten, verstärkte Listung umweltverträglicher Produkte.

- Umweltschutz in der Kundenberatung: Umweltthemen nutzen, indem Umweltschutz zum Marketingthema und Verkaufsargument wird.
- Schulung der Mitarbeiter zu umweltbewusstem Verhalten.
- Striktes Einsparen von Wasser und Energie.
- Sorgfältiges Trennen von Abfällen.
- Umweltverträgliche Reinigung der Räumlichkeiten.
- Umweltschutz im Büro (Senkung des Materialverbrauchs).

Aufgabe 8

a: *Anbahnungsphase mit*

- Bedarfsermittlung: Ermittlung des für die Leistungserstellung notwendigen Bedarfs an Materialien, Waren und Leistungen in der erforderlichen Menge und Qualität. Beispiel: Ermittlung der für die Produktion einer Jeans erforderlichen Stoffe in der notwendigen Qualität und Menge.
- Bestandskontrolle und Ermittlung des Bestellbedarfs: Abgleich des Bedarfs mit dem Lagerbestand, um die Menge der Neubestellungen zu ermitteln. Beispiel: Abgleich der erforderlichen Jeansstoffe mit den vorhandenen Stoffen, um neu zu bestellende Menge zu ermitteln.
- Suche nach geeigneten Bezugsquellen für die neu zu beschaffenden Materialien und Leistungen.

Vereinbarungsphase mit:

- Lieferantenauswahl: Entscheidung für konkreten Lieferanten.
- Genehmigung: Übersteigt z. B. das Bestellvolumen einen festgelegten Betrag, wird u. U. eine Genehmigung der Unternehmensleitung erforderlich.
- Bestellung: Weiterleitung der Bestellung an den Lieferanten.

Abwicklungsphase mit:

- Bestellüberwachung: Prüfung, ob Bestellung ausgeführt wird und ob die Materialien zum vereinbarten Termin geliefert werden.
- Wareneingang: Anlieferung der Materialien mit Kontrolle von Menge und Qualität.

- Rechungsprüfung und Zahlungsabwicklung: Überprüfung und Genehmigung der Rechnung sowie Anweisung der Zahlung.

b: *Single Sourcing* (Einzelquellenbeschaffung): Beschaffung einer festgelegten Palette an Waren oder Dienstleistungen von einem Anbieter.
Vorteile:
- Günstigerer Einkaufspreis aufgrund großer Abnahmemengen.
- Vertrauen durch langfristige Geschäftsbeziehung.
- Betellungen werden zu Routinevorgängen.
- Geringer Verhandlungs-, Kommunikations- und Logistikaufwand.
- Bevorzugte Behandlung bei Lieferengpässen, Sonderwünschen, Eilaufträgen, Sachmängeln.

Nachteile:
- Starke Abhängigkeit von einem Lieferanten.
- Risiko von Produktionsausfällen bei Lieferschwierigkeiten.
- Es wird u. U. nicht das günstigste Produkt am Markt gekauft.
- Geringe Flexibilität bei Bedarfsschwankungen.

Global Sourcing (Globalbeschaffung): Beschaffung des günstigsten Produkts auf dem Weltmarkt. Dies bedeutet eine effiziente Nutzung weltweiter Ressourcen durch internationale Bezugsquellen.
Vorteile:
- Umfassende Information.
- Einfacher Zugriff auf internationale Beschaffungsmärkte.
- Bezug von Ressourcen, die im eigenen Land nicht verfügbar oder sehr teuer sind.
- Nutzung der Spezialisierung von Regionen oder Anbietern.

Nachteile:
- Hoher Informationsbedarf und u. U. lange Lieferzeiten.
- Hoher Koordinations- und Logistikaufwand.
- Günstige Einkaufspreise können durch Transportkosten und Zölle zunichte gemacht werden, Währungsrisiken.
- Kulturelle Verständigungsprobleme.

<u>Modular Sourcing:</u> Einkauf fertig produzierter Module oder Systeme. Industriezweige wie die Automobil-, Bau- oder Elektroindustrie kaufen statt Einzelteilen fertig montierte Baugruppen (komplette Armaturen für Autos).
Vorteile:

- Hersteller kann sich auf Kernkompetenzen konzentrieren.
- Reduzierung der Lieferanten.
- Nutzung des speziellen Know-hows des Lieferanten.
- Einschränkung der Fertigungstiefe und Vereinfachung des Fertigungsprozesses.
- Reduzierung der Einkaufsvorgänge (man muss ein Modul beschaffen)

Nachteile:

- Starke Abhängigkeit von Modullieferanten.
- Es wird nicht immer das günstigste Produkt gekauft.
- Mögliche Produktionsausfälle bei Lieferschwierigkeiten.

Aufgabe 9

Die Rechtsgrundlage liefert § 377 HGB: Ist der Kauf für beide Teile ein Handelsgeschäft, so hat der Käufer die Ware unverzüglich zu untersuchen und, wenn sich ein Mangel zeigt, dem Verkäufer unverzüglich Anzeige zu machen. Unterlässt der Käufer die Anzeige, so gilt die Ware als genehmigt. Ist schon bei der Warenannahme offensichtlich, dass die Ware einen Mangel besitzt oder ein Transportschaden vorliegt, darf die Sendung nur unter Vorbehalt angenommen werden, da sonst der Gewährleistungsanspruch erlischt (z. B. d. Vermerk auf Lieferscheinkopie).

Aufgabe 10

a: Die *ABC-Analyse* teilt eine Menge von Objekten in die Klassen A, B und C auf, die nach absteigender Bedeutung geordnet sind. Eine typische ABC-Analyse gibt z. B. an, welche Produkte am stärksten am Umsatz eines Unternehmens beteiligt sind (A) und welche am wenigsten (C).
Als idealtypisch gilt die aus der Pareto-Verteilung abgeleitete 80/20-Regel. Bei einer Kundenbewertung werden z. B. mit nur 20 Prozent der Kunden

bereits 80 Prozent des Umsatzes erzielt (A-Kunden = hohe Bedeutung). 30 Prozent der Kunden bringen 15 Prozent des Umsatzes (B-Kunden = mittlere Bedeutung), die restlichen 50 Prozent der Kunden machen nur 5 Prozent des Umsatzes aus (C-Kunden = geringe Bedeutung).

b:

Artikel	Absatz	Preis	Umsatz	Reihenf.	Wertanteil in % (gerundet)
A	900	650	585.000	1	28
B	140	800	112.000	6	6
C	190	699	132.810	5	6
D	300	1099	329.700	4	16
E	500	1010	505.000	2	25
F	250	1600	400.000	3	19
$\sum$	2280		2.064.510		100

- A-Artikel: Laptops A und E = 53 Prozent vom Umsatz
- B-Artikel: Laptops F und D = 35 Prozent vom Umsatz
- C-Artikel: Laptops B und C = 12 Prozent vom Umsatz

Konsequenz für die Beschaffung und Lagerhaltung (ohne Berücksichtigung des jeweiligen Ergebnisbeitrages):

- Laptops A und E in größerer Menge beschaffen.
- Schnelle Nachlieferung der A-Artikel ermöglichen.
- Laptops A und E in größerer Menge lagern.
- Lager nur zum geringen Anteil mit Laptops B und C belegen.

Aufgabe 11

Efficient Consumer Response bedeutet eine kundenorientierte und ganzheitliche Betrachtung der Wertschöpfungskette. Ziel ist es, die Voraussetzungen und Techniken für eine kooperative Zusammenarbeit zwischen Handel und Hersteller zu schaffen und umzusetzen. Übersetzt bedeutet ECR etwa die „effiziente Reaktion auf die Kundennachfrage“: Alle

Beteiligten kooperieren, um den Kundenbedarf optimal zu befriedigen und die Kundenzufriedenheit zu steigern. Beispiel: Aus den Absatzdaten der Produkte können per EDV in einer Informations- und Versorgungskette zwischen Hersteller und Handel Bestellungen generiert werden, die genau an den Verbrauch dieser Produkte angepasst sind. Die vier Basisstrategien des ECR sind das *Efficient Replenishment* (Effiziente Warenversorgung), das *Efficient Assortment* (Effiziente Sortimentsgestaltung), die *Efficient Promotion* (Effiziente Verkaufsförderung) und die *Efficient Product Introduction* (Effiziente Entwicklung und Einführung neuer Produkte).

Aufgabe 12

a: Das Bestandsdiagramm:

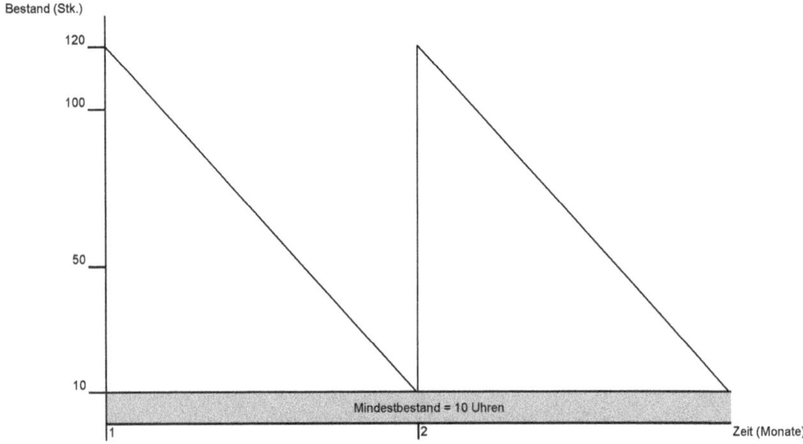

b: Berechnung der Kennzahlen:

Durchschnittlicher Lagerbestand:

$$\frac{\text{Maximalbestand} + \text{Mindestbestand}}{2} = \frac{120 + 10}{2} = \mathbf{65\ Uhren}$$

Durchschnittliche Kapitalbindung:
durchschnittlicher Lagerbestand * Einstandspreis =
65 Uhren * 70 € = **4.550 €**

Lagerumschlagshäufigkeit:

$$\frac{\text{Jahresabsatz}}{\text{durchschn. Lagerbestand}} = \frac{12 * 110}{65} = \mathbf{20}$$

Lagerkosten:

$$\frac{\text{durchschn. Kapitalbindung * LKS}}{100} = \frac{4.550 * 20}{100} = \mathbf{910\ €\ /\ Jahr}$$

3.6 Marketing und Vertrieb

Musterlösungen – Aufgabensatz I

Aufgabe 1

a: Der Absatzplan weist Absatzmengen und Erlöse detailliert nach Produkten, Produktgruppen, Märkten, Absatzgebieten, Zeiträumen und Abnehmern aus.

b: Der Absatzplan wird auch als Engpassplan bezeichnet, da alle anderen Planungen von der Absatzplanung abhängig sind. Der Absatzplan ist z. B. Ausgangspunkt für die Produktionsplanung, die Personalplanung, die Finanz- und Ergebnisplanung.

c: Inhalte des Absatzplans sind das Verkaufsprogramm (Was soll verkauft werden?), die Zielgruppen (An wen soll verkauft werden?), die Preisstellung (Zu welchem Preis?) und die Ergebnisplanung (Mit welchem Ergebnis?).

d: Der Absatzplan lässt sich wie folgt gliedern: zeitlich (z. B. nach Monaten oder Quartalen), räumlich (nach Verkaufsgebieten), sachlich (z. B. nach Produkten oder Produktgruppen)

Aufgabe 2

a: Die Ansätze in Matrixform als Produkt-Markt-Matrix:

Markt / Produkte	**bestehende**	**Neue**
bestehende	Marktdurchdringung	Marktentwicklung
Neue	Produktinnovation	Diversifikation

- *Kurzfristig* wirksame Maßnahmen zur Marktdurchdringung: Produktvariation, Werbung, Verkaufsförderung, Rabatte.
- *Mittelfristig* wirksame Maßnahmen zur Marktentwicklung und Produktinnovation: Angebotsdifferenzierung, Schaffen von Zusatznutzen, Entwicklung neuer Produkte, Imagewerbung, PR.
- *Langfristig* wirksame Maßnahmen im Rahmen der Diversifikation: Horizontale, vertikale und laterale Diversifikation.

b: Die Gap-Analyse (Lückenanalyse) ist ein Instrument der strategischen Planung. Ziel ist es, einen bestimmten Planungszeitraum (z. B. 10 Jahre) und die jeweilige Planungsgröße (z. B. Umsatz- bzw. Gewinnziele) mit der tatsächlichen Entwicklung abzugleichen. Abweichungen zwischen Soll und Ist stellen die Ziellücke (Gap) dar. Zum Schließen dieser Ziellücke werden bei der einfachen Gap-Analyse die vier strategischen Vorgehensweisen der Produkt-Markt-Matrix von Ansoff eingesetzt.

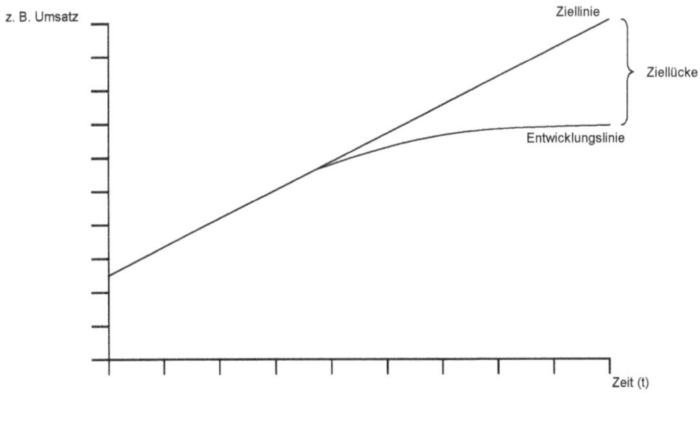

Aufgabe 3

SWOT-Analyse: Analyse der internen Stärken (**S**trengths) und Schwächen (**W**eaknesses) sowie der externen Chancen (**O**pportunities) und Risiken (**T**hreats). Das Motto: Analysiere und kombiniere externe Chancen mit internen Stärken und baue Risiken ab. Die Dimensionen des Analysemodells werden in einer SWOT-Matrix dargestellt, die wie folgt aufgebaut ist:

		Interne Analyse	
		Stärken (**S**trength)	Schwächen (**W**eaknesses)
Externe Analyse	Chancen (**O**pportunities)	S-O-Strategie = Stärken ausbauen	W-O-Strategie = Schwächen abbauen
	Risiken (**T**hreats)	S-T-Strategie = Risiken vorbeugen	W-T-Strategie = meiden

Analysiert werden können u. a. interne Stärken und Schwächen in den Bereichen Absatzprogramm, Forschung und Entwicklung, Finanzstruktur, Qualifikation der Mitarbeiter. Die externen Chancen und Risiken können beispielsweise liegen in den Standortbedingungen, der Marktsituation (Kunden, Lieferanten, Mitbewerber), den volkswirtschaftlichen und den rechtlichen Rahmenbedingungen, der Konjunkturentwicklung und den demographischen Veränderungen.

Aufgabe 4

Mit der Matrix systematisiert Porter Strategien, die ein Unternehmen verfolgen kann, um sich im Markt einen Wettbewerbsvorteil zu verschaffen. Er ordnet die Strategien nach dem strategischen Ziel und nach dem strategischen Vorteil.

Daraus ergeben sich drei grundlegende Strategie-Typen:

		Strategischer Vorteil	
		Singularität aus Käufersicht	**Kostenvorsprung**
Strategisches Ziel	**Branchenweit**	Differenzierung	Kostenführerschaft
	Segment der Branche	Fokussierung	

Die Strategie der *Kostenführerschaft* versucht, durch geringere Kosten einen Wettbewerbsvorteil zu erlangen.

- Ansetzen bei Kostensenkungseffekten auf der Basis von Erfahrungskurven und den *Economies of Scale*.
- Durch Optimierung der Wertschöpfungskette werden Kosten gesenkt und an den Kunden weitergegeben.

Unter der *Differenzierungsstrategie* versteht man, sich beim Verbraucher vor anderen Konkurrenten auszuzeichnen und abzusetzen.

- Aufbau einer hohen Eigenständigkeit im Marketing-Mix (über Preis, Image, Dienstleistungen, Design, Qualität).
- Größtmögliche Abgrenzung vom Wettbewerb.

Die *Fokussierungsstrategie* (= Nischenstrategien) stellt die Konzentration auf Kundengruppen, Segmente oder geographische Märkte dar. Sie beruht auf der Annahme, dass ein Unternehmen aufgrund des eng gefassten Ziels dieses besser erreichen kann.

- Konzentration auf Kernkompetenzen (Leistungsbegrenzung)
- Konzentration bzgl. Marktbearbeitung (Areal, Zielgruppe)
- Konzentration der einzusetzenden Mittel (Marketing-Mix)

Aufgabe 5

a: Normstrategien der Portfolio-Matrix

	Question Marks	Stars	Cash Cows	Dogs
Zielvorstellung	Selektiver Ausbau / Abbau des Marktanteils	Halten / Ausbau Marktanteil	Halten / Abbau Marktanteil	Abbau Marktanteil
Investitionsaufwand	Hoch: Verkauf oder Erweiterungsinvestition	Hoch: Reinvestition des Netto Cash Flows	Gering: Rationalisierung oder Ersatzinvestition	Minimal
Verhalten gegenüber Risiko	Akzeptieren	Akzeptieren	Einschränken	Stark reduzieren

Richtig ist auch:

- E und D: Desinvestition
- C: Wachstumsstrategie
- B: Offensivstrategie
- A: Abschöpfungsstrategie

b: Mögliche Maßnahmen für die SGE:

Produkt E und D (Poor Dogs, geringes Marktwachstum und relativ schwacher Marktanteil): Marktanteil stark senken oder verkaufen!

*Produkt B (*Stars, SGE in der Wachstumsphase, die ihre Finanzmittel selbst erwirtschaften. Der Netto-Cash Flow ist ausgeglichen): Marktanteile halten oder ausbauen.

c: Das Portfolio hat überwiegend ertragbringende SGE, mit denen das Unternehmen auch in der Lage ist, zukünftig innovativ in neue Produkte zu investieren. Gleichzeitig sind für die „Poor Dogs" D und E bereits das Nachfolgeprodukt C (Questionmark) am Markt und Produkt B (Star) bereits etabliert. Auch wenn es noch mehr Nachwuchs-SGE sein könnten: Ein ausgeglichenes Portfolio.

d: Der *Marktanteil* stellt das Verhältnis zum Gesamtmarkt dar und ist damit ein wichtiger Gradmesser für die Stärke eines Unternehmens im relevanten

Markt. Das *Marktwachstum* stellt die jährliche Entwicklung für die einzelnen Märkte dar und zeigt damit die Zukunftschancen für das Unternehmen auf.

Aufgabe 6

Kunden und Anbieter verfolgen bezüglich ihrer Sortimentswünsche verschiedene Ziele. Diese sind teilweise konträr:

Wünsche Konsument	**Wünsche Anbieter**
• Sortimentsvielfalt	• Sortimentsbeschränkung
• zeitsparender Einkauf	• kostensparender Verkauf
• bedarfsgerechte Auswahl	• geringe Lagerkosten

Aufgabe 7

- *Produktinnovation*: Ein Produkt, das vom Kunden als neuartig wahrgenommen und am Markt erfolgreich eingeführt wird. Unter einer absoluten Innovation versteht man, dass ein Angebot erstmals am Markt verfügbar ist („echte Innovation"). Relative Innovationen sind Angebote, die nur für das betreffende Unternehmen neuartig sind, nicht jedoch für den Markt an sich.
- *Produktvariation*: Veränderungen an einem schon auf dem Markt befindlichen Produkt (z. B. an Technik, Material, Design). Die Grundfunktionen bleiben erhalten, jedoch werden Eigenschaften verändert, so dass sie eine Verbesserung darstellen. Beispiel: Glasflaschen werden durch Pet-Flaschen ersetzt. Die Verpackung wird variiert, die Grundfunktion („löscht Durst") bleibt erhalten.
- *Produktdifferenzierung*: Ein Produkt wird in mehreren Ausführungen angeboten, um auf die Bedürfnisse unterschiedlicher Zielgruppen einzugehen. So können Kunden gebunden oder Zielgruppen erweitert werden. Beispiel: Waschmittel gibt es als Pulver, Tabs oder Flüssigwaschmittel.

- *Produktelimination*: Entfernung eines Produktes aus dem Sortiment aufgrund fehlenden Bedarfs oder unbefriedigender Wettbewerbssituation.
- *Produktdiversifikation*: Aufnahme zusätzlicher Produkte in das Angebot. Bei der *horizontalen Diversifikation* nimmt ein Unternehmen ein Produkt der gleichen Wirtschaftsstufe in sein Sortiment auf. Die *vertikale Diversifikation* bezeichnet die Erweiterung des Produktionsprogramms um Produkte aus vor- und nachgelagerten Wirtschaftsstufen. Die Erweiterung des Produktionsprogramms um Produkte, die in keinem Zusammenhang mit den bisherigen Produkten stehen, wird als *laterale Diversifikation* bezeichnet.

Aufgabe 8

Me-Too-Strategie (Imitationsstrategie): Strategie der bewussten Nachahmung eines Mitbewerbers (meist des Marktführers). Die Mee-Too-Strategie ist sinnvoll, wenn die eigene Finanzkraft nicht für die Entwicklung und Vermarktung neuer Produkte ausreicht oder wenn man abwarten möchte, ob sich neue Produkte am Markt durchsetzen. Die Gefahr ist, dass es nur wenige Möglichkeiten gibt, Wettbewerbsvorteile gegenüber Konkurrenten aufzubauen.

Aufgabe 9

Festpreisstrategien:

- Hochpreisstrategie: Der Preis wird auf hohem Niveau festgesetzt – oftmals um eine Qualitätsführerschaft zu erreichen.
- Niedrigpreisstrategie: Der Preis wird auf niedrigem Niveau festgesetzt. Der Grund liegt in der angestrebten Kostenführerschaft.

Preiswettbewerbsstrategien:

- Preisführer: Der Preisführer hat den höchsten Preis im Markt.
- Preisfolger: Der eigene Preis wird dem des Preisführers laufend angepasst. Allerdings befindet sich der Preis des Preisfolgers knapp unterhalb dem des Preisführers.

- Preiskämpfer: Der Preiskämpfer hat den niedrigsten Preis.

Preisabfolgestrategien:

- Abschöpfungsstrategie (*skimming pricing*): Der Preis für ein Produkt wird zunächst hoch angesetzt und mit zunehmender Markterschließung nach unten korrigiert. Ziel ist, bei Pionierkäufern, die bereit sind für ein neues Produkt einen hohen Preis zu zahlen, diesen „abzuschöpfen".
- Die Penetrationsstrategie (*penetration pricing*) bezeichnet eine Preispolitik, bei der der Preis anfangs niedrig gehalten wird, um eine hohe Marktdurchdringung zu erzielen. Später wird der Preis sukzessiv erhöht.

Aufgabe 10

Beispiele für mögliche PR-Maßnahmen:

- Verfassen von Presseartikeln über Tätigkeit, Ziele und Angebot für eine Veröffentlichung in den Lokalzeitungen.
- Organisation eines Presseabends mit informativer und unterhaltsamer Vorstellung des Party-Service, damit in einer der nächsten Ausgaben darüber berichtet wird.
- Direkte Ansprache der Lokalredaktionen, um eine Reportage anzuregen z. B. über Vorstellung der eignen Person als Existenzgründer, die sich aus der Arbeitslosigkeit selbständig gemacht hat, Förderung der Region durch den Bezug von regionalen Produkten, etc.

Musterlösungen – Aufgabensatz II

Aufgabe 1

- Struktur der Nachfrageseite: Anzahl der Nachfrager, Nachfrager-Typologien, Substituierbarkeit des Produkts.
- Preisvorstellungen der Nachfrager.
- Preisbereitschaft der Nachfrager: Entsprechend seiner Preisvorstellungen, Kaufkraft und der Dringlichkeit des Bedarfs ist der Nachfrager bereit, einen bestimmten Preis zu bezahlen.
- Preisklassen der Nachfrager: Die Preisvorstellungen und Preisbereitschaft der Nachfrager sind auf bestimmte Preisklassen (untere, mittlere, gehobene) verteilt.
- Einfluss von Qualität und Image: Häufig richtet der Nachfrager die Beurteilung des Produktes am Image des Herstellers aus, weil ihm die Sachkenntnis für die Beurteilung der Qualität fehlt.

Aufgabe 2

Als Preisführer bezeichnet man einen Anbieter, dem sich bei einer Preisänderung die übrigen Anbieter anschließen. Er tritt meist im Oligopol auf. Man unterscheidet zwischen dominierender Preisführerschaft (= Preisführer aufgrund großer Marktmacht, der einen Preis diktieren kann) und barometrischer Preisführerschaft (= Preisführer gibt einen Preis vor, dem Mitbewerber „freiwillig“ folgen).

Aufgabe 3

- Funktionsrabatte: Rabatte, die für die Übernahme bestimmter Funktionen beim Absatz an Handel und Konsumenten gewährt werden. Beispiele: Groß- und Einzelhandelsrabatt, Barzahlungsrabatt, Abholrabatt.
- Mengenrabatte: Rabatte, die für die Abnahme großer Mengen gewährt werden, z. B. Rabatte für Stückzahlen, Jahresboni, Sammelauftrag.
- Zeitrabatte: Sie werden gewährt, wenn zu festgelegten Zeitpunkten oder in bestimmten Zeitabständen bestellt wird. Sie werden auch bei

Auslaufartikeln oder zu saisonuntypischen Bestellzeitpunkten angeboten. Beispiele: Einführungs-, Aktions-, Saisonrabatt, Frühbezugsrabatt.
- Treuerabatte: Rabatte zur Aufrechterhaltung einer längerfristigen Geschäftsbeziehung.
- Bar- und Warenrabatte zur Steigerung der Kundenzufriedenheit, des höheren Waren- und Umsatzwachstums.

Aufgabe 4

Märkte / Produkte	**gegenwärtig**	**Neu**
gegenwärtig	**Marktdurchdringung** • Erhöhung der Konsumintensität • Gewinnen bisheriger Nicht-Verwender • Konkurrenzverdrängung	**Markterweiterung** • neue geographische Märkte • neue Absatzwege • Neue Marktsegmente • Neue Verwendungsmöglichkeiten
Neu	**Produktentwicklung** • Produktinnovation • Produktdifferenzierung • Produktvariation	**Diversifikation** • horizontal • vertikal • lateral

Aufgabe 5

Der Werbeträger ist unverzichtbar. Er stellt überhaupt erst den physischen Kontakt zum Empfänger her und transportiert damit die Botschaft, die das Unternehmen an ihn senden möchte.

Aufgabe 6

a: Der Empfänger kann durch die Werbung seinen Marktüberblick verbessern und sich über Zahl und Struktur der Anbieter informieren. Er bekommt Informationen, wo ein Produkt zu welchem Preis erhältlich ist, kann herausfinden, welches der Angebote zu seinem Bedarf passt, und somit eine Vorauswahl treffen. Er kann ein günstiges Angebot mit Produkten von Mitbewerbern leicht prüfen.

b: Die Werbung für solche Produkte ist unerlässlich. Bei der großen Fülle an gleichartigen Angeboten muss der Kunde immer wieder an das Produkt erinnert werden – auch wenn es bereits bekannt ist und vom Verbraucher geschätzt wird.

Aufgabe 7

a: Berechnung der Gewinnschwelle:

B-E-Menge: M = Kf : (P-Kv) = 120.000 : (10 – 7) = 40.000 Kisten

B-E-Umsatz: 10 x 40.000 = 400.000 €

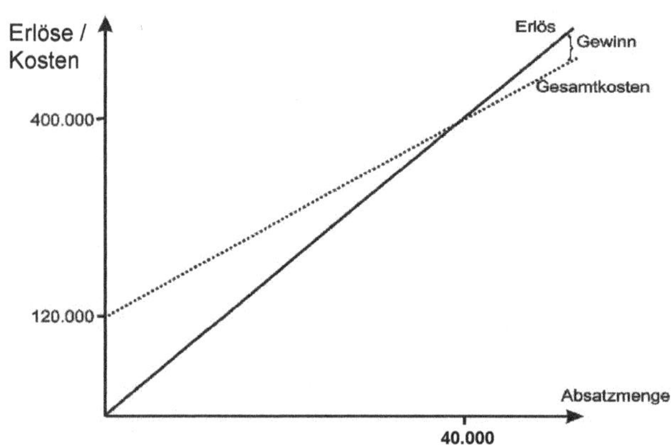

Im Getränkemarkt müssen 40.000 Kisten p.a. verkauft werden, um die fixen Kosten zu decken. Jede weitere Kiste bringt einen Gewinn von 3 €.

b: <u>Maßnahme A:</u>

- Die Fixkosten betragen jetzt 135.000 €.
- Dann beträgt die Break-Even-Menge M:
  Kf : (P-Kv) = 135.000 : (10 – 7) = 45.000 Kisten
- Der Break-Even-Umsatz beträgt 10 x 45.000 = 450.000 €

<u>Maßnahme B:</u>

- Der Durchschnittspreis pro Kiste beträgt jetzt 10,50.
- Break-Even-Menge M:
  Kf : (P-Kv) = 120.000 : (10,50 – 7) = 34.286 Kisten
- Der Break-Even-Umsatz beträgt 10,5 x 34.286 = 360.003 €.

Graphische Darstellung Maßnahme A:

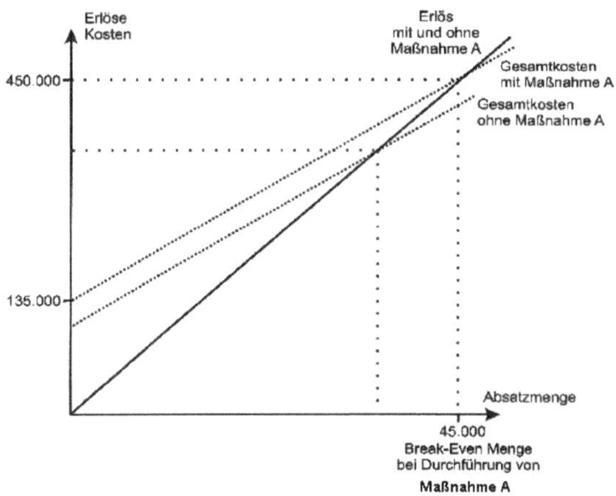

Die Gesamtkostenkurve verschiebt sich gegenüber der Ausgangssituation parallel nach oben.

Graphische Darstellung Maßnahme B:

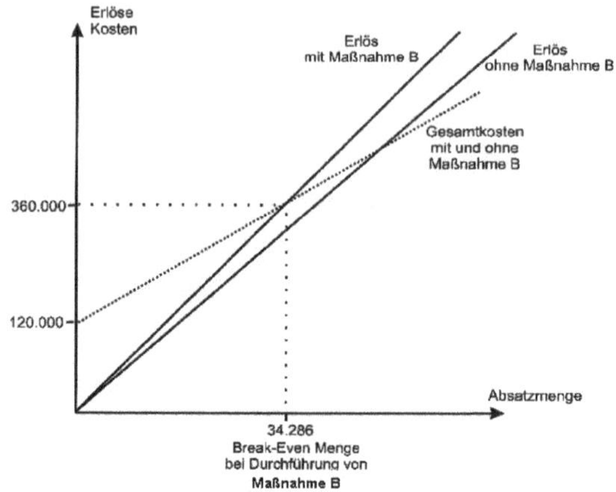

Die Erlöskurve verläuft aufgrund des höheren Preises pro Kiste steiler gegenüber der Ausgangssituation.

Bewertung der Maßnahmen:

Maßnahme A: Die Plakatwerbung würde einen Mehrabsatz von 5.000 Kisten verlangen; tatsächlich wird nur ein Mehrabsatz von 4.500 Kisten erwartet. Die Werbung würde im 1. Jahr zulasten des Gewinns gehen.

Maßnahme B: Der Break-Even-Umsatz liegt um knapp 40.000 € unter dem Ausgangsstand: Der Gewinn erhöht sich also bei steigendem Preis – auch wenn der Absatz zurückgeht.

Empfehlung heißt also: Maßnahme B wählen!

Aufgabe 8

Eine Standortbewertung könnte über ein Punktsystem erfolgen. Dabei werden die Standortfaktoren nach ihrer Bedeutung gewichtet und anschließend die einzelnen Standorte danach beurteilt. Die Multiplikation von Gewichtung und Bewertung führt zum Gesamturteil. Danach würden Sie sich für Laden A entscheiden.

Standortfaktoren	Gewichtung der einzelnen Faktoren (Punkte: 0 - 5)	Bewertung jedes Faktors für den Standort (0 - 5)		Multiplikation Bewertung mit Gewichtung	
		A	B	A	B
Kundennähe	5	5	2	25	10
Konkurrenznähe	3	2	5	6	15
Mietpreise	4	2	4	8	16
Ausbaumöglichkeiten	1	3	3	3	3
Verkehrslage	5	4	5	20	25
Atmosphäre	5	5	2	25	10
Gesamtpunkte				**87**	**79**

Aufgabe 9

a:

- Erstellung eines genauen Grundrisses des Marktes einschließlich der Warenträger
- Festlegung des Beobachtungszeitraums
- Auswahl und Einweisung der Beobachter

b: Ziel: Steigerung der Flächenproduktivität. Durch die Optimierung der Warenpräsentation und der Laufwege kann die Verweildauer erhöht werden, mehr Warenkontakte geschaffen und damit auch mehr Impulskäufe ausgelöst werden.

c: Es können beispielsweise folgende Fragen beantwortet werden:

- Wie verhalten sich die Kunden im Geschäft?
- Wie hoch ist die Aufenthaltsdauer der Kunden?
- Welche Wege werden „durchlaufen", wo lässt sich der Kunde Zeit?
- Wo liegen „tote" Ecken im Geschäft?
- Ist die Wegführung unübersichtlich, gibt es Laufhindernisse?
- Sind Warenpräsentation und Gestaltungskonzepte erkennbar?
- Optimierung von Sortimenten und Platzierungen.
- Problemlösung für die Umsatzschwäche einzelner Warengruppen.

- Wirksamkeit und Effektivität von Aktionen, Aktionsständen, Promotionsständen, Plakaten, etc.

Aufgabe 10
Bei der Auswertung eines Kassenbons werden u. a. folgende Informationen preisgegeben:
- Wie hoch sind die durchschnittlichen Ausgaben?
- Welche Artikel werden mit welchem Artikel im Verbund verkauft?
- Welche Artikel bevorzugen die Kunden?
- Wann kommen die meisten Kunden?
- In welchen Stunden ist der Umsatz am höchsten?

Musterlösungen – Aufgabensatz III

Aufgabe 1

a: Instrumente sind:

- GAP Analyse (Ziel-Lücken-Analyse)
- Portfolio-Analyse
- Deckungsbeitragsrechnung
- Umsatzanalyse
- Marktanteilsanalyse
- Cash Flow-Analyse
- Wirkungsanalyse für die eingesetzten Marketinginstrumente

b: Hauptaufgaben sind:

- *Planungsaufgaben*: Das Controlling führt die Teilziele aller Bereiche zu einem ganzheitlichen und abgestimmten Zielsystem zusammen. Dieses Zielsystem bildet den Ausgangspunkt für die Planung, in der Maßnahmen und Ressourcen zur Zielerreichung festgelegt werden.
- *Informations- und Serviceaufgaben*: Der Controller erstellt ein umfassendes Management-Informationssystem als Grundlage für die Überwachung der Wirtschaftlichkeit und für die Beurteilung der Geschäftsentwicklung.
- *Steuerungsaufgaben:* Hierunter versteht man die systematische Überwachung des Geschäftsverlaufs durch den Vergleich von Ist-Werten mit den Sollgrößen.

Aufgabe 2

Das Marketing-Audit beurteilt die Arbeitsweise des Marketing-Managements und überprüft seine Entscheidungen. Audit heißt: Kritische Durchsicht und Infragestellen der angewandten Verfahren, der Basisannahmen und des organisatorischen Rahmens. Ziel ist die frühzeitige Erkennung von Schwachstellen und Fehlentwicklungen. Das

Marketing-Audit hat projektbezogenen und auch kontinuierlichen Charakter.
Schwerpunkte:

Verfahrensaudit (Marketing-Prämissen-Audit):

- Prüfung der entscheidungsrelevanten Prämissen
- Prüfung der Informationsversorgung
- Prüfung der Planungs- und Kontrollverfahren

Ziel- und Strategien-Audit:

- Sind Marketing-Ziele auf Unternehmensziele abgestimmt?
- Erscheinen Ziele und Strategien der Unternehmenssituation angemessen?
- Sind die Ziele vollständig und erreichbar?
- Sind Ziele und Strategien miteinander vereinbar?

Marketing-Mix-Audit:

- Abstimmung zwischen operativer und strategischer Planung
- Sind Maßnahmen mit Marketingzielen und -strategien vereinbar?
- Entspricht das Budget den Erfordernissen?

Organisations-Audit:

- Prüfung der Eignung von Aufbau- und Ablauforganisation
- Sind die Planungs- und Kontrollprozesse systematisch gestaltet?
- Ist die Koordination dieser Prozesse gewährleistet?

Aufgabe 3

a: Hauptanwendungsgebiete von Kennzahlen

- Analyse der Situation und Entwicklung des Unternehmens
- Aufdecken von Schwachstellen
- Hilfe bei der Festlegung von Zielvorgaben
- Analyse von Abweichungen

b: Es ergeben sich folgende Kennzahlen:

- Return on Investment:
  (Gewinn x 100 : Umsatz) x (Umsatz : Kapital)
  = 8 % x 1,2 = 9,6 %

- Umsatzrentabilität:
  (Gewinn x 100 : Umsatz) = 8 %
- Eigenkapitalquote:
  (Eigenkapital x 100 : Gesamtkapital) = 40 %
- Cash-Flow:
  Jahresüberschuss + Abschreibungen = 780.000 €

Aufgabe 4

a: Ziele zur Erhöhung der Kundenzahl können sein:

- Fokussierung einer Präferenz-Strategie (zur Imagesteigerung)
- Verbesserung des Bekanntheitsgrades
- Steigerung der Geschäftstreue und Besuchshäufigkeit
- Steigerung der Einkaufsbequemlichkeit für den Kunden

Ziele zur Erhöhung der Einkaufssumme:

- Anregen zu Impulskäufen
- Forcierung der Verbundverkäufe
- Zweit- und Aktionsplatzierungen von Waren
- Steigerung der Verweildauer (z. B. mit Ruhezonen und Erlebniszonen)

b: Möglichkeiten in der Warenpräsentation

- Waren mit reizstarken Gefühlswerten präsentieren.
- Themenorientierte Warenpräsentation (ital. Woche, Osteraktion).
- Bequemlichkeit erhöhen durch übersichtliche, leicht erfassbare Anordnung des Sortiments im Verkaufsraum.
- Bedarfsorientierte Warenpräsentation (aus Sicht des Kunden).
- Preise betonen: Preisgünstige Angebote herausstellen.
- Nutzung von Shop-in-Shop-Systemen

Aufgabe 5

a: *Visual Merchandising* ist die markenkonforme Gestaltung von Verkaufsräumen. Ziel ist es, den Kunden schrittweise vom Schaufenster bis zum

Produkt zu führen. Es umfasst u. a. die Gestaltungsbereiche Schaufenster, Eingang, Displays, Warenträger, Dekoration, PoS-Layout, etc.

b: Ansatzpunkte: Möblierung (klassisch, edel etc.), Beleuchtung, Dekoration (Blumen, Bilder), Präsentation nach Merkmalen (Farbe, Modell etc.), Einsatz von Displays, Ladenraumanordnung und Ladenraumaufteilung.

Aufgabe 6

Verkaufsraumgestaltung:

- logische und strukturierte Grundrissplanung
- sortiments- und imagegerechte Einrichtung
- Verwendung von Farben, Formen und Materialien, die der gewünschten Atmosphäre entsprechen.
- Aufteilung von Erlebnis- und Informationsbereichen

Wegeführung:

- gliedert den Verkaufsraum und ist der imaginäre Leitweg zur Orientierung des Kunden im Raum und zur Ware
- Lichtführung und Bodengestaltung
- Anordnung der Einrichtungselemente

Warenaufbau im Regal:

- Kaufverhalten richtet sich nach Bequemlichkeit des Menschen
- Kunde muss die Waren optisch zur Kenntnis nehmen
- Kunde muss sie bequem betrachten können
- Kunde muss Waren einfach und mühelos greifen können

Aufgabe 7

a: Stufen des Category Management-Geschäftsprozesses:

- Category-Definition: Bestimmung der zu einer Category gehörenden Produkte aus Sicht der Käufer.
- Category-Rolle: Bestimmung auf der Warengruppenebene, wie die übergeordneten Unternehmens- und Marketingziele mit der Category-Rolle erreicht werden können.

- Category-Bewertung: Bestimmung des Ist-Zustandes, um ein präzises Bild über das Leistungsvermögen der Category zu erhalten.
- Category-Ziele: Festlegen klarer Ziele mit Zeitplan. Die Zielvorgaben müssen mit der Category-Rolle im Einklang stehen.
- Category-Strategie: Der Category-Rolle werden Strategien zugeordnet und den Artikeln zugewiesen.
- Category-Taktiken: Die Schritte zur Umsetzung der Strategien werden verfeinert. Category-Taktiken beinhalten meist die Aktionsfelder Sortimentspolitik, Regalpräsentation, Preispolitik und Verkaufsförderung.
- In der Planumsetzung folgen die konkreten Maßnahmen, die sich auf Sortimentssteuerung, Regaloptimierung und Aktionsplanung beziehen (mit Terminplanung und Zuordnung der Verantwortlichkeiten).
- Erfolgskontrolle und Optimierung: Kontinuierliche Überprüfung und Messung der Zielerreichung sowie Plananpassungen.

b: Typische, absatzseitige Category-Strategien:

- Frequenz erhöhen: Attraktive Massenartikel.
- Durchschnittsbon steigern durch Verbundwirkungen, Impulskäufe und Zweitplatzierungen.
- Profit steigern: Steigerung der Spanne bei Produkten mit Kundenloyalität oder geringer Preissensibilität.
- Marktsegmente besetzen und verteidigen: Wettbewerbsschutz durch aggressive Positionierung.
- Erlebnisse schaffen durch kreative Neuheiten.
- Image aufbauen: Enge Beziehungen zum eigenen Image schaffen (z. B. durch Fokussierung auf Frische, Qualität, Service, u. a.).

Aufgabe 8

a: Die Preisdifferenzierung bezeichnet das Phänomen, dass ein Gut an verschiedene Kunden zu verschiedenen Preisen veräußert wird.

- Vertikale Preisdifferenzierung: Gleichzeitiger Verkauf der Produkte auf verschiedenen Märkten zu verschiedenen Preisen. So werden beispielsweise Medikamente in Spanien (Markt A) zu einem günstigeren Preis als in Deutschland (Markt B) verkauft.

- *Horizontale Preisdifferenzierung*: Es erfolgt die Aufteilung eines Gesamtmarktes in homogene Käuferschichten, für die verschiedene Preise festgesetzt werden (Abschöpfung der Konsumentenrente). Jeder Käuferschicht wird somit das Gut zu dem Preis angeboten, den sie zu zahlen bereit ist. Z. B. gibt es PC-Programme als Studentenversionen und als herkömmliche Vollversionen.

Mögliche Formen der Preisdifferenzierung: räumlich, zeitlich, nach Alter, nach Einkommen, mengen-, zweck- und produktbezogen.

b: Die Preisdifferenzierung ist erlaubt und wird auch praktiziert.

Aufgabe 9

Es existieren kostenorientierte und marktorientierte Ansätze. Marktorientierte Ansätze können nachfrageorientiert oder konkurrenzorientiert sein.

- Kostenorientierte Preisbestimmung: Bei der Festlegung des Preises wird von den Kosten des Produkts ausgegangen. Mögliche Verfahren: Vollkostenrechnung, Teilkostenrechnung, Break-Even-Analyse.
- Konkurrenzorientierte Preisbestimmung: Die Preisgestaltung orientiert sich an den Preisen der Mitbewerber. Verfahren: Preisunterbietung, Preisführerschaft, Nischenstrategie.
- Nachfrageorientierte Preisbestimmung: Der Preis basiert auf der Wertvorstellung des Kunden - unabhängig von Kostenaspekten, gemäß der Nachfrageintensität.

Aufgabe 10

Kennzeichen von Markenartikeln sind:

- Gleichbleibender Markenname
- Gleichbleibende Aufmachung
- Gleichbleibende Qualität
- Überallerhältlichkeit (Ubiquität)

Musterlösungen – Aufgabensatz IV

Aufgabe 1
Das UWG dient der Aufrechterhaltung des fairen Wettbewerbs
Das GWB dient der Aufrechterhaltung des freien Wettbewerbs

Aufgabe 2
Ein Fernabsatzvertrag ist ein Vertrag über die Lieferung von Waren (Kaufvertrag) zwischen einem Unternehmer und einem Verbraucher unter ausschließlicher Verwendung von Fernkommunikationsmitteln. Die Vertragsparteien haben keinen direkten persönlichen Kontakt. Fernkommunikationsmittel sind E-Mails, Briefe, Kataloge, Telefon, Telefax.
Gesetzlich vorgeschrieben ist im Bereich des Fernabsatzes die Angabe der Anbieterkennzeichnung (Impressum). Zudem haben gewerbliche Anbieter die Verpflichtung, Verbraucher vor Abschluss eines Fernabsatzvertrages über die Bedingungen und Einzelheiten des gesetzlichen Widerrufs- oder Rückgaberechts zu informieren.

Aufgabe 3
Nein, die Aktion ist nach dem UWG unzulässig (Verbot der Kopplung von Preisausschreiben oder Gewinnspiel mit Warenabsatz, § 4 Nr. 6 UWG). Es ist unlauter, die Teilnahme an einem Preisausschreiben oder Gewinnspiel von dem Erwerb einer Ware oder der Inanspruchnahme einer Dienstleistung abhängig zu machen. Im geschilderten Fall müssen Kunden etwas kaufen, um überhaupt ein Los (= Kassenbon) zu bekommen.

Aufgabe 4
Produkt-/Programmpolitik: Kein Bedarf, mangelnde Attraktivität des Produkts, keine Einpassung in das übrige Sortiment.
Werbepolitik: Übersättigung mit Informationen, zu starker Werbedruck der Konkurrenz, unattraktive Werbebotschaft, mangelnde Glaubwürdigkeit.

Aufgabe 5

a: Falls die Abmahnung berechtigt war, müssen Sie die Erklärung abgeben. Es kommt nicht darauf an, ob Sie absichtlich gehandelt haben.

b: Der Markeninhaber hat eine ganze Reihe von Ansprüchen:

- Unterlassungsanspruch: Es besteht gegen Sie ein Anspruch auf Unterlassung des rechtswidrigen Verhaltens.
- Auskunftsanspruch z. B. über die Herkunft der Ware, über den Hersteller, den Lieferanten bzw. andere Vorbesitzer, über die Menge der bestellten oder erhaltenen Waren.
- Schadensersatzanspruch: Dieser Anspruch besteht allerdings nur dann, wenn Sie die Markenrechte schuldhaft verletzt haben, also vorsätzlich (absichtlich) oder fahrlässig.
- Vernichtungsanspruch: Sie müssen die gefälschten Waren vernichten oder zur Vernichtung herausgeben.

c: Grundsätzlich können Sie den Schaden von Ihrem Lieferanten verlangen. Denn auch der Verkäufer hat dem Käufer die Sache frei von Sach- und Rechtsmängeln zu verschaffen (§ 433 BGB). Da der Designer an den Waren ein Markenrecht hat, hat Ihr Lieferant eine vertragstypische Pflicht des Kaufvertrages nicht erfüllt, was einen Anspruch auslösen kann.

Aufgabe 6

Tennisbälle sind Komplementärgüter zu den Tennisschlägern. Deshalb kann auch die Nachfrage nach Tennisschlägern sinken, wenn Tennisbälle aus dem Sortiment genommen werden. Zudem droht ein Verlust bei der Wahrnehmung Ihrer Fachkompetenz.

Aufgabe 7

a: Budgetierungsverfahren:

- „Prozentsatz von ...Methode“: Die Höhe des Etats wird als fester Prozentsatz von Umsatz oder Gewinn festgelegt.

- Branchenorientierte Methode: Grundlage für die Festlegung der Etathöhe sind durchschnittliche Branchenwerte.
- Ausgabenorientierte Methode: Grundlage für die Festlegung des Etats sind die vorhandenen finanziellen Mittel zu Beginn der Werbeperiode.
- Konkurrenzorientierte Methode: Sie geht von der Höhe des Werbeetats vergleichbarer Konkurrenzunternehmen aus.

b: Schwachpunkte der Verfahren:

- Es fehlt eine sinnvoll begründete und sachlogische Beziehung zwischen dem Werbebedarf und der jeweiligen Bezugsgröße.
- Interne und externe Veränderungen bleiben bei der Bestimmung der Budgethöhe unberücksichtigt.
- Die Methoden sind nicht zukunftsorientiert.
- Keine Orientierung an den betriebsspezifischen Werbezielen.

c: Die Ziel- und Aufgaben-Methode legt die Höhe des Werbeetats nach den angestrebten Werbezielen fest, wobei die finanzielle Situation und die Konkurrenz als Nebenbedingungen berücksichtigt werden. Damit ist eine sachgerechte Festlegung des Budgets möglich.

Aufgabe 8

Eigenhändler vertreiben Waren im eigenen Namen und auf eigene Rechnung, *Kommissionäre* im eigenen Namen auf fremde Rechnung, *Handelsvertreter* im fremden Namen auf fremde Rechnung.

Aufgabe 9

a: In einer Verhandlung versuchen zwei (oder mehrere) Verhandlungspartner, ihre abweichenden Ansichten bzw. Ziele durch Kommunikation und Strategie „auf einen Nenner" zu bringen, also einen Interessensausgleich zu erzielen. Voraussetzung ist, dass beide Seiten bereit sind, Zugeständnisse zu machen und vom eigenen Standpunkt abzurücken, um einen Kompromiss (= jeder opfert, jeder gewinnt) eingehen zu können.

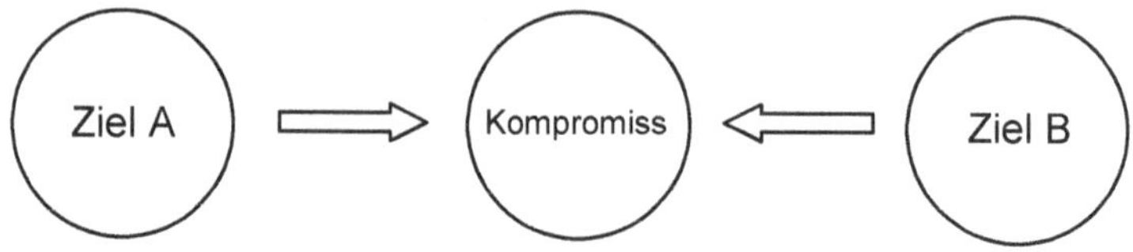

b: Grundelemente des Verhandlungsprozesses:

- Sachkenntnis: Gutes Fachwissen und gute Vorbereitung.
- Logik: Der logische Aufbau einer Gedankenkette kann für den Ausgang einer Verhandlung ausschlaggebend sein.
- Überzeugungskraft: Die Fähigkeit, eigene Ansichten einfach und verständlich darzustellen. Auch Mimik, Gestik und Intonation sollten auf Verhandlungsinhalt und -partner abgestimmt sein.
- Psychologisches Verständnis: Es ist ratsam, die Persönlichkeit des Partners zu erfassen und situationsgerecht zu beurteilen.

c: Phasen einer Verhandlung:

- Begrüßung der Verhandlungspartner.
- Einleitung: Es werden unstrittige Punkte (Gemeinsamkeiten und übereinstimmende Ansichten) vorgetragen, um eine Ausgangsbasis für die Verhandlung herzustellen.
- Begründung der eigenen Position: Es werden die eigene Position und eigene Vorschläge vorgestellt. Insbesondere sollten auch die Vorteile für den Partner deutlich gemacht werden.
- Begründung der Position des Partners: Der Verhandlungspartner schildert seine Ansichten und unterbreitet Vorschläge. Oft lässt sich schon hier erkennen, wo „Spielräume" vorhanden sind.
- Beginn der eigentlichen Verhandlung: Hierbei geht es um die Konkretisierung der Vorschläge mit überzeugenden Argumenten.
- Kompromiss: Der Kompromiss stellt den Abschluss einer Verhandlung dar (z. B. Abschluss eines Vertrages).

d: Die vier Distanzzonen:

- Intime Distanz: Umfeld von höchstens einem halben Meter. Partner sind sich nah und haben körperlichen Kontakt. Das unerlaubte Eindringen in die Distanzzone kann Ablehnung und Aggression hervorrufen. Bei Geschäftskontakten ist die Zone mit Vorsicht zu behandeln, bei Erstkontakt ist sie tabu.
- Persönliche Distanz: Sie liegt zwischen fünfzig Zentimetern und gut einem Meter. Dieser Abstand erlaubt ein Händeschütteln.
- Gesellschaftliche Distanz: Sie hat eine Entfernung von einem bis zwei Metern. Die Partner begegnen sich abwartend.
- Öffentliche Distanz: Sie beträgt mehrere Meter. Bei Geschäftskontakten spielt sie keine Rolle, da ein persönlicher Kontakt kaum möglich ist.

e: Dies kann als günstigster Abschluss einer Verhandlung betrachtet werden, da eine kooperative Lösung gefunden wurde und trotzdem die eigenen Ziele und Interessen durchgesetzt werden konnten. Jeder kann sein „Gesicht wahren", kein Partner hat das Gefühl, ausgenutzt zu werden.

Aufgabe 10

Eine Segmentierung wäre möglich nach:

Leser / Segmentierung	**Genuss-orientiert**	**Wissens-Orientiert**	**Unterhaltungs-orientiert**
Altersschicht	Generation 50+	Studenten, Berufstätige	Jugendliche
Einkommen	hoch	mittel – hoch	Gering
Sortiment	Romane, Reiseliteratur	Fachbücher, Lexika	Comics, heitere Geschichten

(Natürlich wären auch andere Kriterien sinnvoll und richtig)

Aufgabe 11

- Kunden bringen dem Menschen, mit dem sie sprechen, mehr Vertrauen entgegen
- Händler kann Consumer-Relationship-Maßnahmen in den Mittelpunkt stellen, mit Beratung und Service punkten
- im Ladenlokal ist das persönliche Gespräch mit Eingehen auf den Kunden möglich
- Man kann Produkte in die Hand nehmen
- Persönlicher Service ist gerade im Hochpreissektor wichtig
- Ältere Menschen legen besonderen Wert auf persönliche Zuwendung – und ihr Anteil an der Bevölkerung steigt

Aufgabe 12

a: Im Raumordnungsverfahren (ROV) wird durch die Regierung ein Gutachten zur Beurteilung der Verträglichkeit von Einzelvorhaben mit überörtlicher Bedeutung (z. B. Gutachten zur Ansiedlung eines Einkaufszentrums) erarbeitet. Es geht also um die grundsätzliche Frage, ob ein Vorhaben den Zielen der Raumordnung und Landesplanung entspricht.

b: Der Bebauungsplan wird aus dem Flächennutzungsplan entwickelt und beschränkt sich auf Teile eines Gemeindegebiets. Er enthält verbindliche Festsetzungen und regelt, wie einzelne Grundstücke bebaut werden dürfen. Im Bebauungsplan kann z. B. die Art der Nutzung festgesetzt werden, wie viel Fläche überbaut werden darf und welche Verkaufsflächen beispielsweise für die verschiedenen Sortimente zulässig sind.

3.7 Handelslogistik

Musterlösungen – Aufgabensatz I

Aufgabe 1
a: Die Handelslogistik ist das Management der gesamten Güter- und der dazugehörigen Informationsflüsse *zum* Unternehmen (zwischen einem Handelsunternehmen und seinen Lieferanten), *innerhalb* des Handelsunternehmens und *aus* dem Unternehmen heraus (zwischen einem Handelsunternehmen und seinen Kunden).

b: Güterflüsse können unterteilt werden in die räumliche Transformation (Transport), die Umschlagstätigkeiten (Transportmittelwechsel), die zeitliche Transformation (Lagerung) und die mengenmäßige Transformation (Kommissionierung).

Aufgabe 2
Durch die Bündelung von Warenströmen sind in vielen Bereichen Einsparungen zu erreichen. Mögliche Formen:

- Cross-Docking zur Filialbelieferung: Die Lieferungen der Beschaffungsseite werden an einer Stelle zentralisiert, gelagert, neu kommissioniert und als gebündelte Transporte an die Filialen weitergeleitet. Jede Filiale erhält damit eine Lieferung der Zentrale statt vieler Lieferungen der Produzenten.
- Gebietskonzept: Es kooperieren verschiedene Unternehmen und sammeln an einer Stelle die Ware, um diese dann in einer Lieferung in ein anderes Gebiet zu befördern, wo diese zusammen mit anderen Lieferungen effizient verteilt wird.
- City-Logistik-Center: Es bündelt die Transporte in eine Stadt. Alle Lieferungen werden in einem Verteilzentrum außerhalb der Stadt gesammelt, um die Anzahl der Lieferungen in die Stadt zu reduzieren.

- Rundlaufsysteme: Die Standorte werden im Kreis hintereinander angefahren, um die Waren auf kurzem Wege und nicht „kreuz und quer“ zu verteilen.

Aufgabe 3

a: Aufgaben der Beschaffungslogistik sind:

- Lieferantenanalyse und -auswahl
- Qualitäts- und Beziehungsmanagement bei den Zulieferern
- Festlegen von Lieferkonditionen
- Bedarfsermittlung
- Planung, Steuerung und Gestaltung des Materialflusses
- Vermeidung überhöhter Kapitalbindung
- Bestandsmanagement und Bestandscontrolling

Die Lieferantenbewertung soll die Auswahl der Lieferanten objektivieren und optimieren. Sie ist ein strategischer Ansatz, um leistungsfähige und zuverlässige Partner zu finden.

b: Die Lieferantenanalyse kann auf quantitative und qualitative Weise erfolgen. Für beide Bereiche existieren Alternativen:

- Quantitative Verfahren sind u. a. die Bilanzanalyse und das Kennzahlenverfahren (über Verhältniszahlen erhält man Informationen zu Terminzuverlässigkeit, Mengentreue usw.).
- Bei den qualitativen Verfahren haben sich z. B. folgende Techniken herausgebildet: Polaritätenprofil, Checklisten, Lieferantentypologien und Scoringmodelle.

Beispiel einer Lieferantenbewertung mithilfe eines Scoringmodells:

	Bewertung			Gewichtung (in %)	Punkte
Krierium (0 = wenig, 5 = hoch)	Lieferant A	Lieferant B	Lieferant C		
Image	5	3	4	2	
Lieferzeit	2	5	3	10	
Termintreue	5	4	4	12	
Zuverlässigkeit	3	4	5	10	
Qualität	4	5	2	40	
Preis	3	4	5	20	
Flexibilität	4	4	5	6	

Aufgabe 4

Darstellung der Logistik nach den Phasen des Güterflusses:

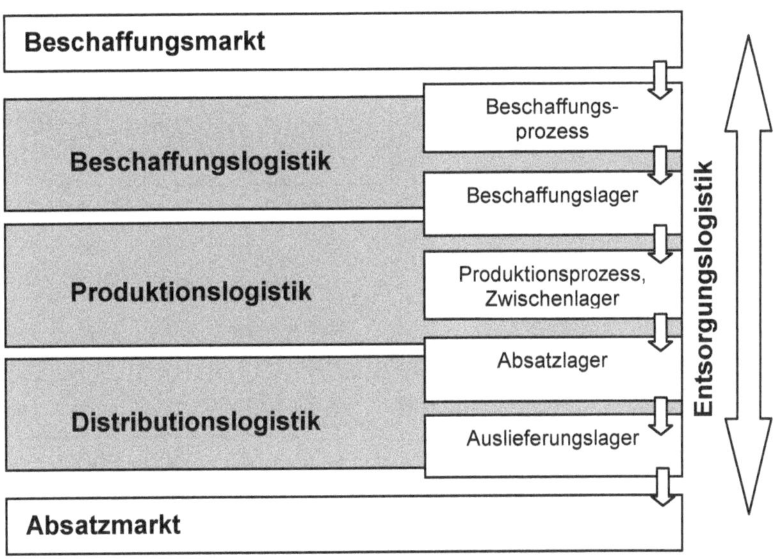

Aufgabe 5

a: Im Fall der einmaligen Beschaffung sind die fixen Beschaffungskosten gering, da sie nur einmal anfallen. Dagegen sind Zins- und Lagerhaltungskosten relativ hoch. Die mehrmalige Beschaffung geringerer Mengen verringert die Zins- und Lagerhaltungskosten, erhöht aber die fixen Beschaffungskosten entsprechend der Bestellhäufigkeit.

b: Die optimale Bestellmenge ist realisiert, wenn die gesamten Kosten pro beschaffter Mengeneinheit in der Planungsperiode ein Minimum aufweisen. Zeichnerische Darstellung:

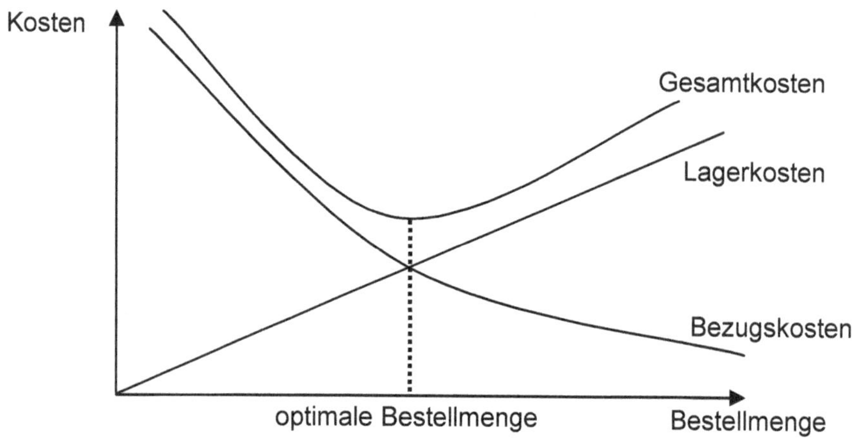

c:

Q: Jahresbedarf	= 2.400 Einheiten
p: Einstandspreis	= 4 €
k_B: fixe Beschaffungskosten	= 40 €
z: Lagerhaltungskostensatz	= 12 Prozent

$$x_{opt} = \sqrt{\frac{k_B \cdot Q \cdot 200}{p \cdot z}} = \sqrt{\frac{40 \cdot 2400 \cdot 200}{4 \cdot 12}}$$

= 632,45 Einheiten (gerundet = 632 Einheiten)

d: Gefahren bei zu kleinen Mengen:
- Absatzverpflichtungen können nicht rechtzeitig erfüllt werden
- Maschinenkapazitäten werden nicht ausgelastet
- Schlechtere Preise, niedrige Rabatte

Gefahren bei zu großen Mengen:
- Erhöhung der Kapitalbindung
- Steigerung der Lager- und Zinskosten
- Höheres Risiko von Verderb und Untergang

Aufgabe 6

Beschaffung	Vorteile	Nachteile
Fallweise Beschaffung	- Geringe Kapitalbindung - Niedrige Lagerkosten	- Beschaffungsrisiko - Kein Mengenrabatt
Vorrats-beschaffung	- Günstige Konditionen - Unabhängigkeit - hohe Materialverfügbarkeit	- Hohe Kapitalbindung - Hoher Flächenbedarf - Vermehrter Schwund
Just-in-Time-Beschaffung	- Kostensenkung - geringe Durchlaufzeit - Produktivitätssteigerung - Strat. Zusammenarbeit	- Abhängigkeit vom Lieferanten - Hohe Transportkosten

Aufgabe 7

a:
- Der *ungebrochene Verkehr* heißt auch eingliedriger Verkehr oder Direktverkehr. Versand- und Empfangsort sind dabei ohne Wechsel des Transportmittels unmittelbar verbunden. Beispiel: Ein Lastwagen fährt eine Ware vom Hersteller direkt zum Kunden.
- Beim *gebrochenen Verkehr* (mehrgliedriger Verkehr) wechseln Transportmittel und Transportweg. Sendungen werden zusammen-

geführt (Vorlauf), gebündelt transportiert (Hauptlauf) und wieder einzeln verteilt (Nachlauf). Bsp: Waren werden per Schiff und Bahn zum Zentrallager gebracht, von dort werden Sie per Lkw an die Filialen verteilt.

b:

- Verkehrsträger: Schiff, Schiene, Straße, Luft und Rohr.

Vom Verkehrsträger hängt die Art des Transportmittels ab:

- *Schiffsverkehr*: Niedrige Transportkosten für große und gleichförmige Güter über weite Distanzen, jedoch lange Transportdauer. Daher ungeeignet für zeitkritische Güter (schnellverderbliche Ware).
- *Schienenverkehr*: Hohe Transportgeschwindigkeit im Fernverkehr (Voraussetzung: kurze Umschlagsprozesse). Wegen geringer Netzdichte und langer Stillstandszeiten im Flächenverkehr ungeeignet. V. a. geeignet für zeitlich unkritische Güter oder bei höheren Kosten anderer Verkehrsmittel.
- *Luftverkehr*: Schnelles, sicheres und zuverlässiges Transportmittel, jedoch recht teuer. Geringe Beschädigungs- und Diebstahlsgefahr. Geeignet für hochwertige Güter (High-Tech), versandkritische Erzeugnisse (Arzneimittel) und leicht verderbliche Nahrungs- und Genussmittel. Problematisch ist vor allem die hohe Umweltbelastung.
- *Straßenverkehr*: Schnelle und ungebrochene Transportkette möglich. Anpassungsfähigkeit an individuelle Bedürfnisse, geeignet für Flächenverkehr. Problematik: hohe Umweltbelastung.
- *Rohrleitung*: Geeignet für Massengüter (Rohöl, Erdgas). Leitung ist Transportweg, -behälter und -mittel. Witterungsunabhängig, geringe Umweltbelastung, geräusch- und geruchsloser Transport, jedoch unflexibel und nur punktuell einsetzbar.

c: Auswahlkriterien sind zum Beispiel: Schnelligkeit, Preis, Fähigkeit zur Massenleistung, technische Ausstattung und Eignung, Zuverlässigkeit, Flexibilität, Größe des Verkehrsnetzes.

Musterlösungen – Aufgabensatz II

Aufgabe 1

Der Frachtvertrag verpflichtet den Frachtführer, ein Frachtgut, das ihm der Absender, Spediteur oder ein vorangehender Frachtführer übergeben hat, gegen Entgelt zum Empfänger zu befördern. Der Frachtvertrag verpflichtet also zur Durchführung des Transports.

Der Speditionsvertrag verpflichtet zur Besorgung des Transports. Die Besorgung besteht i. d. R. darin, dass der beauftragte Spediteur einen oder mehrere Frachtführer mit einem Frachtvertrag zum Transport der Fracht beauftragt. Es handelt sich dabei um die Organisation der Beförderung.

Aufgabe 2

Incoterms sind internationale Regeln für die einheitliche Auslegung der in Außenhandelsgeschäften üblichen Vertragsformeln. Einteilung in:

- E-Klausel: Abholklausel (ex works, ab Werk).
- F-Klauseln: Verkäufer muss den Haupttransport nicht zahlen. Beispiel: FCA (free carrier, frei Frachtführer).
- C-Klauseln (Absenderklauseln): Verkäufer zahlt den Haupttransport zum Bestimmungsort, die Gefahr liegt beim Käufer. Beispiel: CFR (cost and freight, Kosten und Fracht).
- D-Klauseln (Ankunftsverträge): Verkäufer trägt alle Kosten und Gefahren bis zum Bestimmungsort. Beispiel: DAF (delivered at frontier, geliefert Grenze).

Incoterms regeln nur die Rechte und Pflichten des Verkäufers und des Käufers. Insbesondere werden die Verteilung der Kosten auf Verkäufer und Käufer geregelt, der Gefahrenübergang, die Beschaffung der notwendigen Dokumente und der Übergang der Dispositionspflicht. Incoterms regeln nicht die Zahlungsbedingungen, den Gerichtsstand, den Eigentumsübergang und die Mängelrüge.

Aufgabe 3

a: Lagerfunktionen:

- *Ausgleichsfunktion:* Güterzugang und Bedarf können mengenmäßig und zeitlich voneinander abweichen. Das Lager gleicht die Schwankungen zwischen Lieferung und Bedarf aus.
- *Sortimentsfunktion:* Bildung des Sortiments aus einzelnen Produkten. Damit trägt die Lagerhaltung zur Kontinuität im Sortiment bei und ergänzt die Ausgleichsfunktion, da die Diskrepanz zwischen Beschaffung und Verkauf überbrückt wird.
- *Sicherungsfunktion:* Die Sicherungsfunktion schützt vor unvorhersehbaren Liefer- oder Bedarfsschwankungen (z. B. durch Lieferschwierigkeiten, Produktionsengpässe etc.).
- *Spekulationsfunktion:* Unternehmen generieren Gewinn, indem sie z. B. bei günstigen Preisen einkaufen, die Waren einlagern und bei steigenden Preisen die Preissteigerungen an die Kunden abgeben.
- *Veredelungsfunktion:* Die Qualität der Produkte wird durch die Lagerung erhöht - insbesondere durch Gärung, Reifung und Alterung (Käse, Zigarren, Wein)
- *Umweltschutzfunktion:* Sammlung von Mehrwegverpackungen und Wertstoffen, Rücknahme der Altprodukte zur Wieder- bzw. Weiterverwendung, sichere Lagerung von Gefahrstoffen.

b: Es sollte auf die Ausgleichs- und die Sicherungsfunktion Wert gelegt werden: Ausgleich von zeit- und mengenmäßigen Schwankungen z. B. in der Sommer- und Wintersaison, Lieferschwierigkeiten sollten vorgebeugt werden, um gefragte Fahrradarten und -typen vorrätig zu haben.

c: Für die zentrale Lagerhaltung sprechen folgende Kriterien: Lagerhaltungskosten, Lagerpflege, Wert der Produkte, Sortimentsbreite. Für die dezentrale Lagerhaltung sprechen Lieferzeit, Anzahl der Filialen, Flexibilität. In diesem Fall könnte man sich für eine zentrale Lagerhaltung aussprechen. Da es sich um einen regionalen Anbieter handelt, könnten die

Vorteile der dezentralen Lagerhaltung durch die kürzeren Wege zu den Filialstandorten kompensiert werden.

d:

	Eignung	Vorteile	Nachteile
Blocklagerung	• Große Bestände stapelbarer Güter • Zwischenlager	• keine Einrichtungskosten • hoher Flächen- / Raumnutzungsgrad	• kein FIFO • kein direkter Zugriff • kaum automatisierbar • anfällig bei Strukturveränderungen der Bestände
Hochraumlager	• Hohe Bewegungsfrequenz	• geringe/mittlere Investitionskosten • guter Zugriff	• FIFO nur bedingt • geringer Flächen- und Raumnutzungsgrad • personalintensiv
Hochregallager	• Großes Artikelsortiment • kleinere Bestände • automatischer Betrieb	• guter Zugriff zu jedem Artikel • FIFO durch Organisation • guter Flächen- und Raumnutzungsgrad	• Einzweckbau • hohe Investitionskosten
Durchlaufregallager	• kleines mittleres Sortiment • große Bestände je Artikel • großer Durchsatz	• FIFO gewährleistet • ständiger, guter Zugriff • hoher Flächen- und Raumnutzgrad	• hohe Investitionskosten • hoher technischer Aufwand • anfällig bei Strukturveränderungen der Bestände

Aufgabe 4

Standortkriterien sind z. B.:

- Infrastruktur (Verkehrsanbindung etc.)
- Nähe zu den Geschäftsstandorten
- Verfügbare Fläche
- Subventionen / Wirtschaftsförderung
- Investitionshöhe und -sicherheit

Aufgabe 5

Die Verpackung wird benötigt

- zum Schutz des Gutes (Stöße, Bruch, Druck, Feuchtigkeit, usw.)
- zum Schutz der Umwelt z. B. bei gefährlichen Gütern
- zur Lagerung durch Verbesserung der Stapelfähigkeit und Optimierung der Raumnutzung.
- zum Transport durch optimale Transportraumnutzung und Bildung sinnvoller Transporteinheiten.
- zur Handhabung: Verbesserung der Kommissionierbarkeit bei automatischen Systemen (Förderbänder, Roboter) und bei manueller Manipulation (Grifflöcher, Schlaufen)

- zur Information: Auskunft über Inhalt nach Art, Menge, Gewicht, über Haltbarkeit, über Transport, etc.

b: Die Verpackung steht im Spannungsfeld zwischen Logistik, Marketing und Fertigung: Die Fertigung wünscht sich eine in den Fertigungsprozess integrierte und in allen Fertigungsstufen gleichbleibende Verpackung sowie geringe Herstellkosten. Für das Marketing ist die Verpackung ein wichtiges Marketing-Instrument in Form eines Werbeträgers. Die Verpackung soll Kunden anlocken, für das Produkt interessieren, über die Inhalte informieren. Für die Logistik wird eine Verpackung benötigt, die beanspruchbar und handhabbar ist sowie geringe Abmessungen hat.

Aufgabe 6

Embargos sind Beschränkungen im Außenwirtschaftsverkehr gegenüber Ländern oder Personen. Sie unterbinden z. B. den Export von Waren in ein und aus einem bestimmten Land.

Beim Umfang der Beschränkungen unterscheidet man vor allem zwischen Totalembargos, Teilembargos und Waffenembargos. Hinsichtlich des Adressatenkreises kann zwischen länder- und personenbezogenen Embargos unterschieden werden.

Embargos können unter anderem folgende Bereiche betreffen:

- Einfuhr, Verkauf, Lieferung, Bereitstellung, Ausfuhr von Gütern
- Vertragsabschlüsse
- Erbringung von Dienstleistungen
- Kontaktaufnahme mit bestimmten Organisationen
- Reisebeschränkungen und Beschränkungen des Flugverkehrs

Aufgabe 7

- Der Zollkodex ist ein EU-einheitliches Zollgesetz. Er bildet die Rechtsgrundlage für alle Zollvorschriften bei Im- und Exporten.
- Das Harmonisierte System ist ein Warenverzeichnis, das ermöglicht, Waren zu bezeichnen und zu codieren. Mittels des Harmonisierten

Systems kann jede Ware einem Warencode zugeordnet und somit weltweit gehandelt werden.

- Die Kombinierte Nomenklatur basiert auf dem Harmonisierten System und erweitert bzw. untergliedert es um zwei weitere Stellen. Damit können tarifliche und statistische Erfordernisse der EU erfüllt werden sowie Zölle, Verbote, Genehmigungspflichten, Beschränkungen u. a. verschlüsselt werden.

Aufgabe 8

Gemeinschaftswaren sind Waren, die aus der Europäischen Gemeinschaft stammen. Dazu zählen

- Ursprungswaren, die im Zollgebiet der Gemeinschaft gewonnen oder hergestellt wurden.
- Waren aus einem Drittland, die ordnungsgemäß in den freien Verkehr der Gemeinschaft gelangt sind.
- Waren, die aus der Be- oder Verarbeitung von Gemeinschaftswaren gewonnen werden.

Aufgabe 9

a: Kern ist, dass zunächst eine vereinfachte Zollanmeldung abgegeben werden darf, die nicht alle benötigten Angaben und Unterlagen enthält. Die fehlenden Angaben sind erst später nachzureichen. Am Ende eines Abrechnungszeitraumes (z. B. Kalendermonat) wird dann für alle Einfuhren eine ergänzende Zollanmeldung abgegeben.

b: In der Regel fallen folgende Einfuhrabgaben an:

- Drittlandszollsatz oder Präferenzzölle
- Einfuhrumsatzsteuer
- Verbrauchssteuern (z. B. für Tabak, Branntwein, Mineralöl)
- Abschöpfungen (Zölle für bestimmte Agrarerzeugnisse)

- Antidumpingzölle (wenn Waren zu Preisen eingeführt werden, die niedriger sind, als im Exportland üblich) und Ausgleichszölle (wenn Waren im Exportland subventioniert werden)

Musterlösungen – Aufgabensatz III

Aufgabe 1

Die Engpass-Steuerung geht von der Tatsache aus, dass das Ergebnis einer Produktion immer durch die Leistung ihres schwächsten Gliedes bestimmt wird (ähnlich einem Dauerlauf, bei dem der langsamste Läufer das Tempo bestimmt). Bei diesem Modell wird deshalb die optimale Gestaltung des Engpasses geplant. Eine Kapazitätssteigerung des Engpasses erhöht dann auch die Gesamtproduktionsmenge.

Weitere Steuerungsverfahren der Logistik sind u. a.:

- Material Requirement Planning (MRP)
- Manufacturing Resource Planning (MRP II)
- Just-In-Time-Zulieferung (JIT)
- Leitteilorientierte Steuerung (LS)
- Belastungsorientierte Auftragsfreigabe (BOA)

Aufgabe 2

Mit Förderhilfsmitteln sollen einfach handhabbare Ladeeinheiten gebildet werden (z. B. Euro-Paletten, genormte Transportbehälter). Somit werden mehrere Artikel zu einer Transportlosgröße zusammengefasst. Die Förderhilfsmittel sollen einen einfachen und sicheren Transport gewährleisten, kostengünstig, einfach zu handhaben und zu lagern sein, einen Mehrfacheinsatz erlauben und Kundenwünsche (Aussehen, Information) erfüllen.

Förderhilfsmittel haben vielfältige Aufgaben wie:

- Sinnvolle Versorgung der Bearbeitungsstellen (z. B. Filialen)
- Bessere Pufferfunktion durch kompakte Lagerung
- Beschädigungsschutz
- Informationsträger über Inhalt und Bearbeitungszustand
- Positionier- und Fixierfunktion, damit die Lage der Artikel bekannt ist und sie automatisch (z. B. mit Robotern) entnommen werden können.

Aufgabe 3

Fehler in der Kommissionierung können bedeuten:

- Reklamationen der Kunden, die abgewickelt werden müssen.
- Warenrücknahme (Direkte Kosten der Reklamation = neue Einlagerung, neue Kommissionierung, neuer Versand, etc.)
- Mehraufwand bei Rechnungsprüfung und Buchhaltung (Indirekte Kosten der Reklamation = Stornierung und Änderung der Rechnung, Zuordnung von Teilzahlungen, etc.)
- Unzufriedene Kunden
- Geringeres Geschäftsvolumen und entgangener Gewinn
- Folgeschäden wie Produktionsstillstand
- Fehlbestände und unstimmige Lagerbuchhaltung

b:

- Einzonige / mehrzonige Systeme: Jeder Kommissionierer sammelt die Ware aus dem gesamten Lagerbereich (einzonig). Häufig teilt man die Kommissionierung in Zonen auf (mehrzonig). So kann sich eine Aufteilung in Groß- und Kleinteile oder in Schnell- und Langsamdreher ergeben. Dabei ist jedem Kommissionierer ein Lagerteilbereich zugeordnet.
- Serielle / parallele Systeme: Serielle Kommissionierung bedeutet, dass ein Auftrag nach dem anderen „gesammelt“ wird, während beim parallelen Sammeln mehrere Aufträge gleichzeitig kommissioniert werden. Häufig erfordert die Praxis die serielle Kommissionierung, beispielsweise bei der persönlichen Bedienung von Kunden (z. B. Ersatzteilverkauf im Kfz-Handel).
- Einstufige / mehrstufige Systeme: Eine einstufige Kommissionierung liegt immer dann vor, wenn mit einem Schritt der jeweilige Auftrag direkt zusammengestellt wird. D. h. der Kommissionierer entnimmt nur für einen Auftrag die Artikelmengen, übergibt den kompletten Auftrag an der Sammelstelle und beginnt mit der Kommissionierung des nächsten Auftrages. Im Gegensatz dazu bedarf eine mehrstufige

Kommissionierung mehrere Schritte: In der ersten Stufe werden sämtliche Artikel für mehrere Aufträge entnommen und erst danach die Aufträge kommissioniert. Eine mehrstufige Kommissionierung bietet sich an, wenn viele Aufträge mit wenigen Positionen und kleinen Entnahmen kommissioniert werden müssen.

Aufgabe 4

a: Barcodes können mit Druckern preiswert hergestellt werden. Neben dem Barcode können auch für den Menschen sicht- und lesbare Angaben angebracht werden. Mit Handgeräten (Lesestift, Lesepistole) oder stationären bzw. mobilen Lesern (Laser-Scanner, Videokamera) können Barcodes schnell, einfach und z. T. automatisch gelesen werden.

b: Der EAN-Code besteht aus einer Darstellung mit Strichcode und Ziffernfolge. Die Ziffernfolge repräsentiert den Strichcode in Zahlenform.
Die ersten beiden Ziffern benennen das Herstellerland, die folgenden fünf Ziffern den Hersteller, die nächsten fünf Ziffern bilden die Artikelnummer und die letzte Ziffer ist die Prüfziffer. Der EAN-Code ermöglicht so die Kennzeichnung und Identifizierung von Artikeln im überbetrieblichen Daten- und Warenverkehr.

c: Mit der RFID-Technik können eine Vielzahl von Daten auf einem kleinen Datenspeicher (Transponder) gespeichert und gesendet werden. In Einzelhandelsgeschäften können beispielsweise über RFID-Leseportale alle im Markt eingehenden Waren automatisch und in Bruchteilen von Sekunden erfasst und gebucht werden (Wareneingang). Anschließend erfolgt die Abbuchung der Abgänge an Scanner-Kassen (Warenausgang).
Vorteile der RFID-Technologie sind:

- Hohe Sicherheit (keine Fälschung möglich)
- Daten von unautorisierten Personen nicht lesbar
- Keine Verbindung zwischen Lesegerät und Transponder
- Hohe Speicherkapazität

- Gleichzeitiges Lesen mehrerer Transponder möglich
- Wiederbeschreibbarkeit der Datenträger
- Geringer Einfluss von Nässe und Schmutz
- Hohe mechanische Belastbarkeit des Transponders

Grenzen der RFID-Technologie sind:

- Störeinflüsse bei metallischer Umgebung und durch Funkanlagen mit ähnlicher Frequenz
- Abhängigkeit von Funkvorschriften
- Daten sind bei Systemausfall manuell nicht lesbar.

Aufgabe 5

Dispositions- und Bestellwesen:

- Erfassung der Bestellmengen bzw. der Warenanforderungen
- Disposition (bis hin zu Bestellvorschlägen)
- Lieferantenverwaltung, Lieferantenselektion
- Bestellschreibung und Bestellüberwachung
- Lieferantenbewertung
- Distributionsoptimierung

Wareneingang:

- artikelspezifische Wareneingangserfassung
- Abgleich mit der Bestellung
- Lagerbestandsführung
- Schnittstelle zu Logistik und Lagerplatzverwaltung
- Rechnungskontrolle und Konditionenverarbeitung
- Schnittstelle zur Buchhaltung
- Auszeichnung der Ware

Lagerverwaltung:

- Lagerbestandsführung
- Kommissionier- und Nachschubdisposition
- Materialflusssteuerung

Marketing- und Management-Information:

- Stammdateninformationen (Artikel, Lieferant, Kunden, etc.)

- Kassenorientierte Auswertungen
- Warenorientierte Informationen (Bestandliste, Deckungsbeiträge)
- Verkäuferorientierte Informationen (Verkäufer, Filiale Umsatz, Rabatte, Anzahl Kunden und Artikel)
- Kundenorientierte Informationen (Kundenanalysen)
- Lieferantenorientierte Informationen und Lieferantenauswahl

Warenausgang:

- artikelspezifische Warenausgangserfassung
- Warenbestandsverbuchung
- Schnittstelle zur Logistik, Fakturierung und Buchhaltung

Dispositions- und Transportverwaltung:

- Tourenplanung, Tourenauftragserstellung und -verwaltung
- Kommissionierdisposition
- Tourenüberwachung

Aufgabe 6

EDI (= *Electronic Data Interchange*) nennt man den elektronischen Datenaustausch von Handelsdaten zwischen Betrieben. Der Austausch umfasst in erster Linie Transaktionen wie Bestellungen, Rechnungen, usw., die strukturiert und nach vereinbarten Regeln formatiert übertragen werden. Dadurch ist es dem Empfänger möglich, die Daten direkt weiterzuverarbeiten. Primäre Ziele sind Zeit-, Kosten- und Personaleinsparungen durch

- die Vermeidung der wiederholten Erfassung, Speicherung und Ablage derselben Daten.
- die beschleunigte Kommunikation zwischen den Geschäftspartnern bei der Warenbeschaffung, der Belieferung und dem Zahlungsverkehr.
- die Möglichkeit der schnellen Reaktion auf Ereignisse im Betriebsablauf und auf dem Markt.

b: Bei EDI erfolgt der Datenaustausch zweiseitig zwischen bestehenden Geschäftspartnern nach vereinbarten Regeln. Auf dem elektronischen Markt ist dies nicht der Fall: Hier steht eine Vielzahl von Anbietern einer

Vielzahl von Käufern bzw. Kaufinteressenten gegenüber. Dort läuft der Gesamtprozess des Güteraustauschs ohne feste Regeln und Formate ab.

Aufgabe 7

a: Wesentliche Stellhebel der Logistikoptimierung sind:

- Logistikorientierte Aufbauorganisation
- Logistikgerechte Produktgestaltung
- Einfache und sicher zu beherrschende Prozesse
- Durchgängige Informationssysteme
- Qualifizierte und engagierte Mitarbeiter

b: Nicht beherrschte Prozesse können weitreichende Folgen haben:

- Die Prozesse müssen nochmals durchlaufen werden, was zusätzlichen Steuerungsaufwand bedeutet
- Die Produkte sind u. U. nicht mehr zu verwenden, wodurch neue interne Aufträge entstehen, um die Produkte nochmals zu produzieren
- Reklamationen, Vertragsstrafen und zusätzliche Versandabwicklung
- längere Rechnungsprüfung durch Nicht- / Teilzahlungen der Kunden
- Rückrufaktionen für fehlerhafte Produkte und deren Reparatur

Aufgabe 8

- Bei einem *kurzfristigen Planungshorizont* fällt die Entscheidung für die Eigenfertigung (unabhängig von der herzustellenden Menge) aus, da der Einstandspreis des Lieferanten die variablen Stückkosten der Eigenfertigung übersteigt.
- Ergebnis bei einem *langfristigen Planungshorizont*:
  Formel für die Übergangsmenge:

$$x = \frac{\text{Fixkosten}}{(\text{Einstandpreis} - \text{variable Stückkosten})} = \frac{K_f}{(ep - k_v)}$$

$$= \frac{40.000}{(90 - 40)} = 800 \text{ Stück}$$

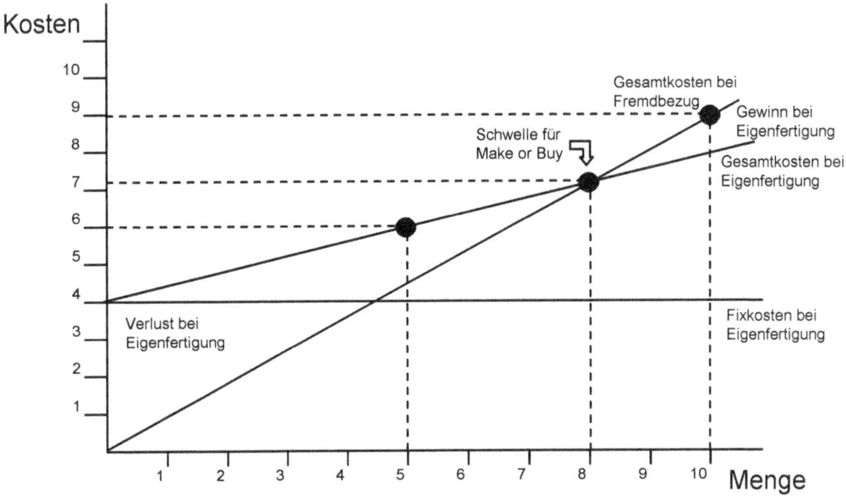

Unter 800 Stück ist der Fremdbezug, über 800 Stück die Eigenfertigung günstiger.

Aufgabe 9

a: Bereiche des Logistik-Controlling: Logistische Kennzahlen – Logistik-Kostenrechnung – XYZ-Analyse – Balanced Scorecard – Target-Costing – Benchmarking – Logistikkosten-Budgetierung.

b: Schwachstellen des traditionellen Controlling:

- Fast ausschließlich monetäre Kennzahlen
- Orientierung an den „alten“ Funktionseinheiten (Entwicklung, Materialwirtschaft, Produktion, Personal, Vertrieb)
- wenig an den Bedürfnissen der Leistungsbereiche ausgerichtet
- einseitig ausgeprägtes Methodenspektrum, das wenig zur Erhöhung der Qualitätsfähigkeit beiträgt

c: Die Prozesskostenrechnung stellt eine Form der Kostenträgerrechnung dar. Sie versucht, die Gemeinkosten verursachungsgerechter zuzuordnen. Sämtliche Aktivitäten, die die Produkte beanspruchen, werden in Teilprozesse zerlegt, denen Kostensätze zugeordnet und deren Kostenträger gesucht werden. Ziel der Prozesskostenrechnung ist es, die Transparenz in den Gemeinkostenbereichen im Vergleich zur Voll- und Teilkostenrechnung zu erhöhen.

Die klassischen Kostenrechnungssysteme sind für die Planung, Kontrolle und Verrechnung der Logistikkosten aufgrund des hohen Anteils fixer Gemeinkosten wenig geeignet, da Logistikkosten wegen des fehlenden unmittelbaren Produktbezugs mit den übrigen Gemeinkosten über meist indirekte Bezugsgrößen verrechnet werden. Eine auf die Logistik abgestimmte Kostenrechnung schafft durch Verwendung direkter Bezugsgrößen mehr Transparenz und eine verursachungsgerechte Verrechnung.

Musterlösungen – Aufgabensatz IV

Aufgabe 1

a: Absatz der Tennis-Sets: 3 % von 150.000 Stk. = 4.500 Stk.

b: Beschaffung Schutzhüllen: 4.500 – 300 – 250 + 100 = 4.050 Stk.

c: Bei einer zu geringen Beschaffungsmenge kann die Nachfrage u. U. nicht bedient bzw. die Tennis-Sets können nicht fertig gestellt werden.
Bei einer zu hohen Beschaffungsmenge können die Produkte u. U. nicht alle verkauft bzw. zusammengesetzt werden, was zu einer Steigerung der Lagerkosten führt.

Aufgabe 2

Arten des Benchmarking:

- intern: unternehmensinterner Vergleich von Bereichen
- wettbewerbsorientiert: Vergleich mit einem direkten Mitbewerber
- funktional: Prozesse wie Kommissionierung und Lagerhaltung werden mit Unternehmen aus anderen Branchen verglichen.

Die Ziele des Benchmarking sind die Identifikation eigener Schwachstellen und geeigneter Optimierungsmöglichkeiten, die Verbesserung der Wettbewerbssituation und die kontinuierliche Überwachung der Leistungsfähigkeit.
Ablauf eines Benchmarking:

- Auswahl des Objekts (Produkt, Methode, Prozess), das analysiert und verglichen werden soll. Die Ziele müssen klar formuliert und die geeigneten Kennzahlen definiert werden.
- Auswahl einer Vergleichsgröße (z. B. Mitbewerber) und Auswahl der Benchmarking-Art (intern, wettbewerbsorientiert oder funktional).
- Datengewinnung mit Errechnung der Kennzahlen beim eigenen und beim Vergleichsunternehmen.
- Analyse der Daten mit Vergleich der Ergebnisse.
- Feststellung der Leistungslücken und deren Ursachen.

- Festlegung der Verbesserungsmöglichkeiten und Umsetzungsziele.
- Durchführung der Verbesserungsschritte mit Zeitplan und Zielkontrolle.

Aufgabe 3

Während in der klassischen Kostenplanung sämtliche Kosten für die Erstellung eines Produkts aufaddiert werden und mit der Gewinnmarge den Marktpreis ergeben, wird bei der Zielkostenrechnung (Target-Costing) die Frage beantwortet, was ein Produkt kosten darf. So steht am Anfang des Target-Costing die Ermittlung eines wettbewerbsfähigen Marktpreises und der Kundepräferenzen. Damit wird beurteilt, mit welchem Preis das Produkt am Markt überhaupt abgesetzt werden kann. Anschließend wird festgelegt, was die einzelnen Produktionsschritte kosten dürfen.

Ziele des Target Costing:

- Erhalten und Steigern der Produktrentabilität
- Stärkere Kostendisziplin: Angebot von marktorientierten Produkten zu marktgerechten Preisen
- Strategische Ausrichtung der Kostenrechnung: Einsatz des Kostenmanagements schon in den frühen Entwicklungsphasen.
- Dynamisierung des Kostenmanagements durch ständige, vom Markt bestimmte Überprüfung der Kostenziele.
- Motivation, da das Verhalten durch konkrete Marktanforderungen und nicht durch abstrakte Unternehmensziele gesteuert wird.

Aufgabe 4

a: I. d. R. wird in einer Balanced Scorecard die Unternehmensstrategie in vier Perspektiven aufgeteilt, die mit Kennzahlen überprüft werden.

- Finanzperspektive: Kennzahlen zum Erreichen der finanziellen Ziele. Typische Kennzahlen sind z. B.: Eigenkapitalrendite, Liquiditätsgrad, Umsatzrentabilität und Cash-Flow.
- Kundenperspektive: Kennzahlen zum Erreichen der Ziele bezüglich der Kunden- und Marktsegmente. Typische Kennzahlen sind z. B.: Anzahl

der Reklamationen, Termintreue, Zahl der Vertragskündigungen, Kundenzufriedenheit.

- Prozessperspektive: Kennzahlen zum Erreichen interner Prozess- und Produktionsziele. Typische Kennzahlen sind z. B.: durchschnittliche Lieferzeit, Durchlaufzeit, Ausfallraten.
- Lern- und Innovationsperspektive: Im Mittelpunkt stehen die Qualifikation und Motivation der Mitarbeiter sowie die Verbesserung des innerbetrieblichen Informationssystems. Typische Kennzahlen sind z. B.: Anzahl der Krankheitstage, Mitarbeiterfluktuation, Umsatzverhältnis neuer Produkte zu alten Produkten.

b: Vorteile der Balanced Scorecard:

- Visualisierung und Operationalisierung der Ziele
- Umfassender Überblick über das Unternehmen
- Mitarbeitermotivation durch Vorgabe von (erreichbaren) Zielen.
- Unterstützung des strategischen Denkens
- Rückverfolgbarkeit der Ursachen für (Miss-) Erfolge
- Kontinuierlicher Verbesserungsprozess

Nachteile der Balanced Scorecard:

- Subjektive Auswertung der Kennzahlen
- Manche Bereiche sind durch Kennzahlen schwer zu erfassen
- Motivationsprobleme durch zu hohe / zu niedrige Vorgaben
- Falsche Ziele können gesetzt werden
- Mögliche Manipulation der Kennzahlen (vor allem, wenn sich die Vergütung nach Erreichung der Vorgaben richtet)

Aufgabe 5

a: Gefahrgüter werden für den Transportbereich im *Gesetz über die Beförderung gefährlicher Güter* definiert: Gefährliche Güter sind Stoffe und Gegenstände, von denen aufgrund ihrer Natur, ihrer Eigenschaften oder ihres Zustandes Gefahren für die öffentliche Sicherheit oder Ordnung ausgehen können, insbesondere für Leben und Gesundheit von Menschen, Tiere und Sachen.

b: Die Logistik muss im Bereich der Gefahrgüter reagieren, da

- Gefahrgüter im Unglücksfall weitreichende Konsequenzen nach sich ziehen können (Umweltkatastrophe).
- die Anzahl von Gefahrgutsendungen insgesamt ansteigt.
- gesetzliche Vorgaben die Anforderungen erhöhen: verkehrsträgerspezifische Regelwerke (z. B. *Europäische Übereinkommen über die Beförderung gefährlicher Güter auf der Straße*), stoffspezifische Gesetze (z. B. *Kreislaufwirtschafts- und Abfallgesetz*), nationale Besonderheiten (z. B. *Gefahrgut-Klassifizierungen*).

c: Unternehmer, die an der Beförderung gefährlicher Güter mit Eisenbahn-, Straßen-, Wasser- oder Luftfahrzeugen beteiligt sind, müssen grundsätzlich (mindestens) einen Gefahrgutbeauftragten bestellen.

Aufgabe 6

a: Beim Wareneingang erfolgt die Übergabe der Ware an den Lagerbereich, der dann die Verantwortung hat. An dieser Schnittstelle muss daher eine Kontrolle stattfinden.

b: Geprüft werden:

- Vollzähligkeit: Vergleich der Anzahl der angelieferten Packstücke mit der Anzahl der erwarteten Packstücke.
- Identität: Vergleich der Kennzeichnung auf den Packstücken mit den Angaben des Versenders.
- Liefertermin: Überprüfung des vereinbarte Liefertermins.
- Schadenskontrolle: Überprüfung nach äußerlichen Schäden, unversehrten Plomben und Verschlüssen sowie schriftliche Dokumentation von Unregelmäßigkeiten.

c: Aufgabe des Lagerverwaltungsprogramms:

- Fortschreibung der Lagermengen aller Artikel,
- Führung der Lagerkartei,
- Identifikation der Warenein- und -ausgänge,
- Zuordnung der Einlagerungsaufträge zu den Stellplätzen,
- Zuordnung der Auslagerungsaufträge zu den Ladeeinheiten,
- Vergabe von Aufträgen an die Fördermittel.

Aufgabe 7

Efficient Unit Loads (Effiziente Warenbündelung): Im Mittelpunkt steht die Nutzung von standardisierten Lade- und Verpackungseinheiten sowie deren flächen- und volumenmäßige Optimierung. Durch einheitliche und kompatible Ladungsträger (z. B. Paletten, Container) sowie Transportverpackungen soll somit der zur Verfügung stehende Transport- und Lagerraum bestmöglich genutzt werden.

Aufgabe 8

- EDI (*Electronic Data Interchange*): Das System ermöglicht einen unternehmensübergreifenden, automatischen Datenaustausch. Für die elektronische Übertragung zwischen verschiedenen Unternehmen werden die Daten nach einheitlichen internationalen Standards strukturiert und formatiert. Damit ist es möglich, Transaktionen des Absenders (Bestellungen, Rechnungen, usw.) beim Empfänger direkt weiterzuverarbeiten. EDI ermöglicht somit Zeit-, Kosten- und Personaleinsparungen durch eine schnelle Datenübertragung, die Vermeidung einer manuellen, kostenintensiven und fehleranfälligen Neuerfassung sowie durch die Normierung der Informationen.
- EDIFACT (*Electronic Data Interchange For Administration, Commerce and Transport*) ist ein Standardisierungsprogramm für EDI. Mit EDIFACT wurde die Möglichkeit geschaffen, gängige Geschäftsvorfälle (Anfragen, Bestellungen, Zahlungsaufträge, usw.) über EDIFACT-

Nachrichten im Geschäftsverkehr branchen- und länderübergreifend zu übertragen und weiterzuverarbeiten.

- Aufgrund der Komplexität haben sich branchenspezifische Subsets (= Untermengen) von EDIFACT entwickelt, die relevante Funktionen für die Anwendergruppen beinhalten. Ein solches Subset ist das EANCOM (*European Article Number Communication)*. Viele Firmen aus Handel und Konsumgüterindustrie haben sich auf diesen Subset geeinigt.
-

Aufgabe 9

a: Die *Transportversicherung* umfasst den Versicherungsschutz für Transportgüter (Warenversicherung), für Transportmittel auf dem Transportweg (Kaskoversicherung) sowie für die Haftung der Verkehrsträger (Verkehrshaftungsversicherung).
Transportschäden entstehen während des Transports durch klimatische, mechanische und biotische Transportbeanspruchungen (z. B. beim Verladen durch Stöße, Schwingungen und Druck).

b: Bei den *Institute Cargo Clauses* (ICC) handelt es sich um Versicherungsbedingungen für Güterversicherungen, die auch international anerkannt und angewendet werden. Es werden folgende Klauseln unterschieden:

- ICC A gewährt den umfangreichsten Versicherungsschutz („All-Risk-Prinzip" = versichert ist alles, was nicht ausgeschlossen ist).
- ICC B bietet Deckung für ausdrücklich genannte Risiken.
- ICC C: Gewährt Mindestdeckungsschutz für Schadensereignisse wie Große Havarie, Feuer, Strandung, Seebeben usw.

Aufgabe 10

Rechtsverhältnisse entlang des Warenflusses mit Spediteur:

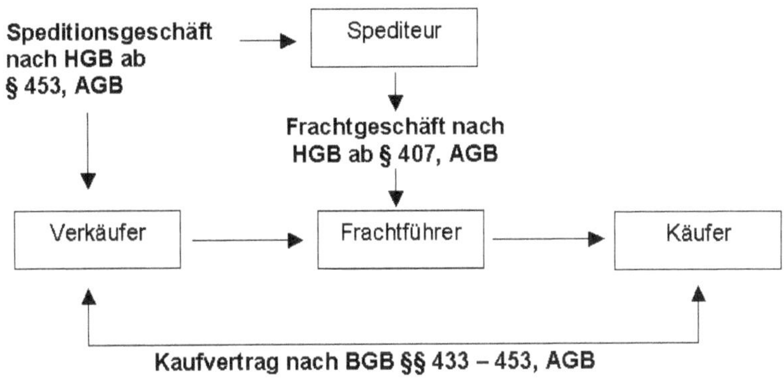

Aufgabe 11

In diesem Fall ist der Haftungshöchstbetrag von 4.726,15 € anzusetzen, obwohl der Warenwert bei 6.500 € liegt.

- Gewicht eines Sackes Kaffee = 5.000 / 100 = 50 Kilogramm
- 10 Säcke á 50 Kilogramm = 500 Kilogramm
- Warenwert eines Sacks Kaffee = 65.000 / 100 = 650 €
- Warenwert der verloren Säcke = 650 * 10 = 6.500 €
- Haftungshöchstbetrag: 8,33 Rechnungseinheiten für jedes Kilogramm des Rohgewichts = 8,33 * 1,13473 € * 500 = 4.726,15 €.

Aufgabe 12

Meldepflichtig sind Unternehmen, deren jährliche Versendungen in bzw. Eingänge aus anderen EU-Mitgliedstaaten 300.000 € überschreiten. Die Daten müssen monatlich an das Statistische Bundesamt geschickt werden (z. B. Handelsbezeichnung, Bestimmungsstaat, Ursprungsregion, Rechnungsbetrag). Die Meldepflicht gilt nicht für den Handel mit Nicht-EU-Staaten.

Die Ergebnisse der Erhebungen ermöglichen eine branchenübergreifende Darstellung der Außenhandelsentwicklung für die Volkswirtschaftliche Gesamtrechnung sowie Konjunkturanalysen und sind ein wichtiges Instrument für Entscheidungsträger. Sie helfen z. B. Unternehmen bei der Durchführung von Marktstudien und ermöglichen die Festlegung ihrer Handelsstrategien.

3.8 Außenhandel

Musterlösungen – Aufgabensatz I

Aufgabe 1

Nationale Instrumente:

- Einfuhrzölle: Preiserhöhung für ausländische Güter
- Subventionen: Preissenkungen für inländische Güter
- Kontingente: Mengenbeschränkungen (meist bei der Einfuhr)
- Ein- / Ausfuhrverbote: Verhinderung von Wirtschaftsbeziehungen
- Nicht tarifäre Handelshemmnisse: willkürliche / verdeckte Behinderung

Bilaterale Instrumente:

- Handelsverträge: Langfristige Regelung der Handelsbeziehungen
- Handelsabkommen: Kurzfristige Vereinbarung konkreter Maßnahmen

Internationale Instrumente:

- GATT/WTO: Abbau von Zoll- und Handelshemmnissen
- Zoll- und Handelsabkommen der EU: Einräumen von wechselseitigen Präferenzen
- Rohstoffabkommen: Warenvereinbarungen zwischen Erzeuger- und Verbraucherländern

Aufgabe 2

a: Risiken:

- Politisches Risiko im engeren Sinne
- Zahlungsverbots- und Moratoriumsrisiko
- Transfer- und Konvertierungsrisiko
- *(diese Risiken stellen zusammen das politische Risiko im weiteren Sinne dar)*
- Rechtliches Risiko
- Sozio-kulturelles Risiko

Risikopolitische Maßnahmen

- Informatorische Risikopolitik: Durch Verbesserung des Informationssystems oder Bildung von Risikogruppen hinsichtlich bestimmter Größen wie Eigenkapital oder Umsatz
- Zeitliche Risikopolitik: Insbesondere durch Verschieben risikobehafteter Entscheidungen
- Qualitative Risikopolitik: Insbesondere durch Verbesserung der Bonitäts- und Eignungsprüfung
- Quantitative Risikopolitik: Insbesondere durch Risikoumverteilung auf Dritte, Risikoverminderung und Risikokompensation

Aufgabe 3

- IHK
- Außenhandelskammer
- Internationale Handelskammer
- Im Ausland tätige Kreditinstitute
- Bundesagentur für Außenhandelsinformationen
- Deutsche Auslandsvertretungen
- Ausstellungs- und Messe AG (AUMA) in Köln
- Internationale Beratungsgesellschaften
- Deutsche Gesellschaft für Technische Zusammenarbeit (GZTZ) in Eschborn usw.

Aufgabe 4

a: Incoterms werden durch Bezugnahme im Kaufvertrag für das einzelne Geschäft gültig.

b:

- Transportkosten mit Festlegung des Kostenübergangs, d. h. welche Transportkosten Exporteur und Importeur zu / ab welchem Ort zu tragen haben.

- Transportrisiko mit Festlegung des Risikoübergangs, d. h. Benennung von Ort und Zeit, wonach der Importeur das Risiko des Verlustes oder der Beschädigung der Ware zu tragen hat.
- Grenzabfertigungstätigkeiten, d. h. Festlegung, wer das Einfuhr- und / oder Ausfuhrverfahren durchzuführen und die Kosten zu tragen hat.
- Geschäftsabwicklungs- und Sorgfaltspflichten, d. h. Festlegung, wer bestimmte Aufgaben wie Dokumentenbeschaffung, Warenprüfung, Schiffsorder oder Benachrichtigungen zu übernehmen hat.

c: Die Incoterms regeln grundsätzlich nicht

- Eigentumsübergang
- Zahlungsbedingungen
- Gewährleistungsansprüche
- Gerichtsstand

Aufgabe 5

Zollgebiet der EU ist das Hoheitsgebiet der Mitgliedsländer. Wenn die Ware die Grenze zum Zollgebiet überschreitet, wird sie Zollgut und ist zollamtlich zu stellen. Als Freilager versteht man zollamtlich bewilligte und überwachte Räumlichkeiten, die vorrangig dem Warenumschlag und der Lagerung dienen. In Freihäfen (z. B. Hamburg, Bremen, aber auch Deggendorf und andere) können Güter ohne zollrechtliche Beschränkungen und Abgaben umgeschlagen, gehandelt, gelagert und präsentiert werden. Erst beim Verlassen des Freihafens müssen sie zollrechtlich abgefertigt werden.

Aufgabe 6

a: Der Verkaufskommissionär übernimmt für den Exporteur den Vertrieb an bestimmten Auslandsplätzen durch Katalogangebot, Proben, Modelle oder Gebrauchsmuster, aber auch durch ein konkretes Warenangebot.

b: Der Kommissionär kennt den relevanten Markt, die potentiellen Kunden, die Mitbewerber, die politischen Verhältnisse und die Absatzstrukturen. Damit kann er dem Produkt den Weg ebnen.

c: Konsignationslager sind Auslieferungslager, die sich im Eigentum des Exporteurs, des Konsignanten, befinden. Der Verkaufskommissionär ist Lagerführer und wird als Konsignatar bezeichnet. Die Konsignationsware befindet sich bis zur Veräußerung im Eigentum des Exporteurs. Oftmals werden Konsignationslager als Zolllager geführt, so dass die Abgaben erst mit dann anfallen, wenn die Ware das Lager verlässt.

Musterlösungen – Aufgabensatz II

Aufgabe 1

Als Ursprungsland gilt das Land, in dem die Ware vollständig gewonnen oder zuletzt be- oder verarbeitet worden ist. Ursprungsnachweise sind:

- Ursprungszeugnis: Formelle Erklärung über den Nachweis der überwiegenden Herstellung im Exportland.
- Ursprungserklärung: Formlose Erklärung des Exporteurs auf der Rechnung, die von ihm und einem Zeugen zu unterzeichnen ist.
- Warenverkehrsbescheinigung: Erklärung des Exporteurs, dass die Ware in einem mit der EU durch ein Assoziierungs-, Präferenz-, Kooperations- oder Freihandelsabkommen verbundenen Land hergestellt wurde.
- Zollfaktura: Wird auf Formularen der Zollämter des Importlandes ausgestellt, dient als Unterlage für die Verzollung und hat das Ursprungsland der Ware zu bescheinigen.

Aufgabe 2

a: Vorteile

- Information der Kunden und Kommunikation mit den Kunden
- Räumliche und zeitliche Konzentration des Angebots
- Bei Branchenmessen findet sich eine weitgehende Vollständigkeit und Tiefe des Angebots, damit ist sie für alle möglichen Kunden interessant.
- Möglichkeit zum sofortigen Vertragsabschluss
- Rechtzeitiges Erkennen von Exportchancen, Produktakzeptanz und Tendenzen in Entwicklung und Nachfrage
- Erschließen neuer Käuferschichten durch Erlebnischarakter der Messe

b: Messen sind Veranstaltungen, die ein umfassendes Angebot eines oder mehrerer Wirtschaftszweige bieten. Sie finden im Allgemeinen im regelmäßigen Turnus am selben Ort statt. Dort werden Muster von

Produkten gezeigt, die vorrangig dem gewerblichen Nutzer dienen. Der Zutritt ist vor allem dem Fachbesucher vorbehalten.
Ausstellungen sind Veranstaltungen, auf der sich vorrangig einzelne Wirtschaftszweige werblich darstellen. Sie wenden sich an die Allgemeinheit, der Verkauf spielt eine nebensächliche Rolle.

c: Eine Messe gilt als internationale Messe, wenn mindestens 10 % der Aussteller und mindestens 5 % der Fachbesucher aus dem Ausland kommen und das wesentliche Angebot des Wirtschaftszweiges gezeigt wird.

d: Die besondere Mentalität des Landes ist zu beachten. Landestypische Gewohnheiten, Sitten und Gebräuche müssen berücksichtigt werden. Neben Sprachkenntnissen gehört dazu, den dortigen Verhandlungsstil und kulturelle Gepflogenheiten wie Kleidung und Körpersprache anzuwenden.

Aufgabe 3
a: Eine Ausschreibung (Tender) ist die Veröffentlichung eines Beschaffungsbedarfs mit der Aufforderung an interessierte Unternehmen, ein Angebot zu unterbreiten.

b:

- Wer ist der Auftraggeber?
- Wer ist der Absender der Ausschreibungsunterlagen?
- Projektbeschreibung (Leistungsverzeichnis)
- Auftragswert, Abrechnungswährung und Zahlungsbedingungen
- Länderrisiko
- Bonität des Auftraggebers
- Frist für die Angebotsabgabe
- Konkurrenzsituation
- Gemeinschaftsangebot mit anderen sinnvoll?
- Ausführungszeitraum?
- Bindungsfrist an das Angebot?

Aufgabe 4

- Marktrisiko (z. B. Fehleinschätzung des Marktpotentials und der gewünschten Qualität)
  Absicherung: Marktanalyse; Überprüfung der eigenen Leistungsfähigkeit für den Auslandsmarkt; laufende Marktforschung; marktbezogene Kommunikationspolitik; überprüfen der Distributionspartner.
- Preisrisiko (z. B. Gefahr von Preisveränderungen auf Inlands- und Auslandsmarkt)
  Absicherung: Marktsegmentbezogene Preispolitik, Preisgleitklauseln, Indexpreise, Preissicherungsgeschäfte an Warenbörsen, langfristige Außenhandelsverträge
- Kreditrisiko (Zahlungsunwilligkeit, -unfähigkeit oder -verzug)
  Absicherung: Anzahlungen verlangen; Kreditsicherheiten wie Wechsel; Akkreditivstellung; Ausfuhrkreditversicherung; Forderungsverkauf (Exportfactoring, Forfaitierung, d. h. regressloser Ankauf / Verkauf von großen Einzelforderungen)
- Kursrisiko (Veränderung der Wechselkurse)
  Absicherung: Abschluss in inländischer Währung; Diskontierung von Fremdwährungswechseln; Devisentermingeschäfte zur kurzfristigen Kurssicherung; Devisenoptionsgeschäfte; Swapgeschäfte; bei Zahlungsziel Kreditaufnahme in der fakturierten Währung und Tilgung des Kredits aus dem Exporterlös
- Transportrisiko (Beschädigung oder Verlust der Ware)
  Absicherung: Abschluss einer Transportversicherung; Auswahl einer Lieferbedingung, die dieses Risiko auf den Abnehmer abwälzt
- Annahmerisiko
  Absicherung: Akkreditivstellung; Auskünfte und Bankinformationen

Aufgabe 5

Ein Dokumentenakkreditiv ist eine von einem Kreditinstitut im Auftrag des Importeurs übernommene Verpflichtung, aus einem Guthaben oder Kredit des Auftraggebers innerhalb einer bestimmten Frist dem Exporteur gegen

Übergabe von bestimmten Dokumenten einen währungsmäßigen Geldbetrag auszuzahlen, gegen Übergabe der Dokumente eine Wechselverpflichtung einzugehen oder die Dokumente anzukaufen.

b: Das Akkreditiv ist ein selbständiges Rechtsgeschäft und beeinträchtigt nicht die Ansprüche aus dem Kaufvertrag.

c: Das Dokumentenakkreditiv erfüllt eine Zahlungssicherungsfunktion und eine Finanzierungsfunktion. Der Exporteur versendet seine Ware erst nach Vorlage des Akkreditivs. Er reduziert seine Risiken also erheblich. Der Importeur kann im Akkreditierungsauftrag Art, Umfang, Inhalt und Aufmachung der Dokumente festlegen. Ein Schutz gegen Qualitätsmängel ist damit allerdings nicht verbunden.
Entweder erhält der Exporteur bei Einreichung der Dokumente gleich die Zahlung oder er erhält ein Wechselakzept.

Musterlösungen – Aufgabensatz III

Aufgabe 1

a:

- Auslandsagent: Ein rechtlich selbständiger Gewerbetreibender, der ständig für ein anderes Unternehmen Geschäfte vermittelt oder abschließt und somit in fremdem Namen und für fremde Rechnung tätig wird. Weitgehend freie Gestaltung seiner Tätigkeit
- CIF Agent: Eine Sonderform des Handelsvertreters, der für mehrere Auftraggeber auf der Basis der Lieferbedingung CIF (Cost, Insurence and Freight) Geschäftsabschlüsse tätigt und sich so eine unabhängige Stellung gegenüber dem einzelnen Unternehmen bewahrt. CIF-Agenten sind bevorzugt für solche Exporteure tätig, die komplementäre Waren anbieten, wodurch sich ihre Attraktivität bei Kunden erhöhen. Die Vertriebskosten lassen sich damit zugleich senken.
- Handelsmakler: Sie übernehmen die Vermittlung und Anbahnung von Außenhandelsgeschäften. Häufig sind sie auf bestimmte Branchen spezialisiert. Manchmal übernimmt der Makler auch Dienstleistungen
- Kommissionäre: Der Einkaufskommissionär übernimmt für den Importeur im eigenen Namen, aber für dessen Rechnung den Einkauf der Waren im Ausland. Gute Kenntnis des Auslandsmarktes und Sitz am Ort. Besonders stark, wo viele kleine Lieferanten vorhanden sind.
- Der Verkaufskommissionär übernimmt für den Exporteur den Vertrieb im Ausland, verkauft wiederum im eigenen Namen, aber auf fremde Rechnung.

b: Aufgaben:

- Geschäftsabschlüsse
- Durchführung des Kundendienstes
- Haltung eines Auslieferungslagers
- Marktinformationen an den Auftraggeber
- Keine Konkurrenzprodukte

- Vorlage von Gebrauchsmustern und Modellen

Probleme:

- Provisionsgestaltung
- Ausländisches Handelsvertreterrecht
- Abwicklung von Garantiefällen
- Gerichtsbarkeit bei Streitigkeiten
- Vertragsdauer
- Mindestumsatz

Aufgabe 2

a:

- Marktstellung von Exporteur/Importeur
- Finanzkraft von Exporteur/Importeur
- Zahlungsgewohnheiten der Branche
- Dauer der Geschäftsverbindung, Vertrauen
- Politische und wirtschaftliche Rahmenbedingungen

b:

- Zahlung gegen einfache Rechnung: Verzicht auf jegliche Zahlungssicherung. Setzt hohe Vertrauenswürdigkeit des Importeurs voraus, zumal der Exporteur dabei die Verfügungsgewalt über die Ware vollständig aufgibt.
- Vorauszahlung: Beste Zahlungssicherung. Nur dann erreichbar, wenn sie branchenüblich ist, der Verkäufer eine starke Marktstellung besitzt, eine lange Lieferzeit vorliegt oder es sich um Erstgeschäfte handelt.
- Nachnahme: Zeigt geringes Vertrauen in den Importeur, hohe Sicherheit des Exporteurs. Im Übrigen gelten die unter „Vorauszahlung" genannten Voraussetzungen.
- Dokumenteninkasso: Der Exporteur beauftragt seine Hausbank, den Gegenwert für die eingereichten Dokumente vom Zahlungspflichtigen einzuziehen oder gegen Akzeptleistung des Importeurs diesem die Dokumente auszuhändigen und am Verfalltag den Wechsel zu

präsentieren. Hier liegt ein Zug-um-Zug-Geschäft vor. Hohe Sicherheit bei Zahlungsinkasso; eingeschränkte Sicherheit beim Wechselinkasso.

Aufgabe 3

a: Ziel der WTO ist der Abbau von Handelshemmnissen und somit die Liberalisierung des internationalen Handels mit dem weiterführenden Ziel des internationalen Freihandels. Den Kern dieser Anstrengungen bilden die WTO-Verträge, die durch die wichtigsten Handelsnationen ausgearbeitet und unterzeichnet wurden.

b: Mit dem Einfuhrzoll kann der Staat zum einen zusätzliche Einnahmen anstreben, er kann aber auch versuchen, damit seine eigene Wirtschaft zu schützen. Ein solcher Schutzzoll ist wenig sinnvoll, weil er damit diesen Bereich dem Wettbewerb entzieht. Mit den Zielen der WTO, die ja gerade den internationalen Wettbewerb verlangt, steht ein solches Verhalten nicht im Einklang.

c: Normen, die vom Ausland nicht erfüllt werden können oder tatsächlich nicht erfüllt werden (z. B. Deutsches Reinheitsgebot für Bier), willkürliche Behinderungen (wenn z. B. der Milchtransporter an der Grenze erst nach 24 Stunden abgefertigt wird und die Milch dann sauer ist)!

Aufgabe 4

a: Staatliche Ausfuhrkreditversicherungen werden von der *Euler-Hermes Kreditversicherungs AG* im Auftrage des Bundes angeboten. Wesentliche Voraussetzung ist, dass die Lieferung oder Leistung im Wesentlichen deutscher Herkunft ist. Die Ausfuhrdeckung schützt den deutschen Exporteur ab dem Versand der Ware bis zum Zahlungseingang.

b: Ausfuhrgarantien sind möglich als Einzelgarantie (für eine bestimmte, einmalige Forderung aus einem Vertrag), als revolvierende Garantie (für aufeinander folgende Forderungen an einen bestimmten Importeur zu meist kurzfristigen Zahlungsbedingungen), als Ausfuhr-Pauschal-Gewährleistung (für viele Exportforderungen unterschiedlicher Größenordnungen an mehrere Importeure).

Aufgabe 5

- Einfuhrzoll
- Einfuhrumsatzsteuer (sie hat den gleichen Steuersatz wie die Umsatzsteuer)
- Verbrauchssteuer, hier also die Branntweinsteuer

Musterlösungen – Aufgabensatz IV

Aufgabe 1

a: *Schutzzölle*: Sie dienen dazu, die eigene Volkswirtschaft vor Mitbewerbern im Ausland zu schützen.
Finanzzölle: Sie dienen dazu, dem Staat weitere Einnahmequellen zu erschließen.
Oft werden die beiden Gründe miteinander vermischt.

b: Warenwert	500.000 US $
+ Transportkosten	
+ Versicherungskosten	6.000 US $
Zollwert	

Umgerechnet in €	=	389.231 €
davon 8 % Zoll	=	31.138 €
Summe	=	420.369 €
19 % Einfuhrumsatzsteuer	=	79.870 €

Die Einfuhrabgaben betragen insgesamt:

Zoll	31.138 €
Einfuhrumsatzsteuer	79.870 €
Einfuhrabgaben	111.008 €

Aufgabe 2

- Politischrechtliche Faktoren (politisches System, die jeweilige Wirtschaftsordnung, die Stabilität im Land)
- Soziokulturelle (Gesellschaftsstruktur, Bildungswesen, Bedeutung der Religion)
- Geografische und demografische Faktoren (Infrastruktur, Rohstoffvorkommen, Bevölkerungsentwicklung)

- Technologische und wirtschaftliche Faktoren (Wirtschaftsentwicklung, Entwicklung der Technologie, Branchensituation, Handelshemmnisse)
- Marktpotential (Marktvolumen, Marktwachstum, Kaufkraft, Wettbewerbssituation)

Aufgabe 3

a: Ursprungszeugnis (mit ihm wird das Herkunftsland der Ware bescheinigt), Inspektionszertifikat einer international tätigen Warenprüftechnikgesellschaft, Konsulatsfaktura.

b: Der Hersteller kann eine Transportversicherung abschließen. Er kann aber auch das Transportrisiko auf dem Importeur durch eine entsprechende Vertragsklausel überwälzen.

Aufgabe 4

- Außenwirtschaftsrecht
- Zollrecht
- Internationales Privatrecht
- Internationales Kaufvertragsrecht
- Grenzüberschreitendes Vollstreckungswesen
- Internationale Schiedsgerichtsbarkeit usw.

Aufgabe 5

- Staatliche Gesamtverschuldung max. 60 % des Bruttoinlandsproduktes
- Staatliche Neuverschuldung (Haushaltsdefizit) max. 3 % des Bruttoinlandsproduktes
- Inflationsrate max. 1,5 % des über der durchschnittlichen Inflationsrate der drei währungsstabilsten Mitgliedsländer
- Langfristiges Zinsniveau max. 2 % über dem durchschnittlichen Zinsniveau der drei Mitgliedsländer mit der niedrigsten Inflationsrate
- Währungsstabilität in den letzten zwei Jahren vor Beitritt zur Währungsunion

Die Einhaltung der Konvergenzkriterien soll dafür sorgen, dass die Volkswirtschaften innerhalb der Wirtschafts- und Währungsunion nicht allzu weit auseinander driften, weil andernfalls negative Auswirkungen von einem Land in das andere überschwappen würden (z. B. Inflation usw.)

Aufgabe 6

- Absatzorientierte Motive (z. B. Erschließung neuer Auslandsmärkte, größere Kundennähe)
- Beschaffungsorientierte Motive (z. B. sicherer Rohstoffbezug, besserer Zugang zu bestimmten Technologien)
- Kostenorientierte Motive (z. B. billigere Arbeitskräfte, günstigere Produktionsbedingungen)
- Umweltorientierte Motive (z. B. vorteilhafte steuerliche und rechtliche Rahmenbedingungen)

Aufgabe 7

- Reines Tauschgeschäft (Bartergeschäfte): Es wird in einem einzigen Vertrag Ware gegen Waren vereinbart; es erfolgen keine Geldbewegungen.
- Gegengeschäfte: Hier wird die gegenseitige Lieferung in Geld bewertet. Entsprechen sich die Lieferwerte, liegt eine Vollkompensation vor, sonst eine Teilkompensation.
- Bei Parallelgeschäften verpflichtet sich der Exporteur in einem gesonderten Vertrag, Waren vom Importeur zu kaufen. Diese Verpflichtung muss innerhalb einer bestimmten Frist erfüllt werden und ist in der Regel veräußerbar.
- Beim Junktimgeschäft verrechnet der Exporteur seine übertragungsfähige Abnahmeverpflichtung gegenüber dem Importland unmittelbar mit einem anderen Importeur, der Waren aus diesem Importland bereits bezogen hat bzw. beziehen will.

- Beim Rückkaufgeschäft – in der Regel bezogen auf Industrieanlagen, Lizenzen der Produktionsmittel – erfolgt die Zahlung langfristig über die mit diesen Investitionsgütern hergestellten Waren.
- Bei Offsetgeschäften verpflichtet sich der Exporteur meistens im Zusammenhang mit staatlichen Aufträgen, Teilfertigungen bzw. Teillieferungen von Unternehmen des Auftragslandes ausführen zu lassen. Die Aufträge des Exporteurs müssen dabei nicht immer projektbezogen sein.
- Bei Clearinggeschäften werden staatliche Rahmenbedingungen für einige Rahmenvereinbarungen getroffen, innerhalb derer Unternehmen beider Länder individuelle Geschäfte tätigen können, die auf Rechnungskonten bei den jeweiligen Notenbanken ausgeglichen werden.

Aufgabe 8

- die Schnelligkeit des Transportmittels
- die Eignung des Transportmittels zur Versendung der Ware
- die Transportkapazität
- die Empfindlichkeit der Ware
- die Zuverlässigkeit und Termineinhaltung der Transportmittel
- Service- und Nebenleistungen der jeweiligen Frachtführer
- die zur Verfügung stehende Lieferfrist

3.9 Mitarbeiterführung und Qualifizierung

Musterlösungen – Aufgabensatz I

Aufgabe 1

Vorbereitung der Mitarbeiterbesprechung:

- Gründliche eigene Vorbereitung auf das Thema und die bekannten Sachverhalte.
- Geeignete Auswahl der Teilnehmer (Wer hat zu diesem Thema etwas beizutragen?).
- Rechtzeitige Vereinbarung bzw. Bekanntgabe des Gesprächstermins mit Datum, Uhrzeit und dem Gesprächsort.
- Bekanntgabe des Gesprächsthemas an alle Teilnehmer.

Durchführung:

- Begrüßung der Teilnehmer und Bekanntgabe der Tagesordnung.
- Benennung eines Protokollführers.
- Verteilung von Informationsmaterial oder Arbeitsunterlagen.
- Vor Beginn für sachliche und gemeinschaftliche Atmosphäre sorgen.
- Leitung der Besprechung durch Anhörung von Darstellungen und Argumenten, Unsachlichkeiten überhören oder sachlich zurückweisen. Bei Themenabweichung oder ausschweifenden Argumentationen behutsame Zurückführung auf das Thema.
- Motivation zur Gesprächsbeteiligung. Alle Äußerungen und Beiträge zum Thema sind anzuhören und ernst zu nehmen.
- Monologe sollen vermieden werden. Eigene Voreingenommenheit darf nicht zum Ausdruck kommen. Der Gesprächsleiter ist Moderator, nicht „Chef" der Gruppe.
- Zusammenfassung der Ergebnisse: Entscheidungen fällen und deren Verwirklichung veranlassen (konkretes Handeln vereinbaren).
- Dank und Verabschiedung.

Aufgabe 2

a: Angaben, die in eine Stellenanzeige gehören:

- Das Unternehmen
- Bezeichnung der Position
- Die Aufgaben der Stelle und ihre Bedeutung (Stellenbeschreibung)
- Die Stellenanforderungen
- Die Arbeits- und Vertragsbedingungen
- Bewerbungsvorgang (wie soll die Bewerbung erfolgen?)

b: Beschreibung der auszuschreibenden Stelle in Stichworten: Verantwortliche(r) für das Finanz- und Rechnungswesen in einem Modehaus. Mitglied der Geschäftsleitung. Selbständigkeit im Arbeitsgebiet, aber Verpflichtung zur Zusammenarbeit im Rahmen der gesamtunternehmerischen Aufgabe. Es handelt sich um eine neue Aufgabe, die bislang vom Inhaber wahrgenommen wurde. Nach einer Einarbeitungszeit von 2 Jahren ist die Aufnahme in die Geschäftsleitung vorgesehen.

Entwurf der Anzeige z. B.:

„*Führungsfunktion*

Wir sind ein marktstarkes Modehaus mit Filialen im Umland. Eine zentrale Führungsaufgabe soll nahtlos innerhalb einer zweijährigen Einarbeitungsphase an den/die neue(n) Leiter(in) der Verwaltung und des Personalwesens übergeben werden. Nach der Einarbeitungszeit wird er bzw. sie als Mitglied der Geschäftsleitung diesen Aufgabenbereich verantwortlich und selbständig führen.

Wir erwarten eine(n) kompetente(n) Bewerber(in) mit einschlägigen Erfahrungen, einem hervorragenden Organisationstalent und der Fähigkeit, vorausschauend zu planen. Erfahrungen im Textileinzelhandel wären von großem Nutzen. Dies ist die Chance für Sie, wenn Sie jetzt als kaufmännischer Geschäftsführer oder Verwaltungsleiter weiterkommen wollen und ca. 35 bis 40 Jahre alt sind.

Bitte nehmen Sie mit unserem Herrn Werner Huber Verbindung auf. Modehaus Huber, X-Stadt, Steingasse 9-17, Tel.: 123456.“

Aufgabe 3

a: Die Sinnesorgane im Gehirn nehmen Informationen auf, die zunächst den Wahrnehmungsspeicher erreichen. Wenn sie auf kein Interesse stoßen, werden sie schon nach wenigen Sekunden wieder gelöscht. Nur Informationen, die mit Emotion bzw. Interesse verbunden sind, die Assoziationen wecken oder die wir wiederholen, erreichen das Kurzzeitgedächtnis. Auch dies ist noch eher flüchtig. Die hier gespeicherten Informationen können nach wenigen Minuten wieder vergessen werden.
Je länger wir uns mit Informationen beschäftigen, umso stabiler sind die Neuanschlüsse der Nervenfasern. Diese Informationen sind dann im Langzeitgedächtnis angekommen.

b: Man kann

- Informationen mit Emotionen verbinden, damit Interesse gesteigert wird
- Assoziationen mit bereits Gelerntem erwecken (also anknüpfen an bestehendes Wissen)
- Informationen wiederholen, damit allmählich die Informationen im Gehirn stabil verankert werden

Aufgabe 4

Die Pareto-Regel, auch „80-zu-20-Regel", „80-20-Verteilung" oder „Pareto-Effekt" genannt, besagt, dass sich viele Aufgaben mit einem Mitteleinsatz von ca. 20 % zu 80 % erledigen lassen.
Beispielsweise bedient ein Versandhandel ca. 80 % der Kunden mit einem Arbeitsaufwand von ca. 20 %. Die weitaus meiste Arbeit verursachen die wenigen Kunden, die sich beschweren und Lieferungen beanstanden.
Beim Arbeitseinsatz kann es bedeuten, die wesentlichen Teile mit begrenztem Zeitaufwand zu erledigen. 20 % Aufwand bringen 80 % Ergebnis, die restlichen 20 % des Ergebnisses brauchen aber 80 % des gesamten Aufwandes.

Aufgabe 5

Freiwillig	gesetzlich / tariflich
• Wohnungshilfen • Umzugshilfen • Essensgeld • Fahrgeld • Kantine • betriebliche Altersversorgung • usw.	• Krankenversicherung • Unfallversicherung • Rentenversicherung • Schwerbehinderte • Vermögenswirksame Leistungen • usw.

Aufgabe 6

a: Der Arbeitnehmer erhöht seine Aufstiegs- und Berufschancen im Unternehmen wie auch am Arbeitsmarkt.

b: Der Betrieb verbessert seine Kompetenz und profitiert davon am Markt.

c: Die Gesellschaft profitiert durch die verbesserte Qualität des Faktors Arbeit, gewinnt an internationaler Wettbewerbsfähigkeit und legt die Grundlage für das wirtschaftliche Wachstum.

Musterlösungen – Aufgabensatz II

Aufgabe 1

Bei Bewerbungsunterlagen kommt es auf folgende Kriterien an:

- Die äußere Form der Unterlagen (Qualität und Sauberkeit des Umschlags, des Papiers, Heftung usw.)
- Das Bewerbungsanschreiben
- Übersichtliche Darstellung
- Vollständigkeit
- Sauberkeit
- Korrekte Rechtschreibung
- Lebenslauf mit Lichtbild
- Wahrheit und Vollständigkeit der Angaben
- Schulzeugnisse
- Letztes Zeugnis, Schulnoten mit besonderer Bedeutung wie Deutsch, Mathematik, Wirtschaft
- Noten, die auf besondere Begabungen schließen lassen
- Besondere Aktivitäten (Klassensprecher, Betreuer von Gruppen)
- Praktikumsbescheinigungen
- Sonstiges wie Referenzen, außerschulische Aktivitäten

Aufgabe 2

a: Die Beurteilung von Unterlagen und die Vorstellungsgespräche sind nicht frei von subjektiven Eindrücken. Sorgfältig ausgewählte Tests liefern dagegen objektive Informationen. Sie ermöglichen einen aussagekräftigen Leistungsvergleich. Sie können Informationen liefern, die auf andere Weise nicht zu ermitteln sind. Sie sind ökonomisch und zeitsparend.

b:

- Intelligenztests (Fähigkeit zur Informationsaufnahme und -verarbeitung, Herstellen von Zusammenhängen, Erfassung logischer Abläufe, mengenorientiertes / räumliches Denken)

- Fertigkeits- und Kenntnistests
- Psychomotorische Tests
- Persönlichkeitstests (Kontaktfähigkeit, Durchsetzungsvermögen)

c:

- Objektivität: Jeder Testende erhält mit den Aufgaben gleiche Resultate.
- Validität (Gültigkeit): Die Aufgaben sind geeignet, genau jene Merkmale zu prüfen, die verlangt werden.
- Reliabilität: Der Test muss geeignet sein, das Merkmal mit einer hohen Genauigkeit zu messen.

Aufgabe 3

a: Auditiver Lerntyp:

- klar strukturierte Schulung
- kurze, einfache Sätze
- rhetorische Fragen
- Diskussionen
- Gruppenarbeit

Visueller Lerntyp:

- Arbeitsaufträge für Gruppenarbeit schriftlich vorbereiten
- Tafelbilder
- Powerpoint-Präsentationen
- Bilder aus dem Verkauf einsetzen
- Videos zeigen

Haptischer Lerntyp:

- Modelle zur Innenpräsentation verwenden
- Hausdurchgang
- Zusammenstellung von Präsentationszonen im Schulungsraum oder Verkauf
- Ständermaterial einsetzen

b.)
- Ausbildungsjahr und Ausbildungsdauer können sich unterscheiden
- Die Ausbildungspläne sind unterschiedlich
- Alter und Persönlichkeit sind unterschiedlich
- Es bestehen Sympathien, Freundschaften oder Konflikte zwischen den Auszubildenden.

b: Vorteile:
- Hoher Haftwert, da Selbstbeteiligung
- praxisnah
- Verhalten wird bewusst und ist unmittelbar korrigierbar

Nachteile:
- Hoher Zeitaufwand
- Gefahr des Theaterspielens
- Teilnehmer setzen Ergebnisse nicht immer in die Praxis um
- Hemmungen der Teilnehmer
- Es können nicht immer alle mitmachen

Aufgabe 4

a: Dem Auszubildenden muss ein Feedback über den Ausbildungserfolg gegeben werden. Aber auch die Mitarbeiter benötigen regelmäßig eine Bestätigung ihrer Tätigkeit,
- um Korrekturen im Ausbildungsverlauf vornehmen zu können.
- um ggfs. besondere Förderungswürdigkeit feststellen zu können.
- als Kriterium für eine spätere Übernahme oder Eignung für eine Führungsposition.
- als Grundlage für das spätere Ausbildungszeugnis.

b: Das Berufsbildungsgesetz schreibt bei Auszubildenden drei Anlässe zwingend vor:

- wenn der Auszubildende nach Ausbildungsbeginn die Ausbildung gem. § 29, 2 BBiG wegen guter Leistungen verkürzen möchte.
- wenn er die Prüfung nach § 40,1 BBiG vorziehen möchte.
- wenn das Ausbildungsverhältnis durch Kündigung oder Aufhebungsvertrag vorzeitig beendet wird.
- am regulären Ausbildungsende (Ausbildungszeugnis nach § 8 BBiG).

Darüber hinaus ist eine Beurteilung in regelmäßigen Abständen sinnvoll, dies gilt ebenso für die Mitarbeiter nach der Ausbildung.

c: Beurteilt werden:

- Fachkompetenz: Inwieweit wurden die Lernziele erreicht?
- Methodenkompetenz: Inwieweit findet der Auszubildende für Aufgaben selbständig Lösungswege?
- Sozialkompetenz: Dies ist die Fähigkeit und Bereitschaft, sich mit den anderen rational und verantwortungsbewusst auseinanderzusetzen sowie sich teamorientiert zu verhalten.
- Individualkompetenz: Die Fähigkeit und Bereitschaft, sich selbst weiterzuentwickeln und die eigenen Begabungen zu entfalten.

d:

- Der Ausbilder darf die Auszubildenden nicht an den Leistungen von fertigen Fachkräften messen.
- Nicht statische Eigenschaften und Merkmale sind zu beurteilen, sondern das Erreichen der Lernziele.
- Die Beurteilung ist nur auf eigene Beobachtungen zu stützen.
- Die Kriterien müssen objektiv und vergleichbar sein.
- Der Auszubildende (ebenso der Mitarbeiter) sind über die Beurteilung zu informieren.
- Das Beurteilungsgespräch ist sorgfältig vorzubereiten und durchzuführen.

Musterlösungen – Aufgabensatz III

Aufgabe 1

- Die Ausbildungsstätte muss geeignet sein. Es müssen also in ihr alle Fertigkeiten und Kenntnisse vermittelt werden können, die der Ausbildungsrahmenplan enthält. Ggfls. können Teile der Ausbildungsmaßnahmen außerhalb der Ausbildungsstätte durchgeführt werden.
- Der Ausbildende muss persönlich geeignet sein. Ihm darf z. B. das Gewerbe nicht untersagt worden sein.
- Der Ausbilder muss persönlich und fachlich geeignet sein. Er muss eine einschlägige Ausbildung und Erfahrung aufweisen, 24 Jahre alt sein und die berufs- und arbeitspädagogische Eignung nachweisen.
- Im Betrieb muss ein angemessenes Verhältnis zwischen Fachkräften und Auszubildenden bestehen. (z. B. 1 - 3 Fachkräfte für 1 Azubi)

Aufgabe 2

a: Brainstorming: Hier geht es darum, ohne irgendeine bewertende Äußerung möglichst viele Ideen zu sammeln. So können in kurzer Zeit sehr viele Ideen zusammenkommen. Diese werden festgehalten und dann in einer zweiten Phase gemeinsam geordnet und bewertet. Das Brainstorming allein führt selten zu verwertbaren Ergebnissen, es bedarf der Ergänzung durch andere Methoden.

b: Diskussion: Der Moderator muss einen klaren Zeitrahmen und Spielregeln festlegen. Die Diskussion fördert die Kommunikationsfähigkeit und die Meinungsbildung, führt jedoch fast immer dazu, dass sich nur ein Teil der Anwesenden wirklich beteiligt.

c: Fallstudie: Bei dieser Methode stehen das praxisnahe, anwendungsbezogene Lernen und die Vermittlung von Handlungs- und Entscheidungswissen im Vordergrund. Eine Arbeitsaufgabe wird in Einzel-

oder Gruppenarbeit bearbeitet. Bedarf der Ergänzung durch das Lehrgespräch.

d: Gruppenarbeit: Hier sind die Mitglieder der Gruppe gehalten, gemeinsam eine Lösung zu erarbeiten. Die Gruppenarbeit ist sorgfältig zu beobachten; formelle und informelle Strukturen fließen zusammen. Nicht selten beteiligt sich nur ein Teil der Gruppe an der Arbeit. Eine Gruppenarbeit kann eine sehr positive Wirkung auf die Gruppe haben; die Teilnehmer sind stolz auf das Ergebnis.

Aufgabe 3

a:

- optischer Kanal
- akustischer Kanal
- taktiler Kanal
- andere Kanäle

b:

- lesen: 10 %
- hören: 20 %
- sehen: 30 %
- hören und sehen: 50 %
- selbst erfahren: 70 %
- ausführen, handeln: 90 %

c: Ein visueller Lerntyp ist dadurch erkennbar, dass er

- beim Telefonieren Figuren kritzelt.
- Zeichnungen anfertigt, wenn er etwas erklärt.
- Comics vor gesprochenen Worten bevorzugt.
- es schwierig findet, Vorträgen zu folgen, deren Sprache nicht bildreich ist.
- bei Zeitschriften den Text nur liest, wenn ihn die Bilder interessieren.

Ein akustischer Lerntyp ist dadurch erkennbar, dass er

- lieber ein Seminar besucht, als das entsprechende Buch zu lesen.
- sich lieber eine Wegbeschreibung geben lässt, als eine Karte zu studieren.
- von Nebengeräuschen leicht abgelenkt werden kann.
- sich an Hörfunkspots gut erinnern kann.
- lieber den gesprochenen Witz hört, als Comics liest.

Ein motorischer (haptischer) Lerntyp ist dadurch erkennbar, dass er

- gestenreich redet.
- auf und ab geht, wenn er einen Text auswendig lernt.
- Menschen gut mimisch und gestisch imitieren kann.
- gern barfuß geht oder bestimmte Stoffe auf der Haut bevorzugt.
- andere Menschen berührt, wenn er mit ihnen in Kontakt kommen will.

Aufgabe 4

Pflichten des Arbeitnehmers:

- Arbeitspflicht: Der Arbeitnehmer ist verpflichtet, die vereinbarte Tätigkeit zu leisten, einschließlich der damit verbundenen Nebendienste. (Verkäuferin: z. B. Reinigen des Regals im Parfümeriegeschäft). Der Umfang richtet sich nach der Verkehrsanschauung. Der Arbeitnehmer ist auch verpflichtet, notwendige Mehrarbeit zu leisten. Geschuldet wird die Leistung, nicht der Erfolg (anders als beim Werkvertrag). Einhalten der Arbeitszeit und Pünktlichkeit gehören dazu.
- Gehorsamspflicht: Der Arbeitnehmer ist verpflichtet den Weisungen des Arbeitgebers Folge zu leisten und sich für das Wohl des Betriebes einzusetzen.
- Treuepflicht: Nebenbeschäftigungen, die die Hauptbeschäftigung beeinträchtigen, sind zu unterlassen. Über Geschäftsgeheimnisse muss er Stillschweigen bewahren. Er darf dem Arbeitgeber keine Konkurrenz machen.

Pflichten des Arbeitgebers:

- Fürsorgepflicht: Der Arbeitgeber hat alles zu tun, damit Leben und Gesundheit, auch die sittliche Lage, nicht gefährdet werden. Einhaltung der Unfallverhütungsvorschriften, gesunde Ausstattung der Arbeits- und Pausenräume, Gleichbehandlung der Arbeitnehmer, Freistellung bei besonderen Anlässen (Heirat, Tod eines Verwandten usw.).
- Entgeltleistungspflicht: Rechtzeitige und vollständige Bezahlung des vereinbarten Arbeitsentgelts.
- Sonstige Pflichten: Lohnfortzahlungspflicht im Krankheitsfall oder bei persönlicher Verhinderung der Arbeitsleistung.

Aufgabe 5

Fragen nach

- Heiratswunsch
- Religion
- Gewerkschaftszugehörigkeit
- Parteizugehörigkeit
- verjährten Strafen

sind regelmäßig (außer in ganz bestimmten Ausnahmefällen) nicht zulässig und müssen deshalb nicht beantwortet werden.

Aufgabe 6

a:

- Unterforderung während der Zeit der Fortbildung
- mangelnde Identifikation mit dem Unternehmen
- zu wenig Perspektiven

b:

- Job Enrichment: Mehr Verantwortung während der Fortbildung
- Einbeziehung in Projektarbeit
- Beschäftigung in einer Assistententätigkeit
- Traineeprogramm

- Karriereplanung
- Begleitung durch Mentoren

Musterlösungen – Aufgabensatz IV

Aufgabe 1

a: Ein Konflikt ist ein Zusammenprall zweier oder mehrerer widerstrebender Kräfte. Konflikte entzünden sich an unterschiedlichen Vorgehensweisen, Vorstellungen, Wünschen, Meinungen, Interessen oder Werthaltungen. Er stellt eine Situation dar, in der sich beide Parteien ihrer Gegnerschaft bewusst sind.

b: Auf Konflikte können verschiedenartige Symptome hinweisen:

- Ablehnung und Widerstand (z. B. ständiges Widersprechen)
- Aggressivität und Feindseligkeit
- Sturheit und Uneinsichtigkeit
- Flucht
- Überkonformität
- Desinteresse

c: Auslöser von Konflikten sind häufig auch die Rahmenbedingungen, die durch das Unternehmen entstehen, z. B.

- die Arbeitsteilung
- die knappen Mittel, die z. B. Verteilungskämpfe auslösen
- übergeordnete gemeinsame Ziele, die den Zielen der Einzelnen widersprechen
- die Person des Vorgesetzten

d: Eine Konfliktsteuerung ist nur möglich, wenn die Konfliktursachen möglichst präzise erfasst sind. Die unterschiedlichen Zielsetzungen im Unternehmen sollten möglichst harmonisch aufeinander abgestimmt werden, in Gesprächen sollte Verständnis für die Ziele des Anderen herausgearbeitet werden. Konflikte können eingeschränkt oder verringert werden durch:

- Ein abgestimmtes Rollensystem

- Das Belohnungssystem
- Um Neid und Missgunst zu vermeiden, kann es hilfreich sein, nicht nur die Zielerreichung des Einzelnen zu honorieren, sondern auch die Erfüllung der Aufgabe durch eine Arbeitsgruppe.
- Verstärkten Informationsaustausch
- Festlegung von Spielregeln, z. B. zur Beförderung von Mitarbeitern
- Schaffung eines allgemeinen Klimas von Vertrauen, Offenheit und Fairness

Aufgabe 2

a:

- Fachlich und persönlich bestgeeignete Mitarbeiter sollen gewonnen werden.
- Lernbereite und engagierte Mitarbeiter sollen unterstützt werden.
- Das Fachwissen der Mitarbeiter soll aktualisiert werden.
- Die Qualifizierung des Berufsnachwuchses sollte hergestellt werden.
- Das Führungsverhalten von Vorgesetzten und Führungsnachwuchs soll verbessert werden.
- Fluktuation soll vermindert und innere Kündigungen verringert werden.
- Imagegewinne für das Unternehmen.

b:

- Das berufliche Qualifikationsniveau wird verbessert.
- Die Befähigung für höherwertige Positionen wird geschaffen.
- Die individuellen Lebensgestaltungsmöglichkeiten werden verbessert.
- Die berufliche Ausrichtung und damit die Art der Tätigkeit kann geändert werden.

Aufgabe 3

a:

- Entscheidung über die Übernahme eines Mitarbeiters.

- Um gegebenenfalls individuelle Leistungszulagen festzulegen oder Gehaltsänderungen zu begründen.
- Um bei interner Personalbeschaffung die Eignung eines Mitarbeiters festzustellen.
- Um den Bedarf an Fortbildungsmaßnahmen zu ermitteln.
- Um bei Versetzungen den neuen Vorgesetzten Anhaltspunkte für den richtigen Einsatz des Mitarbeiters zu liefern.
- Um die Führungskräfte anzuregen, sich intensiver mit den Mitarbeitern zu beschäftigen.
- Als Grundlage für ein Zeugnis.
- Als Unterlage für regelmäßige Mitarbeitergespräche.
- Zur Erarbeitung von Zielsetzungen und Entwicklungsmöglichkeiten.

b:

- Arbeitsverhalten: Arbeitsplanung, Arbeitsqualität, Arbeitstempo, Ausdauer, Belastbarkeit, Entschlusskraft, Fleiß, Fachkenntnisse, Fehlerhaftigkeit, Initiative, Lernwillen, Pünktlichkeit, Selbständigkeit, Verantwortungsbereitschaft, Zuverlässigkeit.
- Verhalten gegenüber Kollegen und Vorgesetzten: Aggressivität, Aufgeschlossenheit, Empfindlichkeit, Hilfsbereitschaft, Mitteilungsbereitschaft, Toleranz, Zusammenarbeit.
- Führungsverhalten: Arbeitsanleitung, Ausgeglichenheit, Delegationsfähigkeit, Durchsetzungsvermögen, Kontrolle, Motivationsfähigkeit, Objektivität in der Mitarbeiterbehandlung.
- Geistige Anlagen: Auffassungsgabe, Gedächtnis, Kreativität, Logik.
- Persönliches Auftreten: Ausdrucksvermögen, Erscheinungsbild, Selbstbewusstsein, Umgangsformen.
- Erfolgsfaktoren: Umsatzergebnisse, Selbsteinschätzung der Verkaufsmitarbeiter, Ergebnis von Testkäufen und Kundenbefragungen.

c:

- Übernahmefehler: Geprägt durch früher vorgenommene Beurteilungen werden Teile daraus entnommen.
- Projektionsfehler: Es ist ein Faktum, dass der Mensch versucht, sich in anderen Menschen wiederzuerkennen. Dies kann dazu führen, dass Stärken und Schwächen des Beurteilers auf den Beurteilten projiziert werden.
- Ideologiefehler: Es werden Mitarbeiter bevorzugt, die gleiche politische oder weltanschauliche Ansichten wie der Beurteiler haben.
- Egozentriefehler: Der Beurteiler geht von seiner Person aus ohne zu berücksichtigen, dass der Mitarbeiter unterschiedliche Ausbildung und Erfahrung hat.
- Halo-Effekt: Darunter versteht man die Tendenz, von einer bekannten Eigenschaft oder dem Gesamteindruck auf andere, nicht unmittelbar beobachtete Eigenschaften zu schließen.

Aufgabe 4

a: Kritik soll ein Fehlverhalten des Mitarbeiters deutlich aufzeigen, das vermeidbar gewesen wäre und das dem Mitarbeiter bei gründlicherer Arbeitsweise und bei Einhaltung bestimmter Regeln nicht hätte passieren dürfen. Kritik setzt also voraus, dass der Mitarbeiter über den notwendigen Sachverstand und die Fertigkeiten verfügt und es trotzdem zu negativen Abweichungen gekommen ist. Die Kritik soll darauf hinwirken, dass der Mitarbeiter zukünftig die Ziele erreicht. Kritik muss deshalb gut durchdacht und begründet sein. Sie muss stets zu einem konstruktiven Abschluss gebracht werden und den Mitarbeiter motivieren.

b:

<u>Eröffnung:</u>

- Gespräch unter vier Augen suchen, vorher hierzu Termin vereinbaren.
- Gesprächsziel offen legen.

- Die festgestellte Abweichung vom Sollwert offen besprechen (möglichst konkret beschreiben; das Verhalten, nicht die Person kritisieren, persönliche Angriffe vermeiden, zu Anfang keine eigenen Vermutungen über die Ursachen äußern).
- Stellungnahme erbitten: Wie sieht er die Situation, wie ist es aus Sicht des Mitarbeiters zur Abweichung gekommen?
- Nachfragen bei unklaren Aussagen des Mitarbeiters.
- Ausreden und Widersprüche des Mitarbeiters weder moralisch missbilligen noch überlegen ausspielen.
- Die Argumente des Mitarbeiters ernstnehmen und nicht gleich als billige Ausflüchte betrachten, weil ein und dieselbe Gegebenheit von zwei Personen unterschiedlich wahrgenommen werden kann.
- Abschätzen, ob eine letzte und verbindliche Ursachendiagnose möglich oder zweckmäßig ist.
- Bedenken, was der Vorgesetzte zu der Abweichung beigetragen hat.

Vereinbarung: Gemeinsam erörtern, was getan werden kann, um diese Abweichung zu verringern oder unwahrscheinlich zu machen (Vorschläge sammeln, sich auf Maßnahmen einigen, eindeutige, konkrete Vereinbarung treffen).

Kontrolle: Ankündigen, dass der Vorgesetzte nachprüft, ob die Vereinbarung eingehalten wird. In Aussicht stellen, dass der Mitarbeiter für die Beseitigung des kritisierten Zustandes Anerkennung finden wird.

Abschluss: Ergebnisse zusammenfassen, Respekt für das Gespräch zollen, der Hoffnung Ausdruck geben, dass sich die Soll/Ist-Abweichungen in Zukunft verringern.

Aufgabe 5

a: Ja, der Vertrag ist grundsätzlich gültig. Allerdings ist heute die Schriftform für den Vertrag vorgeschrieben (Deklaratorische Bedeutung). Ein mündlicher Vertrag enthält obendrein das Risiko, dass die einzelnen Vertragsbestandteile von keiner der beiden Seiten bewiesen werden können und deshalb der späteren unterschiedlichen Auslegung Tür und Tor geöffnet ist.

b:

- Arbeitgeber/Arbeitnehmer
- Beginn und Laufzeit
- Position des Arbeitnehmers
- Probezeit
- Pflichten des Arbeitnehmers
- Arbeitszeit
- Eingruppierung
- Entgelt
- Urlaub
- Verhalten bei Arbeitsunfähigkeit
- Kündigungsfristen
- Sonstige Vereinbarungen

c: 4 Wochen zum 15. oder zum Monatsende (gesetzliche Frist – tarifliche Fristen können hiervon abweichen).

4 MODERATIONS- UND PRÄSENTATIONSTECHNIK

In diesem Kapitel wollen wir Ihnen eine Hilfestellung geben, wie Sie eine Präsentation für die mündliche Prüfung vorbereiten und halten. Manches haben Sie sicher schon einmal gehört und viele erscheinen selbstverständlich. Jedoch werden oft „selbstverständliche" Regeln vergessen. Damit wird eine Präsentation unübersichtlich oder langweilig. Versuchen Sie, die Ratschläge trotz aller Aufregung zu beherzigen.

Denn nicht nur Ihre Präsentation soll toll aussehen, sondern auch Sie sollen glänzen. Und beherzigen Sie immer den Ratschlag von Martin Luther: „Tritt forsch auf – Mach's Maul auf – Hör bald auf!".

Denken Sie daran: Dies ist nur ein Beispiel und kann die eigene Ausarbeitung eines Themas nicht ersetzen.

Goldene Regeln für einen guten Vortrag

Vor dem Vortrag:

- Bereiten Sie sich *sehr gut* vor. Das gibt Ihnen Sicherheit und Sie behalten in kritischen Situationen das „Heft in der Hand".
- Üben Sie den Vortrag vor Eltern, Bekannten oder Freunden. Das gibt die Sicherheit, um auch vor Unbekannten souverän aufzutreten. Achten Sie darauf, ob Ihnen die Formulierungen leicht fallen und ob die Vortragszeit ausreicht – man wundert sich oft, wie schnell die Zeit vergeht.
- Probieren Sie *alle* Geräte und Medien vor dem Vortrag aus und machen Sie sich mit Ihnen vertraut (Beamer, Flipchart, usw.).
- Seien Sie 15 Minuten vor Ihrem Auftritt da!
- Viele Ausschüsse erwarten Kopien der verwendeten Charts. Nehmen Sie vier davon mit!

Während des Vortrags:

- Bleiben Sie Sie selber und verhalten Sie sich natürlich!
- (Verständlicher) Dialekt hat Charme.
- Keine gewollt lustigen Auflockerungen, die nicht zu Ihnen passen.
- Halten Sie Blickkontakt zu allen Zuhörern.
- Fangen Sie lebendig an – es ist kein Fehler, die ersten Sätze auswendig zu lernen!
- Unterstützen Sie Ihre verbalen Botschaften visuell.
- Bringen Sie am Schluss Ihre Kernaussagen auf den Punkt. Es kann nützlich sein, auch den letzten Satz wörtlich vorzubereiten!

Die Phasen einer erfolgreichen Präsentation

Ein klarer Aufbau der Präsentation hilft Ihnen, die Aufmerksamkeit der Zuhörer zu wecken und zu behalten. Die Phasen, die Sie bei der Erstellung einer Präsentation durchlaufen, sind an sich immer ähnlich. Jede Phase hat dabei ein eigenes Ziel. Versuchen Sie, die Zielsetzung bei der Erstellung und Umsetzung der Präsentation nicht aus den Augen zu verlieren:

1. Vorbereitung: Stellen Sie sich auf Thema und Zuhörer ein.
2. Einleitung: Wecken Sie Interesse und Aufmerksamkeit. Schaffen Sie eine harmonische Atmosphäre. Nennen Sie auch das Thema und stellen Sie sich kurz vor.
3. Hauptteil: Leisten Sie argumentative Überzeugungsarbeit!
4. Schluss: Fordern Sie die Zuhörer zum Handeln auf.

1. Vorbereitung

Je gründlicher Sie sich vorbereiten, um so überzeugender können Sie Ihre „Message“ darstellen. Hier einige Handlungsempfehlungen:

- Recherchieren Sie für die inhaltliche Vorbereitung gründlich und vollständig. Achten Sie vor allem darauf, dass die Inhalte logisch und verständlich aufgebaut sind. Vorsicht bei der Übernahme „toller“ Präsentationen von anderen! Sie glauben gar nicht, wie schnell das Ihre Zuhörer merken, wenn Sie nicht authentisch sind!
- Planen Sie den Ablauf der Präsentation im Voraus. Überfrachten Sie sie nicht durch zu viele Informationen. Jeder Zuhörer ist nur begrenzt aufnahmefähig. Weniger ist mehr! Die Präsentationsdauer wird Ihnen durch die Zeitvorgabe in der Prüfung schon abgenommen: Nicht mehr als 10 Minuten!
- Bereiten Sie zunächst den Hauptteil vor. Der Einstieg ergibt sich leicht aus Ihrer Argumentation.
- Erstellen Sie übersichtliche Präsentationsunterlagen. Bewährt haben sich die eher einfachen Hilfsmittel wie Folien oder Flipcharts.

Verwenden Sie Laptop und Beamer, so müssen Sie unter Umständen beides mitbringen und unter Zeitdruck aufbauen. Und den berühmten Vorführeffekt kennen Sie ja – er kostet immer Nerven, Nerven, die Sie gerade jetzt brauchen!

- Achten Sie auf ausreichende Schriftgröße! Es gibt kaum etwas Ärgeres, als wenn ein Vortragender Texte vorliest! Anhaltspunkt: Bei der Powerpoint Präsentation nicht unter 30 Punkt.
- Lange Text gehören überhaupt nicht auf die Charts! Die Charts sollen Ihren Vortrag unterstreichen und bildhaft Ihre Aussagen verstärken – aber nicht den Vortrag ersetzen. Also auch: Bilder einbauen!
- Gehen Sie Ihre Präsentation vorher gedanklich durch. Wenn Sie mit einem „Spickzettel" arbeiten, achten Sie auf gute Lesbarkeit.
- Stellen Sie sich auf Zwischenfragen und Gegenargumente ein. So behalten Sie selbst in kritischen Situationen Ruhe.
- Prüfen Sie rechtzeitig vor der Präsentation die Räumlichkeiten und die technischen Hilfsmittel.

2. Einleitung

Mit der Einleitung sollten sie die Aufmerksamkeit Ihrer Zuhörer gewinnen. Beginnen Sie am besten mit einem begeisternden Einstieg: einem spannenden Beispiel, einer humorvollen Anekdote, einem persönlichen Erlebnis oder einem aktuellen Ereignis. Begrüßen Sie das „Publikum, nennen Sie das Thema und stellen Sie sich vor. Sagen Sie den Zuhörern, was sie erwartet und heben Sie den Nutzen hervor.

3. Hauptteil

Überzeugen Sie Ihre Zuhörer argumentativ. Gehen Sie dabei strategisch geschickt vor. Nennen Sie beispielsweise nicht gleich die Lösung, sondern überzeugen Sie Schritt für Schritt: Beschreiben Sie zunächst die Ist-Situation, schildern Sie die Schwachstellen. Beschreiben Sie im Anschluss den Soll-Zustand und zeigen dann Lösungsalternativen mit Vor- und Nachteilen auf. Sprechen Sie abschließend eine Empfehlung aus und zeigen Sie, welchen Nutzen die Zuhörer davon haben. Verraten Sie auch, wie diese Lösung umgesetzt werden kann.

4. Schluss

Fassen Sie die wichtigsten Informationen noch einmal in kompakter Form zusammen. Beschränken Sie sich nur auf die wichtigsten Aspekte und nennen Sie noch einmal die Vorteile Ihrer Lösung.

Beispielpräsentation: „Businessplan für Existenzgründer“

In der Präsentation müssen Sie einen praktischen Fall aus Ihrer Handelspraxis darstellen. Das Thema muss sich zudem auf mindestens zwei Handlungsbereiche der Prüfung beziehen.
Der Schwerpunkt unseres Beispiels „*Businessplan für Existenzgründer*“ liegt im Handlungsbereich „Unternehmensführung und -steuerung“ (Planung von Selbstständigkeit, Controlling und Finanzierung). Er beinhaltet aber auch den Handlungsbereich des Marketing.
Die gedachte Situation für unser Beispiel ist, dass die Präsentation vor potentiellen Existenzgründern gehalten werden soll. Bei Ihrer Einführung in die Präsentation sollten Sie auch dem Ausschuss sagen, an wen Sie die Präsentation richten!

1. Einleitung:

Folie 1

Aufmerksamkeit wecken, z. B. mit einer Behauptung, einem aktuellen Aufhänger, einem humorvollen Einstieg, einem persönlichen Erlebnis, einer kurzen Anekdote oder einem griffigen Zitat. Zudem sollte auch der Problembereich dargestellt werden.

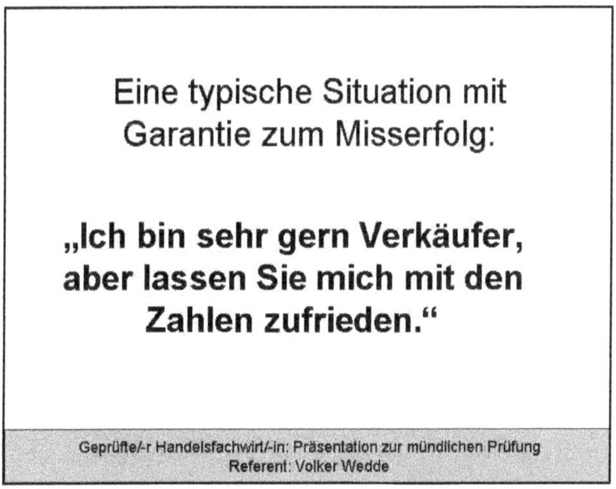

Was könnte ich sagen?

„In der Beratung von Existenzgründern höre ich immer wieder: ´Ich verkaufe sehr gern, aber mit Zahlen habe ich es nicht so´. Jungunternehmer bringen Begeisterung und Einsatzbereitschaft mit. Oft fehlt es aber an der sorgfältigen Planung des Vorhabens - der Misserfolg ist dann eigentlich schon vorprogrammiert.
Hiermit begrüße ich Sie sehr herzlich zum Workshop „Existenzgründung". In den nächsten Minuten möchte Ihnen aufzeigen, dass Sie als Existenzgründer um einen Businessplan nicht herumkommen, damit Sie

nicht schon eine Bruchlandung erleiden, bevor es richtig losgeht. Kurz zu meiner Person: .....“

2. Hauptteil

Folie 2

Worüber wird gesprochen?

Dies sollte es sich möglichst harmonisch aus der Einleitung ergeben.

Was könnte ich sagen?

„Der Businessplan ist vor allem für Existenzgründer ein Muss. Er ist das entscheidende Strategie-Instrument, um die eigenen Einschätzungen zu strukturieren und kritisch zu prüfen. Er ist aber auch das Argumentationspapier gegenüber Kapitalgebern, Kunden und Vertriebspartnern….“

Ohne neue Folie

Darstellung der Ist-Situation und Argumentation.

Sprechen Sie das Gefühl des Zuhörers an:

- Eine Rede ist besonders wirkungsvoll, wenn nicht nur der Kopf, sondern auch das Herz und Gefühl angesprochen wird.
- Menschen werden zu 80 Prozent von Gefühlen und nur zu 20 Prozent von rationalen Überlegungen gesteuert.
- Beziehen Sie den Zuhörer mit „Wir / Sie / Ihr" und Fragen ein.
- Bilder, Beispiele und Vergleiche machen Ihre Aussagen anschaulich.

Sprechen Sie den Verstand des Zuhörers an:

- Eine gute „Unterhaltungs-Show" reicht nicht.
- Ein guter Vortrag überzeugt erst mit inhaltlicher Substanz.
- Untermauern Sie Ihre Argumente mit aussagekräftigen Fakten, Zahlen und Belegen.

Was könnte ich sagen?

„Was glauben Sie: Wie viele Existenzgründer laufen überstürzt und kopflos zur Bank und möchten ohne Vorbereitung eine Gründungsfinanzierung haben? Nach Aussage eines Bankers sind über 50 Prozent der Fälle schon beim Hereinkommen abgelehnt. Warum? In seltenen Fällen ist es die Geschäftsidee – fast immer mangelt es an der richtigen Vorbereitung. Ohne überzeugendes Konzept gibt´s kein Geld."

Folie 3

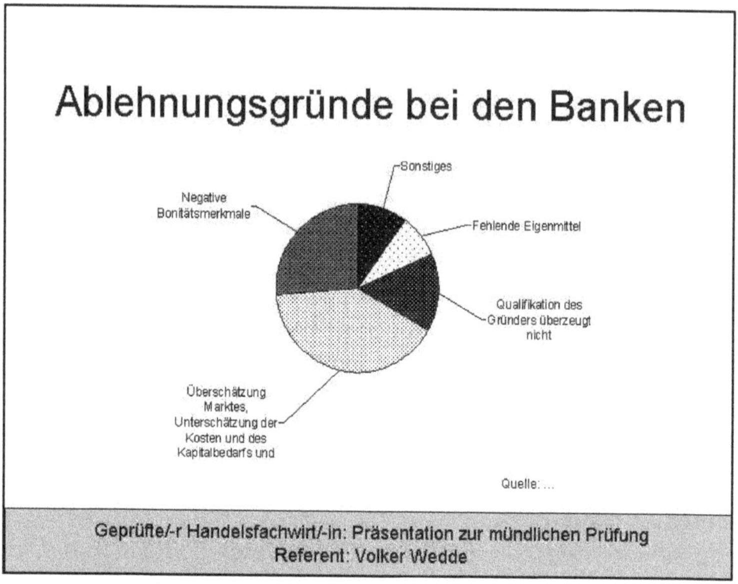

Was könnte ich sagen?

„Dies soll auch folgende Folie zeigen: Wir sehen hier eine Übersicht der Ablehnungsgründe einer Finanzierung bei den Banken. Fast alle Fälle hätten mit einer richtigen Vorbereitung verhindert werden können – ob es nun die Planung der Bonität ist, die überzeugende Darstellung der eigenen Qualifikationen oder eine genaue Marktanalyse….“

Folie 4

Was könnte ich sagen?
„Sie sollten bei der Erstellung des Existenzgründerpiloten nachvollziehbar und logisch planen, den Willen zum Erfolg zeigen, Risiken bei der Planung bedenken und immer bei der Wahrheit bleiben. Denken Sie daran: Der Businessplan überzeugt nicht nur die Geldgeber. Er gibt auch Ihnen Klarheit über die Planungsschritte und die Möglichkeit, Denkfehler zu korrigieren. Er kann Sie vor einer Fehlentscheidung retten, bei dem Sie Ihr Vermögen aufs Spiel setzen. Ich möchte Ihnen nun ein Überblick über die Inhalte eines Businessplans geben….“

Folie 5

Was gehört in einen Businessplan?

1. Zusammenfassung
2. Gründerperson (Qualifikation, Kenntnisse, Stärken, Defizite)
3. Beschreibung des Produkt / der Dienstleistung
4. Marktübersicht (Kunden, Konkurrenz, Standort)
5. Marketing (Angebot, Preis, Vertrieb, Werbung)
6. Organisation (Rechtsform, Mitarbeiter)
7. Chancen und Risiken
8. Finanzierung (Investitionsplan, Finanzierungsplan, Liquiditätsplan, Ertragsvorschau / Rentabilitätsrechnung)
9. Weitere Unterlagen (Lebenslauf, Marktanalysen, Branchenkennzahlen, Sicherheiten, etc.)

Geprüfte/-r Handelsfachwirt/-in: Präsentation zur mündlichen Prüfung
Referent: Volker Wedde

Was könnte ich sagen?

„Der Überblick zeigt Ihnen die einzelnen Planungsschritte und Inhalte eines Businessplans.
Bei der Zusammenfassung sollen Sie einen kurzen Abriss über Ihr Konzept geben. Hier einige Beispiele: den Namen Unternehmens und des Gründers, was das Besondere an Ihrer Idee ist, welche Erfahrungen und Kenntnisse Sie mitbringen, welchen Gesamtkapitalbedarf Sie benötigen, welchen Umsatz Sie planen …“

„Bei der Beschreibung der Gründerperson stehen folgende Inhalte im Mittelpunkt …“

„Ganz wichtig ist die genaue und durchdachte Darstellung der Finanzierung mit...“ usw.

Folie 6

Die wichtigsten öffentlichen Kreditprogramme:

KfW-Mittelstandsbank (bundesweit)

- Mikrodarlehen: max. 10.000 €
- Startgeld: max. 25.000 €
- ERP-Kapital für Gründung : max. 500.000 €
- Unternehmerkredit der KfW: max. 5 Mio. €

LfA Förderbank Bayern (bayernweit)

- Startkredit für Gründung: max. 1,5 Mio. €

Bei fehlenden Sicherheiten:

- Haftungsfreistellung
- Bürgschaft der KGG Handel

Geprüfte/-r Handelsfachwirt/-in: Präsentation zur mündlichen Prüfung
Referent: Volker Wedde

Was könnte ich sagen?

„Oft überschätzen Existenzgründer ihre finanziellen Möglichkeiten oder erwarten z. B. viel zu hohe Umsätze. Dies ist der häufigste Fehler, der gemacht wird. Setzen Sie bei der Erstellung Ihres Businessplans einen Schwerpunkt auf die sinnvolle und realistische Finanzierung Ihres Vorhabens. Dies überzeugt auch Ihre Geldgeber...“

„Gerade für Existenzgründer bieten sich einige Förderprogramme der LfA Förderbank Bayern und der KfW Mittelstandsbank an. Diese sind überblicksartig.....“

Folien 7 und 8

Richtig!

Der Businessplan

- soll Ihnen Sicherheit und Orientierung geben.
- muss durchdacht sein.
- muss auch für Dritte klar und deutlich sein.
- sollte nach der Gründung fortgeführt werden.

Geprüfte/-r Handelsfachwirt/-in: Präsentation zur mündlichen Prüfung
Referent: Volker Wedde

Falsch!

Diese Fehler sollten vermieden werden:

- Mangelnde persönliche Qualifikation
- Fehlende Kenntnisse über Markt und Wettbewerb
- Kein Überblick über Finanzbedarf und Eigenkapital
- Unklarer und unverständlicher Businessplan

Geprüfte/-r Handelsfachwirt/-in: Präsentation zur mündlichen Prüfung
Referent: Volker Wedde

Was könnte ich sagen?

„Abschließend möchte ich Ihnen noch einige Handlungsempfehlungen mit auf den Weg geben und einige Punkte, die Sie auf jeden Fall vermeiden sollten ....“

3. Schluss

Folie 9

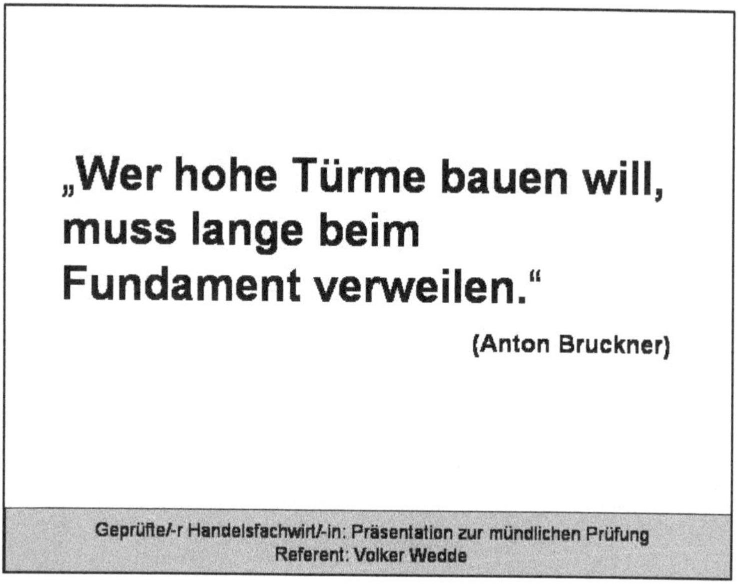

Was könnte ich sagen?

„Ich hoffe, ich konnte Sie davon überzeugen, bei der Planung Ihrer Existenzgründung mit Bedacht und Vorsicht vorzugehen. Deshalb: Erstellen Sie (auch wenn es viel Arbeit macht) einen Businessplan - für sich und für andere: Es ist das entscheidende Instrument, um Geldgeber zu überzeugen und um sich vor überschnellen Handlungen und damit vor einem Misserfolg zu schützen. Halten Sie sich an die Planungsschritte und legen Sie einen Schwerpunkt bei der Finanzierung...."

„Denn schon der österreichische Komponist Anton Bruckner wusste: Wer hohe Türme bauen will, muss lange beim Fundament verweilen."

5 VERORDNUNG ÜBER DIE PRÜFUNG ZUM ANERKANNTEN ABSCHLUSS GEPRÜFTER HANDELSFACHWIRT / GEPRÜFTE HANDELSFACHWIRTIN

Datum: 17. Januar 2006, Fundstelle: BGBl I 2006, 59

Aufgrund des § 53 Abs. 1 in Verbindung mit Abs. 2 des Berufsbildungsgesetzes vom 23. März 2005 (BGBl. I S. 931) und in Verbindung mit § 1 des Zuständigkeitsanpassungsgesetzes vom 16. August 2002 (BGBl. I S. 3165) und dem Organisationserlass vom 22. November 2005 (BGBl. I S. 3197) verordnet das Bundesministerium für Bildung und Forschung nach Anhörung des Hauptausschusses des Bundesinstituts für Berufsbildung im Einvernehmen mit dem Bundesministerium für Wirtschaft und Technologie und aufgrund des § 30 Abs. 5 des Berufsbildungsgesetzes vom 23. März 2005 (BGBl. I S. 931) verordnet das Bundesministerium für Bildung und Forschung nach Anhörung des Hauptausschusses des Bundesinstituts für Berufsbildung:

§ 1 Ziel der Prüfung und Bezeichnung des Abschlusses

(1) Die zuständige Stelle kann berufliche Fortbildungsprüfungen zum Geprüften Handelsfachwirt/zur Geprüften Handelsfachwirtin nach den §§ 2 bis 10 durchführen, in denen die auf einen beruflichen Aufstieg abzielende Erweiterung der beruflichen Handlungsfähigkeit nachzuweisen ist.

(2) Durch die Prüfung ist festzustellen, ob die notwendigen Qualifikationen und Erfahrungen vorhanden sind, um im institutionellen und funktionellen Handel, insbesondere im Einzelhandel sowie im Groß- und Außenhandel, eigenständig und verantwortlich Aufgaben der Planung, Steuerung, Durchführung und Kontrolle handelsspezifischer Aufgaben und Sachverhalte unter Nutzung betriebswirtschaftlicher und personalwirtschaftlicher Steuerungsinstrumente wahrzunehmen. Dazu zählen:

1. qualifizierte Handels- und Dienstleistungsaufgaben ausüben, rechtliche Vorschriften berücksichtigen,
2. Organisations- und Führungsaufgaben übernehmen; unter-nehmerische Kompetenzen einsetzen, die die Befähigung zur Gründung oder Übernahme eines Unternehmens beinhalten können,
3. kundenorientierte und wirtschaftliche Konzepte und Lösungen zu den wesentlichen Bereichen eines Handelsunternehmens erarbeiten, veränderte Strukturen der Arbeitsorganisation, Methoden der Organisationsentwicklung und technisch-organisatorische Veränderungen beachten,
4. Qualitätsmanagement steuern und weiterentwickeln,
5. Marketingkonzepte entwerfen, planen, umsetzen und auswerten,
6. handelsrelevante Marktentwicklungen beurteilen,
7. moderne Informations- und Kommunikationstechniken einsetzen und nutzen,
8. Führungsgrundsätze bei der Wahrnehmung von Führungs- und Qualifizierungsaufgaben zielorientiert anwenden,
9. kunden- und dienstleistungsorientiert kommunizieren und kooperieren.

(3) Die erfolgreich abgelegte Prüfung führt zum anerkannten Abschluss "Geprüfter Handelsfachwirt/Geprüfte Handelsfachwirtin".

§ 2 Zulassungsvoraussetzungen

(1) Zur Prüfung ist zuzulassen, wer

1. eine mit Erfolg abgelegte Abschlussprüfung in einem anerkannten dreijährigen kaufmännischen Ausbildungsberuf im Handel und danach eine mindestens einjährige Berufspraxis oder
2. eine mit Erfolg abgelegte Abschlussprüfung zum Verkäufer / zur Verkäuferin oder in einem anderen anerkannten Ausbildungsberuf und danach eine mindestens zweijährige Berufspraxis oder
3. eine mindestens fünfjährige Berufspraxis nachweist.

(2) Die Berufspraxis gemäß Absatz 1 muss in Verkaufstätigkeiten oder anderen kaufmännischen Tätigkeiten im institutionellen oder funktionellen Handel erworben sein.

(3) Abweichend von den in den Absätzen 1 und 2 genannten Voraussetzungen kann zur Prüfung auch zugelassen werden, wer durch Vorlage von Zeugnissen oder auf andere Weise glaubhaft macht, Fertigkeiten, Kenntnisse und Fähigkeiten (berufliche Handlungsfähigkeit) erworben zu haben, die die Zulassung zur Prüfung rechtfertigen.

§ 3 Gliederung und Durchführung der Prüfung

(1) Die Prüfung gliedert sich in folgende Handlungsbereiche:

1. Unternehmensführung und -steuerung,
2. Handelsmarketing,
3. Führung und Personalmanagement,
4. Volkswirtschaft für die Handelspraxis,
5. Beschaffung und Logistik,
6. Handelsmarketing und Vertrieb,
7. Handelslogistik,
8. Außenhandel,
9. Mitarbeiterführung und Qualifizierung.

(2) Die Prüfung wird schriftlich und mündlich durchgeführt.

(3) Die Prüfung besteht aus den Handlungsbereichen gemäß Absatz 1 Nr. 1 bis 5 und einem von dem Prüfungsteilnehmer oder der Prüfungsteilnehmerin auszuwählenden Handlungsbereich gemäß Absatz 1 Nr. 6 bis 9. Bei der Prüfungsanmeldung ist der gewählte Handlungsbereich mitzuteilen; dieser ist bei Wiederholungsprüfungen beizubehalten.

(4) Die Prüfung in den Handlungsbereichen gemäß Absatz 1 Nr. 1 bis 5 und in dem gewählten Handlungsbereich gemäß Absatz 1 Nr. 6 bis 9 ist schriftlich in Form von anwendungsbezogenen Aufgabenstellungen durchzuführen.

(5) Die Bearbeitungsdauer für die schriftlichen Aufgabenstellungen soll in dem Handlungsbereich "Unternehmensführung und -steuerung" in der Regel 90 bis 120 Minuten, in den Handlungsbereichen "Handelsmarketing", "Führung und Personalmanagement" sowie "Beschaffung und Logistik" jeweils in der Regel 60 bis 90 Minuten, in dem Handlungsbereich "Volkswirtschaft für die Handelspraxis" in der Regel 45 bis 60 Minuten

betragen. Die Bearbeitungsdauer in einem der Handlungsbereiche gemäß Absatz 1 Nr. 6 bis 9 beträgt in der Regel 60 bis 90 Minuten.

(6) Wurden in nicht mehr als zwei schriftlichen Prüfungsleistungen gemäß Absatz 1 mangelhafte Leistungen erbracht, ist darin eine mündliche Ergänzungsprüfung anzubieten. Bei einer oder mehreren ungenügenden Leistungen besteht diese Möglichkeit nicht. Die Ergänzungsprüfung soll anwendungsbezogen durchgeführt werden und je Ergänzungsprüfung in der Regel nicht länger als 20 Minuten dauern. Die Bewertungen der schriftlichen Prüfungsleistung und der mündlichen Ergänzungsprüfung werden zu einer Note zusammengefasst. Dabei wird die Bewertung der schriftlichen Prüfungsleistung doppelt gewichtet.

(7) Die mündliche Prüfung gliedert sich in eine Präsentation und ein situationsbezogenes Fachgespräch.

(8) In der Präsentation soll nachgewiesen werden, dass eine komplexe Problemstellung der betrieblichen Praxis erfasst, dargestellt, beurteilt und gelöst werden kann. Die Themenstellung muss sich auf mindestens zwei Handlungsbereiche gemäß Absatz 1 beziehen. Die Präsentationszeit soll dabei zehn Minuten nicht überschreiten. Die Präsentation geht mit einem Drittel in die Bewertung der mündlichen Prüfung ein.

(9) Das Thema der Präsentation wird von dem Prüfungsteilnehmer oder der Prüfungsteilnehmerin gewählt und dem Prüfungsausschuss bei der ersten schriftlichen Prüfungsleistung eingereicht.

(10) Ausgehend von der Präsentation soll in dem Fachgespräch die Fähigkeit nachgewiesen werden, dass Berufswissen in handelsbetriebstypischen Situationen angewendet und sachgerechte Lösungen vorgeschlagen werden können. Insbesondere soll nachgewiesen werden, dass angemessen mit Gesprächspartnern kommuniziert werden kann und dabei argumentations- und präsentationstechnische Instrumente sachgerecht eingesetzt werden können. Das Fachgespräch soll in der Regel 20 Minuten nicht überschreiten.

(11) Die mündliche Prüfung gemäß Absatz 7 ist nur durchzuführen, wenn in den Prüfungsleistungen gemäß Absatz 4 mindestens ausreichende Leistungen erbracht wurden.

§ 4 Handlungsbereiche

(1) Im Handlungsbereich "Unternehmensführung und -steuerung" soll die Fähigkeit nachgewiesen werden, das Zusammenwirken der betrieblichen Aufgabenbereiche bei der Erstellung von Handelsleistungen zu verstehen, im Hinblick auf unternehmerische Ziele und Entscheidungen zu beurteilen und einzelne Maßnahmen zu planen, umzusetzen und zu kontrollieren. Dabei soll gezeigt werden, dass prozessorientiert und unternehmerisch gedacht und gehandelt werden kann, Kosten- und Ertragsdenken beherrscht, Controllinginstrumente angewandt sowie Schlussfolgerungen hieraus gezogen und umgesetzt werden können. Außerdem soll gezeigt werden, dass wesentliche Aspekte umgesetzt werden können, die bei der Gründung und Übernahme eines Unternehmens zu beachten sind. In diesem Rahmen können folgende Qualifikationsinhalte geprüft werden:

1. Planung von Selbstständigkeit, Entwickeln einer Geschäftsidee, Erstellen eines Businessplans,
2. Besonderheiten der Übernahme,
3. persönliche und fachliche Eignung zur unternehmerischen Selbstständigkeit,
4. Voraussetzungen und Rahmenbedingungen, Chancen und Risiken von unternehmerischer Selbstständigkeit,
5. Managementaufgaben:
a) Analysieren,
b) Entscheiden,
c) Ziele setzen,
d) Durchführen,
e) Kontrollieren,
6. Unternehmensorganisation,
7. angewandte Kosten- und Leistungsrechnung,
8. Controllinginstrumente und ihr Zusammenwirken,

9. Finanzierung,
10. rechtliche Grundlagen, Begriffe und anwendungsbezogene Beispiele bei Gründung und Führung eines Unternehmens,
11. Qualitätsmanagement,
12. Umweltmanagement.

(2) Im Handlungsbereich "Handelsmarketing" soll die Fähigkeit nach-gewiesen werden, Veränderungen der Bedingungen auf nationalen und internationalen Absatzmärkten einzuschätzen, systematisch und entscheidungsorientiert Marktbeobachtung, -analyse und -bearbeitung mit den entsprechenden Instrumenten darzustellen und zu bewerten sowie Maßnahmen zur Kundengewinnung und -bindung zu erarbeiten und umzusetzen. Dabei soll gezeigt werden, dass die Marketinginstrumente des Handels zielorientiert eingesetzt werden können und ihr Erfolg überprüft werden kann. In diesem Rahmen können folgende Qualifikationsinhalte geprüft werden:

1. Handelsentwicklungen,
2. Kooperationen,
3. Marktanalyse, Marktstrategien,
4. Standortmarketing,
5. Zielgruppenmarketing,
6. Sortimentssteuerung,
7. Verkaufskonzepte und Servicepolitik,
8. Gestaltung von Verkaufsflächen (Visual Merchandising), Warenpräsentation,
9. Verkaufsförderung, Werbung, Werbeerfolgskontrolle,
10. Öffentlichkeitsarbeit,
11. Zusammenwirken der Marketinginstrumente,
12. E-Commerce, E-Business,
13. Controlling,
14. Wettbewerbsrecht.

(3) Im Handlungsbereich "Führung und Personalmanagement" soll einerseits die Fähigkeit nachgewiesen werden, zielorientiert mit Mitarbeitern, Geschäftspartnern und Kunden zu kommunizieren. Dabei soll gezeigt werden, dass Mitarbeiter und Projektgruppen geführt werden

können sowie bei Verhandlungen und in Konfliktfällen lösungsorientiert gehandelt werden kann. Methoden der Präsentation, Kommunikation und Motivationsförderung sollen dabei berücksichtigt werden. Andererseits soll die Fähigkeit nachgewiesen werden, personalpolitische Ziele und Aufgaben im Unternehmen systematisch und entscheidungsorientiert zu analysieren und darzustellen. Dabei soll gezeigt werden, dass die Zusammenhänge zwischen Unternehmens- und Personalpolitik beurteilt und daraus entsprechend begründete Handlungsschritte abgeleitet sowie Mitarbeiter effektiv und effizient eingesetzt und individuell gefördert werden können. In diesem Rahmen können folgende Qualifikationsinhalte geprüft werden:

1. Führungsgrundsätze und Führungsmethoden,
2. Personalpolitik,
3. psychologische Grundlagen zur Führung, Zusammenarbeit und Kommunikation,
4. Beurteilungsgrundsätze,
5. Personalbedarfs-, Personalkosten- und Personaleinsatzplanung,
6. Organisations- und Personalentwicklung,
7. Personalmarketing,
8. Controlling,
9. Entgeltsysteme,
10. Konfliktmanagement,
11. Planung und Steuerung von Arbeits- und Projektgruppen,
12. ausgewählte arbeitsrechtliche Bestimmungen,
13. Moderations- und Präsentationstechniken.

(4) Im Handlungsbereich "Volkswirtschaft für die Handelspraxis" soll die Fähigkeit nachgewiesen werden, Auswirkungen von volkswirtschaftlichen Entwicklungen auf Unternehmen zu verstehen sowie Schlussfolgerungen und Maßnahmenvorschläge daraus abzuleiten. Dabei sind internationale Märkte zu berücksichtigen. In diesem Rahmen können folgende Qualifikationsinhalte geprüft werden:

1. Markt und Preis,
2. Wettbewerb,

3. Wachstum und Konjunktur,
4. wirtschaftspolitische Steuerungsinstrumente,
5. Außenwirtschaft.

(5) Im Handlungsbereich "Beschaffung und Logistik" soll die Fähigkeit nachgewiesen werden, Beschaffungs- und Logistikprozesse im nationalen und internationalen Handel systematisch und entscheidungsorientiert zu bearbeiten und umzusetzen. In diesem Rahmen können folgende Qualifikationsinhalte geprüft werden:

1. Beschaffungspolitik, E-Business,
2. kundenbezogene Gestaltung des Waren- und Datenflusses (ECR),
3. effizientes Management der Wertschöpfungskette (Supply Chain Management),
4. Transport,
5. Lagerwirtschaft,
6. Controlling,
7. relevante Rechtsbestimmungen,
8. Entsorgung.

(6) Im Handlungsbereich "Handelsmarketing und Vertrieb" soll die Fähigkeit nachgewiesen werden, absatzbezogene Fachaufgaben aus Kundensicht strategisch zu planen, zu analysieren und zu steuern. Dies beinhaltet insbesondere Warengruppen-Management (Category Management) und Kundenbindungsmanagement. Darüber hinaus soll nachgewiesen werden, dass mit internen und externen Zielkonflikten umgegangen und Verhandlungen zielorientiert durchgeführt werden können. In diesem Rahmen können folgende Qualifikationsinhalte geprüft werden:

1. Vertriebsstrategien, 2. Sortimentsstrategien, 3. Flächenoptimierung, 4. Auswirkungen von Kundenbedürfnissen und Kundenverhalten auf Beschaffungsprozesse, 5. Preis- und Konditionenpolitik, 6. Controlling, 7. Verhandlungsstrategien, 8. spezielle Aspekte des Wettbewerbs- und Markenrechts, des Verbraucherschutzes und des öffentlichen Bau- und Planungsrechts.

(7) Im Handlungsbereich "Handelslogistik" soll die Fähigkeit nachgewiesen werden, beschaffungs- und logistikbezogene Fachaufgaben strategisch zu

planen, zu analysieren und zu steuern. Darüber hinaus soll nachgewiesen werden, dass mit internen und externen Zielkonflikten umgegangen und Verhandlungen zielorientiert durchgeführt werden können. In diesem Rahmen können folgende Qualifikationsinhalte geprüft werden:

1. Planung, Steuerung, Kontrolle und Optimierung von Prozessen und Abläufen,
2. Investitionsplanung,
3. Controlling,
4. spezifische Bedingungen bei der Warenanlieferung und -lagerung,
5. Transportsteuerung,
6. Versicherungen,
7. spezielle rechtliche Vorschriften.

(8) Im Handlungsbereich "Außenhandel" soll die Fähigkeit nachgewiesen werden, systematisch internationale Marktentwicklungen zu beobachten und auszuwerten sowie Import-, Export- und Transithandelsgeschäfte anzubahnen und abzuwickeln. Dabei sollen unter Beachtung der spezifischen Risiken von im Außenhandel tätigen Unternehmen Entscheidungen vorbereitet werden können. Hierzu gehören insbesondere die Prüfung der kalkulatorischen, finanztechnischen und logistischen Durchführbarkeit sowie die Berücksichtigung der entsprechenden Dokumente. In diesem Rahmen können folgende Qualifikationsinhalte geprüft werden:

1. Anbahnung von Außenhandelsgeschäften,
2. Quellen zur Beratung und Unterstützung im Außenhandel,
3. Außenhandelsrisiken und Geschäfte zur Risikominderung,
4. spezielle rechtliche Aspekte für den Außenhandel,
5. Transport und Lagerung, Zertifizierung und Versicherungen,
6. Zahlungsverkehr, Zahlungsbedingungen und Finanzierung von Außenhandelsgeschäften,
7. Zölle und Verbrauchssteuern, Handelshemmnisse und Organisationen zur Förderung des Handels.

(9) Im Handlungsbereich "Mitarbeiterführung und Qualifizierung" soll die Fähigkeit nachgewiesen werden, die kommunikativen Mittel der Mitarbeiterführung einzusetzen sowie Aus- und Weiterbildung zu planen,

durchzuführen und zu kontrollieren. In diesem Rahmen können folgende Qualifikationsinhalte geprüft werden:
1. Zeit- und Selbstmanagement,
2. individuelle Mitarbeiterförderung und -entwicklung,
3. Mitarbeiterbesprechungen, Kritik-, Beurteilungs-, Förder- und Zielvereinbarungsgespräche,
4. Planung und Organisation von Qualifizierungsmaßnahmen,
5. Auswahl und Einstellung von Mitarbeiterinnen und Mitarbeitern,
6. Qualifizierung am Arbeitsplatz,
7. Förderung von Lernprozessen, methodische und didaktische Aspekte,
8. Personalkosten und -leistung.

(10) Auf Antrag des Prüfungsteilnehmers oder der Prüfungsteilnehmerin kann ausgehend vom Handlungsbereich "Mitarbeiterführung und Qualifizierung" eine zusätzliche Prüfung durchgeführt werden, sofern dieser Handlungsbereich zur Prüfung zum Geprüften Handelsfachwirt/zur Geprüften Handelsfachwirtin ausgewählt und bestanden worden ist. Diese zusätzliche Prüfung besteht aus einer praktischen Demonstration mit den Inhalten "Vorbereiten und Durchführen einer Ausbildungseinheit" oder "Vorbereiten und Durchführen einer Mitarbeiterqualifizierung" sowie aus einem Fachgespräch. Die Dauer der zusätzlichen Prüfung beträgt höchstens 30 Minuten. Die Konzeption für die praktische Demonstration ist vorab schriftlich einzureichen. Diese zusätzliche Prüfung ist bestanden, wenn in dem Handlungsbereich "Mitarbeiterführung und Qualifikation" und in der zusätzlichen Prüfung mindestens ausreichende Leistungen erbracht wurden.

§ 5 Weitere Prüfung

Der Prüfungsteilnehmer oder die Prüfungsteilnehmerin kann beantragen, in diesem Prüfungsverfahren oder danach die Prüfung in einem weiteren in § 3 Abs. 1 Nr. 6 bis 9 genannten Handlungsbereich gemäß § 4 abzulegen. Die Regelungen in den §§ 3, 7 und 8 gelten entsprechend. Über das

Ergebnis dieser weiteren Prüfung ist eine gesonderte Bescheinigung, die die erreichte Punktzahl und die erzielte Note ausweist, auszustellen.

§ 6 Anrechnung anderer Prüfungsleistungen

Der Prüfungsteilnehmer oder die Prüfungsteilnehmerin kann auf Antrag von der Ablegung einzelner schriftlicher Prüfungsleistungen befreit werden, wenn in den letzten fünf Jahren vor einer zuständigen Stelle, einer öffentlichen oder staatlich anerkannten Bildungseinrichtung oder vor einem staatlichen Prüfungsausschuss eine Prüfung mit Erfolg abgelegt wurde, die den Anforderungen der entsprechenden Prüfungsinhalte nach dieser Verordnung entspricht. Eine Freistellung von der mündlichen Prüfung nach § 3 Abs. 7 bis 11 ist nicht zulässig.

§ 7 Bewerten der Prüfungsleistungen und Bestehen der Prüfung

(1) Die Prüfung ist bestanden, wenn in allen schriftlich geprüften Handlungsbereichen und in der mündlichen Prüfung nach § 3 Abs. 7 bis 11 mindestens ausreichende Leistungen erbracht wurden.

(2) Die schriftlich geprüften Handlungsbereiche und die mündliche Prüfung nach § 3 Abs. 7 bis 11 sind jeweils gesondert zu bewerten.

(3) Über das Bestehen der Prüfung ist ein Zeugnis gemäß der Anlage 1 und der Anlage 2 auszustellen. Im Falle der Freistellung gemäß § 6 sind Ort und Datum der anderweitig abgelegten Prüfung sowie die Bezeichnung des Prüfungsgremiums anzugeben.

(4) Die Prüfungsleistung in dem gewählten Handlungsbereich nach § 3 Abs. 1 Nr. 6 bis 9 wird auch im Zeugnis nach der Anlage 2 ausgewiesen.

§ 8 Wiederholung der Prüfung

(1) Eine Prüfung, die nicht bestanden ist, kann zweimal wiederholt werden.

(2) Wer auf Antrag an einer Wiederholungsprüfung teilnimmt und sich innerhalb von zwei Jahren dazu anmeldet, ist von einzelnen Prüfungsleistungen zu befreien, wenn die dort in einer vorangegangenen Prüfung erbrachten Leistungen mindestens ausreichend sind. Der Antrag

kann sich auch darauf richten, bestandene Prüfungsleistungen zu wiederholen. Werden bestandene Prüfungsleistungen erneut geprüft, gilt in diesem Fall das Ergebnis der letzten Prüfung.

§ 9 Ausbildereignung

Wer die Prüfung in dem Handlungsbereich "Mitarbeiterführung und Qualifizierung" bestanden hat, ist vom schriftlichen Teil der Prüfung der nach dem Berufsbildungsgesetz erlassenen Ausbilder-Eignungsverordnung befreit. Wer in diesem Handlungsbereich auch die zusätzliche Prüfung nach § 4 Abs. 10 bestanden hat, hat die berufs- und arbeitspädagogischen Fertigkeiten, Kenntnisse und Fähigkeiten nach dem Berufsbildungsgesetz nachgewiesen. Dem Prüfungsteilnehmer oder der Prüfungsteilnehmerin ist ein Zeugnis auszustellen, aus dem hervorgeht, dass die berufs- und arbeitspädagogische Qualifikation gemäß § 30 des Berufsbildungsgesetzes nachgewiesen wurde.

§ 10 Übergangsvorschriften

Begonnene Prüfungsverfahren zum Handelsfachwirt (IHK)/zur Handelsfachwirtin (IHK), zum Geprüften Handelsfachwirt (IHK)/zur Geprüften Handelsfachwirtin (IHK) können bis zum Ablauf des 31. Dezember 2008 nach den bisherigen Vorschriften zu Ende geführt werden. Die zuständige Stelle kann auf Antrag des Prüfungsteilnehmers oder der Prüfungsteilnehmerin die Wiederholungsprüfung gemäß dieser Verordnung durchführen; § 8 Abs. 2 findet in diesem Fall keine Anwendung. Im Übrigen kann bei der Anmeldung zur Prüfung bis zum Ablauf des 30. Juni 2007 die Anwendung der bisherigen Vorschriften beantragt werden.

§ 11 Inkrafttreten

Diese Verordnung tritt am 1. Februar 2006 in Kraft.

6 DER DIHK-RAHMENPLAN

Der DIHK hat einen Rahmenplan entwickelt, der detaillierter die einzelnen Inhalte wiedergibt, aus denen auch die Prüfung zusammengestellt wird. Im Folgenden sind nur seine Kernaussagen dargestellt. Interessenten können ihn bestellen bei bestellservice@verlag.dihk.de.

1. Unternehmensführung und -steuerung

Hier sollen Sie die Fähigkeit nachweisen, das Zusammenwirken der verschiedenen betrieblichen Aufgabenbereiche zu verstehen und unternehmerische Ziele und Entscheidungen zu beurteilen, ferner Maßnahmen zu planen, sie umzusetzen und zu kontrollieren. Sie sollen zeigen, dass Sie prozessorientiert und unternehmerisch denken und handeln können, das Kosten- und Ertragsdenken beherrschen und die Controllinginstrumente anwenden können. Dazu gehören auch die Aspekte zur Gründung oder Übernahme eines Unternehmens.

Hierzu gehören u.a.

- Planung der Selbständigkeit, Entwickeln einer Geschäftsidee und Erstellen eines Businessplans
- Geschäftsübernahme
- Persönliche und fachliche Eignung
- Anmeldungen und Genehmigungen
- Voraussetzungen, Rahmenbedingungen, Chancen und Risiken von unternehmerischer Selbständigkeit
- Managementaufgaben
- Unternehmensorganisation (u.a. Analyse, Aufbau und Ablauforganisation)

- Angewandte Kosten- und Leistungsrechnung(u.a. Grundbegriffe, Kostenrechnungssysteme, Kostenarten-, Kostenstellen- und Kostenträgerrechnung, Kurzfristige Erfolgsrechnung)
- Controllingkonzepte
- Finanzierung (Zielsetzungen, Möglichkeiten, Liquidität, Rentabilität, Cash Flow)
- Rechtliche Grundlagen (Steuer-, Vertrags-, Wettbewerbs-, Arbeits-, Gesellschaftsrecht)
- Qualitätsmanagement
- Umweltmanagement

2. Handelsmarketing

Hier sollen Sie die Fähigkeit nachweisen, Märkte und ihre Veränderungen einzuschätzen, systematisch Marktforschung zu betreiben und die Marketinginstrumente zielorientiert einzusetzen.

Hierzu gehören u.a.

- Handelsentwicklungen
- Kooperationen
- Marktanalyse und Marktstrategien
- Standortmarketing
- Zielgruppenansprache
- Sortimentspolitik
- Verkaufskonzepte und Servicepolitik
- Visual Merchandising
- Werbung, Verkaufsförderung
- Erfolgskontrolle
- Öffentlichkeitsarbeit
- Marketing Mix
- E-Business
- Marketingcontrolling
- Wettbewerbsrecht

3. Führung und Personalmanagement

Hier sollen Sie die Fähigkeit nachweisen, mit Mitarbeitern wie auch mit anderen Partnern zu kommunizieren, Mitarbeiter zu führen und Konflikte zu lösen. Die Zusammenhänge zwischen Unternehmens- und Personalpolitik müssen in ihren Konsequenzen erkannt werden.

Hierzu gehören u.a.

- Führungsgrundsätze und Führungsmethoden
- Personalpolitik
- Psychologische Grundlagen zur Führung
- Beurteilungen
- Personalplanung
- Organisations- und Personalentwicklung
- Personalmarketing
- Personalcontrolling
- Entgeltsysteme
- Konfliktmanagement
- Planung und Steuerung von Teams
- Arbeitsrechtliche Bestimmungen
- Moderations- und Präsentationstechniken

4. Volkswirtschaft für die Handelspraxis

Hier sollen Sie nachweisen, dass Sie die Auswirkungen volkswirtschaftlicher Entwicklungen auf Unternehmen verstehen und Konsequenzen daraus abzuleiten können.

Hierzu gehören u.a.

- Markt und Preis
- Marktformen
- Konjunktur und Wachstum
- Wirtschaftspolitische Steuerungsinstrumente
- Außenwirtschaft und Globalisierung

5. Beschaffung und Logistik
Hier sollen Sie die Fähigkeit nachweisen, die entsprechenden Prozesse systematisch und entscheidungsorientiert zu bearbeiten und umzusetzen.

Hierzu gehören u.a.
- Beschaffungspolitik, E-Business
- Efficient Consumer Response
- Supply Chain Management
- Transport
- Lagerwirtschaft
- Beschaffungs- und Logistikcontrolling
- Vertragsrecht, Kaufrecht, AGB
- Entsorgung

6. Handelsmarketing und Vertrieb
In diesem Bereich sollen Sie die Fähigkeit nachweisen, absatzbezogene Aufgaben strategisch zu planen, zu analysieren und zu steuern. Darüber hinaus sollen Sie nachweisen, dass Sie mit Zielkonflikten umgehen und Verhandlungen erfolgreich durchführen können.

Dazu gehören u.a.
- Vertriebsstrategien
- Sortimentsstrategien
- Flächenoptimierung
- Category Management
- Preis- und Konditionenpolitik
- Marketingcontrolling
- Verhandlungsstrategien
- Wettbewerbs- und Markenrecht
- Verbraucherschutz
- Bau- und Planungsrecht

7. Handelslogistik

Auch hier geht es um die Fähigkeit, entsprechende Fachaufgaben strategisch zu planen, sie zu analysieren und zu steuern.

Dazu gehören u.a.
Steuerung von Prozessen und Abläufen
Investitionsplanung
Controlling
Transportsteuerung
Versicherungen
Spezielle rechtliche Vorschriften

8. Außenhandel

Hier sollen Sie die Fähigkeit nachweisen, systematisch internationale Marktentwicklungen zu beobachten und auszuwerten sowie grenzüberschreitende Geschäfte anzubahnen und abzuwickeln.

Dazu gehören u.a.

- Anbahnung von Außenhandelsgeschäften
- Unterstützung im Außenhandel
- Risiken und Risikominderung
- Spezielle rechtliche Vorschriften
- Transport, Lagerung,. Versicherungen
- Zahlungsverkehr, Finanzierung
- Zölle und Handelshemmnisse

9. Mitarbeiterführung und Qualifizierung

Hier sollen Sie die Fähigkeit nachweisen, dass Sie die Mittel der Mitarbeiterführung beherrschen sowie die Aus- und Weiterbildung planen, durchführen und kontrollieren können. Deshalb gilt denn auch die erfolgreich abgelegte Prüfung in diesem Fach als schriftliche Prüfung für die

Ausbildereignung (s. hierzu § 4, Abs. 10 und § 9 der oben abgedruckten Prüfungsordnung)

Hierzu gehören u.a.

- Zeit- und Selbstmanagement
- Individuelle Mitarbeiterförderung und -entwicklung
- Mitarbeiterbesprechungen und -gespräche
- Planung und Organisation von Qualifizierungsmaßnahmen
- Auswahl und Einstellung von Mitarbeitern
- Qualifizierung am Arbeitsplatz
- Lernprozesse, Methodik und Didaktik
- Personalkosten und -leistung

7 INDEX

Peter Collier, RA Günter Stock

Ein Pfad durch den Dschungel des Wettbewerbsrechts

Taschenbuch, 124 Seiten, 12,80 Euro

5. völlig überarbeitete Auflage 2011, ISBN 978-3-87717-829-4

Sybille Schulemann-Adlhoch, Thomas Zimmermann, Peter Collier, Volker Wedde

Praxiswissen Gepr. Handelsfachwirt

Das Lernbuch mit dem gesamten Wissensstoff nach dem DIHK - Rahmenplan. Mit Testfragen und wertvollen Prüfungstipps.

Von erfahrenen Praktikern geschrieben. Zwei Bände, 48,90 €
ISBN 978-3-87717-839-3